汉字教育与实践论文集

主编 崔增亮 欧阳启名
副主编 吴瑞霞 李洁玲

语文出版社
·北京·

图书在版编目（CIP）数据

汉字教育与实践论文集 / 崔增亮，欧阳启名主编
. -- 北京 : 语文出版社，2019.6
ISBN 978-7-5187-0707-2

Ⅰ. ①汉… Ⅱ. ①崔… ②欧… Ⅲ. ①汉字—文集
Ⅳ. ①H12-53

中国版本图书馆CIP数据核字(2018)第099562号

HANZI JIAOYU YU SHIJIAN LUNWENJI
汉字教育与实践论文集

责任编辑 李 新
装帧设计 于 轲
出　　版 语文出版社
地　　址 北京市东城区朝阳门内南小街51号 100010
电子信箱 ywcbsywp@163.com
排　　版 北京大有艺彩图文设计有限公司
印刷装订 北京市科星印刷有限责任公司
发　　行 语文出版社 新华书店经销
规　　格 787mm × 1092mm
开　　本 1 / 16
印　　张 22
字　　数 382千字
版　　次 2019年6月第1版
印　　次 2019年6月第1次印刷
定　　价 48.00元

010-65253954(咨询) 010-65251033(购书) 010-65250075(印装质量)

前　言

世界上寿命最长、使用人数最多、最具艺术魅力的是什么文字？它就是令中国人骄傲的汉字。

汉字是记录中华民族通用语的文字。因为有文字记述历史，中国的过去才有史可依；也正是因为有文字承载历史，中华文化才得以一脉相承，生生不息。汉字是生命力旺盛的国粹，是世界上仅存的形、音、义结合的文字。每个汉字都值得探索，每个汉字都有故事。汉字不仅在中国根深叶茂，而且向全球传播之势日渐强劲。

中国人的启蒙教育就是从学习汉字开始的，小学至大学，“语文”主课的地位一以贯之；汉字是学习其他知识的载体，学习各个科目都离不开汉字的支持；工作需要汉字书写的支持，甚至上网浏览、娱乐时所看到用到的都是汉字。汉字渗透在每个中国人生活的方方面面，可以说，每个正在使用汉字的人都是汉字的传承者。

2013 年火遍全国的《中国汉字听写大会》《汉字英雄》等电视节目，让正确书写、认读汉字成为中国民众日常关心的事情之一。这些节目使国人再次认真审视“汉字”这一祖先留给我们的珍贵财富，再次仔细研究这美丽又神秘的符号；更使国人清楚地认识到真正地敬重汉字、正确使用汉字就是对汉字最好的保护与传承。

中国学生的生长环境处于汉语言文化之中，学习汉语的条件可谓得天独厚。识字教学是语文教学整体中的一部分，更是小学语文教学的起点，也是启蒙教育的开端。识字能力是学习的基础，也是文化素质形成的第一步。识字能力关系到开发儿童的智慧潜能，发展他们的创新精神和创造能力。学生能否充分感受到汉字本身乃至中华文化的无限魅力，扎实自己的汉字功底，很大程度上依赖于广大汉字教育工作者的辛勤耕耘。

《义务教育语文课程标准（2011 年版）》对识字的要求更加精细。识字不仅仅是低年级的重点，也是贯穿整个小学阶段的任务。识字教学在小学语文教学中具有重要的地位，也是小学语文的重要组成部分。九年义务教育阶段要求学生认识3500个左右的汉字，能正确、工整地书写汉字，并有一定的速度。《义务教育语文课程标准（2011年版）》指出，教师要根据低年级学生的心理特点和汉字本身的规律，在新课程的语文教学中，采取多种有效的教学方法，培养学生的识字写字能力。怎样才能做到使学生对学习汉字产生浓厚的兴趣、增强识字能力、提高汉字文化底蕴呢？这是教师着力实践探索的重要课题。

“汉字教育与书法表现”是国家社会科学重大项目，总负责人是著名书法家、首都师范大学书法研究所博士生导师欧阳中石先生。该项目下设两个子课题，即“汉字教育”与“书法表现”。“汉字教育”由首都师范大学初等教育学院欧阳启名教授、崔增亮教授负责。

2016年7月首都师范大学课题组在北京举办了“汉字教育学术研讨会”，参会教师就汉字教育中的相关问题进行了广泛而深入的交流研讨。这次的交流研讨，聚合了一批汉字教育的专家以及一线的优秀语文教师。他们通过长期、大量的识字教学研究与实践，有许多好的经验和做法，值得推广。

本书的编写目的是为进一步深化课题研究，加大交流力度，传播宝贵的识字教学经验；为给在汉字教育领域辛勤耕耘的广大教师搭建起更高更大的交流与发展的平台，为广大的一线教师提供先进的识字教学理念和丰富的识字教学策略。根据教师们撰写论文的实际情况，本书主要着重以下几个方面。

第一部分：激发识字学习兴趣。这部分论文，侧重教师在识字教学中，采取多种有效的方法，激发学生识字的兴趣。

第二部分：识字教学与写字教学的有效结合。这部分论文，侧重教师在识字教学与写字教学的有机结合，相互促进，共同发展。

第三部分：低年级识字教学的有效策略。这部分论文，侧重教师在学习了汉字的构字规律后，结合低年级学生的认知规律以及年段教学重点，开展实践研究的教学策略。

第四部分：对汉字教育的思考。这部分论文着重介绍了对汉字教育的理性思考，以及教师对汉字学理论的认识。

本书在编辑过程中得到了首都师范大学崔增亮教授的指导，以及北京市各区县教研员的大力支持。出版社的编辑老师对本书的出版给予了热情的帮助，为此，谨向诸位老师表示衷心的感谢！

由于作者水平有限，主观上虽做了一些努力，但也难免有一些错误，敬请专家、学者批评指正！

目　录

激发识字学习兴趣

识字教学与写字教学的有效结合

低年级识字教学的有效策略

对汉字教育的思考

激发识字学习兴趣

“趣”字当头话识字

北京市昌平区城北中心小学　唐东梅

《义务教育语文课程标准（2011年版）》明确规定，在低年级段识字与写字方面，学生要达到以下目标：1.喜欢学习汉字，有主动识字、写字的愿望；2.认识常用汉字1600个左右，其中800个左右会写；3.掌握汉字的基本笔画和常用的偏旁部首，能按笔顺规则用硬笔写字，注意间架结构。初步感受汉字的形体美。

根据上面的要求，作为一个低年级语文老师来讲，就要以此为目标，认真贯彻落实。怎样才能真正地让学生对枯燥的汉字产生兴趣，喜欢上识字，有主动识字、写字的愿望呢？我经过不断地研究、尝试发现，这一切都要从一个“趣”字开始。

小学一年级的学生，都是刚刚入学的儿童，天真烂漫，爱说爱动，对自己的行为约束力差，注意力容易分散。在课堂上，经常会分神，总玩一些与学习无关的东西，哪怕就是一支铅笔、一块橡皮，也会玩个没完没了，非常投入。课上老师如果抓不住孩子们的心，不能让他们对所学内容产生兴趣，学生们自然学不进去，注意力也就自然转移到别处去。我在担任小学一年级语文教学这一年来，在掌握教学大纲要求和教材编排意图的基础上学习、引进同行们的理论和经验，在课堂教学设计方面，尤其是在识字教学方面，以充分激发学生学习兴趣为目的，培养学生学习汉字的积极性，养成良好的学习习惯和思维品质，进一步提高课堂教学效率，起到了积极作用，收到了较好的效果。既减轻了学生的课业负担，又提高了教学质量。

一、方法多样提兴趣

德国著名的物理学家爱因斯坦曾经说过：“兴趣是最好的老师。”低年级要认识常用汉字1600个左右，其中800个左右会写。如果不给学生一些方法，光去死记硬背，那该是多么枯燥无味的事情呀！长期下去非把学生的兴趣磨灭不可。于是我除了用老师们常用的加一加、减一减、合一合的常用识字方法之外，还想方设法让学生采用更加感兴趣的方法进行识字，充分调动学生的积极性，使他们对汉字产生浓厚的兴趣。

（一）巧用谜语猜生字

谜语既是一种有趣的游戏，又是一种文学样式。猜谜语是学生们特别喜欢的一项趣味游戏，把识字与谜语巧妙结合，不失为一种很好的识字方法。例如，在教学“高”字的时候，我就给学生出了一个谜题：“一点一横长，口字在中央，大口不封口，小口里面藏。”学生拿到谜题之后，情绪高涨，纷纷开动脑筋，并与我们要学习的汉字进行联系，一下子就找到了答案。在猜谜的过程中，学生的思维得到了锻炼，同时这个谜题又揭示了这个汉字的特点，一下子就把这个字记在了心里。为此，我经常自己根据生字的特点自编一些谜语，让学生猜，以调动他们的积极性，比如，“棉”（一条白毛巾挂在木杆上），“晒”（日头偏西）等。学生只要一听说要猜谜语了，都会眼睛睁得大大的，立刻来了精神，所有的神经都绷得紧紧的，全身心投入进来，真的达到了很好的识字效果。

（二）运用字理讲生字

“字理识字”教学法依据汉字的结构原理，抓住汉字形与义的关系进行汉字形、音、义的教学。学生对抽象汉字的感觉不明显，但是对图画非常敏感。让学生从图画入手，从形象的图形演变为字，降低了难度，增加了兴趣，收到了良好的教学效果。例如，在教学“鹿”的时候，这个字的笔画多，字形比较难记，老师也不好用语言描述，在这种情况下，我就找来了它的字形变化图片，让学生观看。这样不用老师进行讲解，学生们通过图片，一张张进行展示，最后到“鹿”字，一下子就知道了它的演变过程，字形也一下子记在心里了。学生们从鹿的图，到它的象形文字，每一个过程进行联想，产生联系，自然也就记在心里了。从直观到抽象，从复杂到简易，只需抓住学生的心理，引起他们的兴趣，认识生字就是这么简单。

（三）加上动作助识字

低年级学生在识字的时候，是不需要让他们理解字的意思的。但是同音字又那么多，怎样才能让他们很好地区分呢？有时还需要我们动一动脑筋，巧妙地帮助学生区分理解。在教学一年级下册《识字 4》中“展”这个生字时，课文中的小儿歌说：“蜻蜓半空展翅飞。”“展”是个生字，怎样让学生理解它呢？学生能不能准确地说出它的意思？这是一个重点句型，于是我就让学生明确：

蜻蜓半空做什么？（展翅飞）你能做个动作吗？一个学生做了动作之后，我就请大家都张开双臂，像小蜻蜓一样展翅飞起来。老师顺势总结，学生就在这个动作的展示中，很好地理解了“展”的意思，在后面的组词环节中非常轻松、准确。一个小小的动作，让沉闷的课堂活跃起来，很好地帮助学生理解了字义，记住了字形，这一切都源于他们有了参与的兴趣，效率自然很高。

（四）以点带面拓识字

我们的汉字特别有意思，大多数都是形声字，每一个形声字都是由一个形旁和一个声旁组成。形旁与这个字的意思有关。在讲解一个字的形旁的时候，我就会以点带面，给学生拓展更多的生字。例如，在讲解“衣字旁”的时候，告诉学生“衣字旁”的字都与衣服、布料有关，我们每天盖的“被子”是由布料做成的，所以“被”字带有“衣字旁”。除了生字“被”之外，大家低头看看自己穿的衣服，猜猜看，还有哪些字会带有“衣字旁”呢？学生很快就说出了：袄、裤、袖。我又给学生扩充了：衬、衫、襟、袜。让学生明白这些都与衣服有关，都是“衣字旁”。这就为后面学习“示字旁”，并能区分“衣字旁”“示字旁”打下基础。这一次小小的展示，学生们大多数可能也没有记住这些字形，但是或多或少都会给学生留下一些印记，多次复现之后，学生一定会记住它们，进而区分、掌握它们。

二、语言激励激情趣

同样要表达一个意思，不同的说法，会有不同的效果。在教学中，我就深有体会。在检查学生掌握生字情况的时候，起初我进行了这样的设计，这些生字词，你们都会认了吗？好，我们来读一读。学生们虽然张嘴读了，但是读得很慢，而且还拖长声音，让人听着疲疲沓沓，特累特烦，显然他们对读词语没有任何兴趣。于是，我改变了问法：你们会认了吗？真的？好，老师来考考你们，我指哪个大家读哪个，看谁反应快，有信心吗？（有！）学生们立刻坐好，眼睛亮亮的，脸上也笑开了花。当我夸奖他们“小眼睛真亮！反应真快！就是聪明”的时候，他们更是来了精神，不仅声音洪亮了，而且拉长声音的现象也没有了。学生情绪高涨，结束时仍然意犹未尽，读了还想读。为什么会产生这么大的反差呢？原因就是后者注重了学生的年龄特点，以考一考的形式激发了学生的兴趣，调动了学生的积极性，通过引导启发，最大限度地发挥了他们的潜能，促使他们积极参与到活动中来。

细细想来，每个人都愿意听到别人夸奖自己，小孩子更是这样。在教学时，为了达到教学目的，我们不妨也“投其所好”一次，这样不是也很好吗？作为老师，不要吝啬自己的语言，尤其是带有夸奖、鼓励的语言。我们不但不应吝啬，还应该多用。以此来调动学生的积极性，激发他们的自信心，给他们更多的成功的机会。

三、游戏引入增趣味

玩游戏可以舒缓学习压力，劳逸结合，尤其是在大容量的课堂教学中，适当地穿插一些小游戏，使学生轻松一下，学习效果会更好。如，在复现生字词的时候，我通常都会采用游戏的方式进行，学生兴趣浓厚，乐于接受。在教授一年级下册《识字 4》中的生字时，介绍完识字方法之后，检查学生掌握的情况，我采用了游戏的方式。让学生站成两排，每个人手中都拿有一个生字卡片，老师喊一、二、三，学生就开始找朋友，在快速地寻找中，学生们对课上所学的 12 个生字，又一次得到了复现，对生字的掌握就更加牢固。而且学生已经学习了半节课的时间，早已有些累了，坐不住了，有意注意已经完全丧失，在这种情况下，学生已经学不进去了。改变教学方式，让学生在游戏中动起来，并再次投入到学习中，在快乐中学起来，效果非常好。此时，学生纷纷举起小手，争相做起游戏来，为了找对小朋友，他们的注意力非常集中，不用老师提示，不用老师组织教学，一切尽在游戏中，一切尽在趣味中！

著名美籍华裔科学家、诺贝尔物理学奖获得者杨振宁曾经说过：“成功的秘诀在于兴趣。”学生有了学习兴趣，效率自然高，成功也必在眼前。我们的教学一切都应以“趣”字为先，尤其是枯燥的识字教学，更要把“趣”字放在首位，充分调动他们的积极性，才能高效地完成识字教学任务。

◇ 作者信息

唐东梅

昌平区中青年语文骨干教师，中学高级，从教 26 年来，始终坚守在教育第一线，以踏实、勤恳、努力、向上为宗旨，默默耕耘，无私奉献，形成了扎实、朴实的教风，尤其是在识字、写作等方面进行了深入研究，曾有多篇论文获奖。

在游戏中探求汉字教学的情趣

——浅谈小学语文低年级识字教学的情趣相生

北京市芳草地国际学校日坛校区　乔霓

在小学阶段，语文教学开展的主要依据是《义务教育语文课程标准（2011年版）》。《义务教育语文课程标准（2011年版）》在总体目标与内容中指出：小学生在语文学习的过程中应该“认识中华文化的丰厚博大，汲取民族文化智慧。关心当代文化生活，尊重多样文化，吸收人类优秀文化的营养，提升文化品位”。应该“培育热爱祖国语言文字的情感，增强学习语文的自信心，养成良好的语文学习习惯，初步掌握学习语文的基本方法”。学生在小学毕业时应“有较强的独立识字能力。累计认识常用汉字3000个左右，其中2500个会写”。同时，在学段目标中对识字教学也进行了明确规定：第一学段（1—2年级）学生应喜欢学习汉字，有主动识字、写字的愿望；第二学段（3—4年级）学生应对学习汉字有浓厚的兴趣，养成主动识字的习惯；第三学段（5—6年级）学生应有较强的独立识字能力。

一、汉字本身的情趣性

美国心理学家布鲁纳在《教育过程》一书中曾说过：“学习的最好刺激，乃是对所学材料的兴趣，而不是诸如等级或往后的竞争便利等外来目标。”小学阶段的语文识字教学是以汉字为所学材料基础，而汉字的音、形、义表现了中华民族的祖先对事物形状和情景再现，我们的祖先因义构形，用汉字记录生活的方方面面，记录感知大千世界的心路历程，所以汉字本身便具有浓厚的“趣元素”。

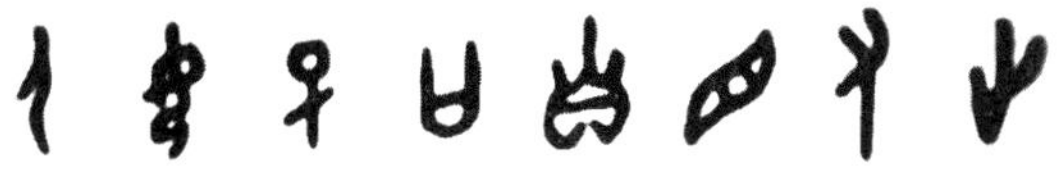

通过对汉字的研究后我们可以发现，汉字的情形、情境、情理、情节、情感等构成了汉字本身的趣味性。汉字的情形即汉字的象形表现。例如，在低年级讲授“人”“女”“子”“口”“鼻”“目”“手”“足”等字时，可以展示这些字的象形文字。让学生将象形文字的“图画”与对应的汉字进行联想猜测。连线、照着图片做动作等方式，都可以让学生体会感知象形字鲜明、栩栩如生的形象。如果低年级学生可以对象形文字有所感知，能够初步体会到汉字的情形之趣，那么随着学生的不断成长，其在中年级和高年级的学习过程中会对汉字的表意性、图画性的理解更进一步，学生对汉字由趣生情的过程便会自然发生。

汉字所体现的情境即对祖先生活情境的再现。例如，在教学“休”字时，我们可以告诉学生，古人在创造“休”字时是为了表现人靠着大树休息的样子。可是为什么古人要靠着树休息，不在家里躺着呢？这就需要我们对古人的生活情境进行再现：古人以打猎和农耕为主要任务，生活和现在自然不同。古人的生活是奔波劳碌的，当打猎和农耕过于疲乏时，古人们便会在大树下寻一丝阴凉，以求短暂的休息能够恢复体力。一个汉字可以让学生想象到古人的生活之境，汉字本身之趣不言自明。

汉字的情理即古人对人生的思考、生命的感悟及生活道理、事物原理等的思考，体现在汉字创造时的造字之法。例如，“信”字教学时，我们讲解人言为信，这就是古人做人的准则：谨言慎行。《论语·子路》中曾教导我们“言必信，行必果”，这样深奥的人生道理却可以通过一个汉字得以体现。在汉字中探求情理，趣味横生。

汉字的情节即一个汉字是一幅画。例如，“家”字教学时，我们可以分解部件为“宀”和“豕”。“宀”象征房屋，“豕”象征猪，对古人来说，圈养的生猪能提供食物安全感，因此圈养生猪便成了定居生活的标志。一个字记录了祖先由游猎至饲养的进程，汉字情节的讲解如同对中华历史的剖析，汉字之趣引人入胜。

汉字的情感即汉字中包含的丰富情感。例如“耍”字，上半部“而”是胡子的象形，下半部“女”为女子，表示古时男子对女子示好过程，轻佻之情不言而喻。

因此，汉字的情形、情境、情理、情节、情感等构成了汉字本身的趣味性，而这些内容的趣味性是激发学生喜爱汉字、自主探究汉字的重要因素。教师充分理解汉字本身的趣味性，并将汉字之趣巧妙地运用到小学语文低年级识字教学的环节之中，才有可能让汉字对学生产生强大的吸引力，让学生在汉字教学的过程中由趣生情，从而实现汉字的情趣相生。

二、识字教学中的游戏教学

机械识字是最为传统的识字教学，通过对低年级学生进行汉字的反复读写、反复讲解、反复默写来巩固和强化汉字认知。这样的教学法在课堂中出现的频率已经日益减少。利用机械识字法教学，不仅教师教得疲惫，学生也学得枯燥，教学效率低下，教学观念落后，已经濒临被淘汰的边缘。2011 年新修订的《义务教育语文课程标准（2011 年版）》，重塑了语文教学的理念，强调了工具性与人文性的统一，强调学习中学生的主体地位，语文教学要根据学生的身心发展特点，追求自主、合作、创新的学习方式，要求建设开放的、有活力的语文课程。随着课改理念的逐步深入，教师的教学思路也由“教”变为“导”，课堂中学生的充分参与才是教学之本。游戏教学能够满足新课标所提出的教学理念。因此，推进游戏教学在小学语文课堂中的应用实施，是符合新课标的理念要求的，并且具有较高的可行性。这一理念的转变，落实在小学低年级语文教学中，突出表现为游戏识字教学。

游戏教学也可称为游戏教学法，《教育大辞典》中给游戏教学定义为：“根据教学大纲，将教学内容和生动有趣的游戏结合起来的教学方法。”亚里士多德曾说过：“没有孩子不喜欢游戏，这是他们的天性，儿童的学习也是从游戏开始的。”游戏教学是寓游戏于教学的一种教学方法。在教学过程中，任课教师根据受教育者的心理特征、学习习惯和思维方式等，设置不同的游戏情境，在一种轻松快乐又充满挑战和激情、富有想象力和创造力的氛围中实施教学，完成情感和价值观念潜移默化的传达，并在此过程中完成技能和知识的训练。游戏教学既不是简单的游戏，也不是单纯的教学。它充分利用游戏的形式和特点，将游戏引入到课堂教学之中，与教学内容紧密结合。通过调动学生学习的积极性，使学生潜移默化地学习到课内外知识。

在小学语文低年级识字教学中，教师通常依据皮亚杰的认知发展理论，将教育游戏分为练习性游戏、象征性游戏和规则性游戏三类。常见的练习性游戏有：抢卡片、小小邮递员、摘果子、小兔采蘑菇、爆竹声声、戴帽子等。这类游戏多以汉字卡片、拼音卡片为载体，教师必须要用心准备游戏教具。以一年级上册语文课本（人教版）中《比尾巴》为例，本课的教学目标需要学生巩固“比”“尾”“巴”“短”“把”“猴”“松”“鼠”“扁”“最”“公”“鸭”等 12 个认读字。此时教师便可以开展戴帽子游戏。游戏开始前，教师需要将这 12 个生字板书在黑板上，写三组，同时准备带有拼音的生字卡片，卡片背后需贴上磁条，接着教师需要将学生分组，每组分别派一人到讲台上，准备好之后，老师下发口令，学生听到口令后应尽快从各自的拼音卡片中找到所需卡片，贴到相应字上面。限时 10 秒，学生回去换下一个学生，以保证每个学生都能参与到游戏中去。此外，游戏还可以设立奖惩制度和积分制度，帮助学生在游戏中反复识认生字。

常见的象征性游戏有角色扮演游戏和情境体验游戏。以《语文》（人教版）一年级上册中《自选商场》为例，在识认本课的认读字中，教师可以在卡片上写上生字，作为商品放在“货架”上，同时让学生分别扮演文中的角色：售货员、顾客妈妈和孩子。教师规定要买的东西，让学生去挑选目标商品，创设情境，让学生在游戏中识字。

最后一类教学中会用到的教育游戏就是规则性游戏，即教师与学生提前规定好游戏规则，以竞赛或非竞赛类游戏促使学生识认汉字。以低年级形近字复习课为例，本课中教师可以开展找朋友的识字游戏。课前，教师需要将形近字写在卡片上随机发给学生，准备好之后一个学生拿着卡片说：“找呀找呀找朋友，谁是我的好朋友？”然后拥有对应形近字的同学拿着卡片回答：“我是你的好朋友。”这个时候其他学生和教师一起打着节奏拍手重复：“对对对，（　　）和（　　）是好朋友。”

以上三类游戏教学的方式在当今小学教学的课堂中具有一定的流行性，三类游戏的设计目标都是为了学生能在一种轻松、和谐、充满朝气的课堂氛围中学习汉字。将游戏与教学结合起来，做适合学生的课堂，实现寓教于乐，这正是教育真正需要改变与实现的目标。

三、游戏教学中探究汉字的情趣

汉字本身之趣令人向往，但是在小学低年级语文课堂的操作中也存在一定问题。小学阶段学生年龄跨度大，身心发展特点在各学段的表现也大不相同。一、二年级的低学段学生普遍注意力集中时间短，连续注意稳定性只有 5—15 分钟，且以“无意注意”为主，思维方式多为具体形象思维。因此在低学段开展字理教学时，常常一课书中只能选取 1—2 个汉字进行学习，字理学习的汉字不连贯，零散的字理讲授很难让学生感知和记忆。而且课堂字理教学过程中，当学生面对一幅幅形象鲜明的图画时，他们兴趣高涨，学习参与度高，理解汉字的象形义后便沾沾自喜，从而忽略了象形字与汉字间的对应联系，导致汉字的书写存在一定难度。此外，根据《义务教育语文课程标准（2011 年版）》对低学段的教学要求可知，这一学段需要学生“认识常用汉字 1600 个左右，其中

800个左右会写”，如此大量的识字要求，在课堂中难以单纯开展字理教学。

游戏之趣符合小学生发展特点，但是在当今的一线语文教学中，大多数教师受到课时紧张、教学压力大、学生教育任务繁重等诸多因素的影响，难以在每节课中充分准备游戏材料。另外，在游戏教学的过程中，很多教师在教学时偏重学生字音认读，而对于生字的形义整合很少重视，甚至出现主观臆断拆解汉字，重形害义的现象。例如，“照”字的讲解时，教师说“一个日本兵，拿着一把刀，杀了一口人，流了四滴血”。这样的讲解难免令人感到不安。那么，如何能将汉字之趣与游戏之趣有机地结合，让两者扬长避短呢？我想主要有以下两种方式：

一是在游戏教学的材料中寻求生长点。同样在课堂中开展找朋友的识字游戏，如果我们能将原来设计的游戏材料更改扩充，加入汉字的象形美，这样游戏的过程就能让学生在知其然的过程中知其所以然。例如，一个学生拿着“龟”字的卡片说：“找呀找呀找朋友，谁是我的好朋友？”然后拥有对应象形字的学生拿着卡片回答：“我是你的好朋友。”这个时候其他学生和教师一起打着节奏拍手重复：“对对对，(　　)和(　　)是好朋友。”这样的游戏就能够将汉字之美与游戏之趣巧妙融合，促使小学低年级语文课堂向情趣相生的境界发展。

二是充分教研汉字之美。在教师掌握了汉字学的基本常识后，以教研组的形式对汉字进行梳理，并善于发现汉字间内在的联系和发展脉络，了解相关的历史常识，创造性地对原有识字教学顺序进行调整，归类识字，达到举一反三的教学模式。在教学一类汉字的基础时，配以适宜形式的游戏，使学生在乐学的同时运行想象和联想的高级思维，促使学生会学、善学。

设想当游戏之趣与汉字之趣同时出现在小学语文识字课堂中时，学生们会是怎样一番景象呢？希望更多的教师同行们集思广益，让我们为了课堂中学生的笑声源源不断而不懈努力。落实《义务教育语文课程标准(2011年版)》中的隐性目标：培养学生对汉字的喜爱情感，激发识字兴趣，提高识字能力。

以游戏之趣探求低年级语文识字教学的情趣相生，我们正在路上。

参考文献：

[1] 中华人民共和国教育部. 义务教育语文课程标准(2011年版)[M]. 北京：北京师范大学出版社，2011.
[2] 布鲁纳. 教育过程[M]. 邵瑞珍，译. 北京：文化教育出版社，1982.

[3] 崔增亮，吴琳.了解汉字特点，提高识字效率——崔增亮教授访谈录[J].语文教学通讯，2013.
[4] 孙朋，邵俊莉，王蔚.探寻教育性与游戏性的平衡点——以小学语文识字教育游戏的开发研究为例[J].中国教育信息化：基础教育，2009.
[5] 顾明远.教育大辞典[M].上海：上海教育出版社，1990.

◇ 作者信息

乔霓

朝阳区优秀青年教师拔尖人才、后备人才，曾承担市、区级公开课，参与市级研究课题2项，获市级论文二等奖1次，区级论文一等奖2次。

巧用方法　激发兴趣　有效识字

北京市朝阳区北京明远教育书院实验小学　蒋晓波

低年级的学生很喜欢语文课本中一篇篇有意思的课文，但是对于识字学词却不太感兴趣。这就需要我们去思考，如何让学生爱上我国悠久历史的汉字。“思考”应是教师的习惯，识字教学上的“思考”就是把枯燥无味、抽象、难于理解、难于认识的汉字教学，变成学生在轻松愉快的环境中掌握知识，掌握汉字规律，减轻学生负担，培养识字兴趣，保持学生们强烈好奇心和旺盛求知欲的教学。

在识字教学的过程中，我有一些感悟和方法，这些方法让我的学生不再对学习汉字感到头疼，甚至爱上了学习汉字。

一、创设环境识字

《义务教育语文课程标准（2011 年版）》指出：要让学生“喜欢学习汉字，有主动识字、写字的愿望”。低年级学生年龄小，注意力不集中，教学时要采用多种方式方法，激发学生的识字热情。兴趣是学习之师，学习的内容是学生感兴趣的，学生自然就乐意去学。

（一）由古引今，激发学生的识字兴趣

汉字是中华民族最高智慧的杰作，是人类最为宝贵、最为灿烂的文化遗产。学生在刚刚入学时，学习的汉字一般都是比较简单的独体字，因此，在讲解汉字时可以利用从最初的文字——引入甲骨文，经过西周金文、汉朝小篆、隶书直至楷书、现代简化字的演变过程来进行演绎。这样不但能够提高学生学习汉字的兴趣，还有助于学生记忆。例如，在讲解“画”字时，我就采用了这一方法，利用课件对“画”字进行演绎，教师边演示边讲解，分析汉字的字形和字义的变化，学生的学习兴趣浓厚，当堂听写反馈时，“画”字没有出现错误，正确率百分之百，收到了很好的效果。

（二）利用儿歌，激发学生的识字兴趣

遇到难记、易错、易混淆的字时，可以利用小儿歌帮助学生记忆。小儿歌这种形象化的语言是比较受学生欢迎的形式，让学生在兴趣盎然、轻松愉快中掌握生字。如：区别“泡”“袍”“跑”“炮”“刨”“抱”时，可以利用“有水吹泡泡，有衣做衣袍，有足飞快跑，有火能点炮，用刀刨一刨，伸手来拥抱”这句顺口溜帮助学生记忆。

在区分“清”“请”“睛”“情”“倩”“晴”“蜻”“精”时，教师可以采用“有水方说清，有言去邀请，有目是眼睛，有心情意浓，丽人留倩影，日出天气晴，有虫是蜻蜓，有米人精神”这句顺口溜帮助学生学习。

在讲解《乌鸦喝水》这一课时，遇到了两个形近易混淆的生字——“喝”与“渴”，这两个字的学习也是第一课时的教学难点。在教学中可以采用小儿歌的方法，帮助学生区分形近字，学生在学会“喝喝喝，用口喝；渴渴渴，水解渴”这句顺口溜后，很容易地利用两个字的部首不同，区分了形近字，并在此基础上理解字义。

（三）借助动作，激发学生的识字兴趣

低年级学生由于年龄小，注意力不集中，易于疲劳。因此，在教学时可以让他们边玩边学，以促使学生思维灵活、有创造性地发展。在集中学习“跳”“投”“拍”“扔”等动词时，就可以让学生用动作来表示词的意思，这样通过动作示意，学生兴趣盎然，不仅记住了字形，而且了解了字义。

在学习《北京》一课时，需要学生认读的生字中出现了四个“扌”的字——“挥、拥、抱、扬”，可以先让学生做一做这四个动词的动作，以区分词义，之后让学生发现这四个字的共同部首，并关注其中的形声字，进一步记忆字形，了解词义。

（四）竞赛激励，激发学生的识字兴趣

“喜欢表扬”是小学生的一项重要心理特点，鼓励是促进学生学习的重要手段之一。因此，在教学中，要善于发现学生的闪光点，使学生产生一种愉快的情感体验，这样会有效地支持学生奋力向上，最大限度地调动学生的学习积极性。将竞争机制引入课堂教学，识字竞赛通常是以小组为单位，这样不仅让学生竞争，还让学生在竞争的过程中学会合作。每次取胜组会得到一面红旗，每周评选出“最佳小组”和“最佳个人”，在竞争与合作的过程中，学生兴趣浓厚，在一定程度上可以帮助学生主动学习。现介绍几种常用的识字竞赛方式：

生字抢答——即在识字教学后，检查学生的学习情况。教师将本课的生字卡片全都贴在黑板上，随机指其中的一个生字，学生抢答，抢答对的学生为小组争得一面红旗，自己也得到一个印章的奖励。如果抢答到的学生集中到某几人时，可以转变为以组为单位抢答，这样每个小组、每个孩子都能有机会抢答成功，从而激发孩子的识字兴趣。

词语大王——教师提供三个当天学习的生字，以组为单位用提供的汉字组词。比赛过程中不能翻阅任何资料，组词最多且书写正确的小组取胜。词语大王竞赛可以增加学生的词汇量，并在潜移默化中辨析了同音字。

听写大赛——也就是我们教师每天都会做的听写字词。教师听写后，以组为单位计算出组内平均分，评出优胜组。每个小组都愿意争先，学生在这种集体荣誉感的感召下，进一步掌握了字词。

二、汉字规律识字

汉字的学习是有一定的规律可遵循的。因此在学习汉字的过程中，一定要帮助学生掌握识字的方法、规律。

在教学中，可以让学生观察汉字，说一说应该用什么样的识字方法。学生这时就会积极思考，提出不同的识字方法。例如，熟字加一笔：“大”字加一点变成“太”字，“大”字加一横变成“天”字和“夫”字；熟字换偏旁：把“妈”字的女字旁换成口字旁就是“吗”字，把女字旁变成虫字旁就是“蚂”字；熟字减一笔：鸟”字去掉一笔点变成“乌”字;“熟字去偏旁:“树”字去掉木字旁是“对”字；熟字加偏旁:“加”字加上木字底就是“架”字；还可以利用同音字记忆，可以根据不同的字形，理解同音字的不同意思，从而帮助学生记忆、区分。

又如学习“丽”字时，我引导学生回忆以前学习过哪些“lì”字，学生分别列出“力”“立”“粒”，这时把四个“lì”字板书，再次帮助学生利用字形分析字义，区分同音字的不同含义，这样不仅可以帮助学生记忆，还可以避免今后习作时出现错别字。

三、借助阅读识字

汉字具有表意特征，字形和意义之间有着密切的关联。因此，有时可依据字形推测它的意义。儿童在阅读中遇到不认识的字，也可凭借字形猜测出词句的大意。更重要的是学生初学的生字一般都是常用字，这些字在书中出现的频率非常高。在学习生字后，经常阅读，可以起到“温故而知新”的学习效果，在阅读能力提高的同时，进一步加深对汉字的记忆、理解。

四、联系生活识字

学生的许多经验是从生活中获得的，语文教学同样离不开生活。在生活中学生可以接触到许多汉字，因此教师可以鼓励学生多观察，想一想可以从哪里得到有关汉字的信息。

在公共场所中识字就很有效果。例如，在教学“出”“入”时，有的学生已经认识了这两个字，当我问他是怎么认识这两个字的时候，学生自豪地说：“爸爸妈妈带我去公园时，进去的门前写着‘入口’，出去的门前写着‘出口’！”

抓住教学中的契机，借助人名识字也是个好办法。例如，在教学“明”字时，有一名学生对我说：“老师，我四岁时就认识这个字了！因为我爸爸的名字就叫 ×× 明！”他接着又说：“我不仅会写自己的名字，爸爸、妈妈、爷爷、奶奶……的名字我也都会写！”当他说这些时，小脸上充满了骄傲的神色，同学也对他刮目相看，我立刻表扬了他。同时抓住这次契机，让班级中的学生也去写一写家人的名字。没想到的是，学生的积极性非常高，有的学生连自己叔叔、阿姨、姑姑的名字也写了下来。我无意中的一次表扬收到了很好的效果，班中的学生从此纷纷在生活中寻找汉字，希望在识字课中也可以说一说自己识字的经过。

汉字——一种美丽的文字，每一个字都是一幅美丽的画，一首优美的诗……汉字是中华文化的根，是人类难以再造的瑰宝。因此，语文教师要结合学生年龄特点和认知规律，通过各种途径和方法，激发学生的识字兴趣，让学生爱上识字，在识字过程中培养学生的能力。

◇ 作者信息

蒋晓波

蒋晓波老师是一名喜爱阅读的语文教师，她在工作之余阅读了大量的书籍，不断提升自身人文素养和专业素养。结合教育教学工作，积极参与课改研究，承担全国“少教多学”“传统文化”，北京市“课内外阅读策略”“写字课题”等多项课题研究，积极投身并引领教师、学生实践课题成果。

打造识字教学的“乐高课堂”

——以《操场上》为例，谈识字的教学策略

北京市陈经纶中学嘉铭东校区　庞金颖　郭佳

汉字是中华民族厚重文化的真实积淀，吸收了长期以来形成的悠久文化底蕴。汉字是进行汉语言阅读最基础的工具，具有足够的汉字储备，才能够进行相应的阅读，从而进一步获取其他方面的知识内容。小学阶段，认识汉字是语文教学中重要的教学内容。汉字作为桥梁，承载了口语到书面语的转化，识字承担了这一阶段的语文教学的核心任务，特别是对于低年级学生，其重要意义更加凸显。从语文学习的角度来讲，增加识字量可以为高年级的阅读、习作打下基础；从思维发展的角度来讲，识字能够充分挖掘大脑潜能，有利于右脑和左脑的协调发展，有利于训练注意力，能够有效地帮助小学生开发相应的能力。

一、低年级识字教学的特点及难点

作为整个语文教学活动开展的基础，汉字的认、读、写能力贯穿整个义务教育阶段，低年级学生如果存在识字量薄弱的问题，对其读写能力的发展必然有所制约，同时还会反作用到其他学习之中。教育部在2011年修订的《义务教育语文课程标准（2011年版）》中要求，在第一学段需要“认识常用汉字1600个左右，其中800个左右会写”。而识字与写字能力主要体现在学生对汉字的记忆、理解、运用和书写上，在这当中，对于学生的基本识字能力，集中在相应的语音、文字形状结构方面。

我们知道，从幼儿的智力发育水平来看，低年龄段学生，他们的思维缺乏抽象性。因为这一群体的生理及心理水平，都是处于发展的初步阶段。在汉语学习的过程中，掌握语音、文字形状结构方面的关联度，依然保持很空泛的状况，机械地掌握汉字知识是非常多的一种情况。但这一阶段的学生又处在观察的敏感期，所以在识字教学的过程中，教师就需要利用各种手段让学生把汉字

的音、形、义三方面统一识记。

《义务教育语文课程标准（2011 年版）》中提出：第一学段，学生要“喜欢学习汉字，有主动识字、写字的愿望”。但是在这一年龄段的学生，往往非常容易分散注意力，特别是单纯的文字学习，相对而言非常枯燥乏味，因此，如果不能够提起他们的兴致，会带来厌学、疲劳等情绪，进而对于相应的学习效果产生制约。因此，低年级的语文教师需要综合运用各种方式方法进行教学，刺激学生的兴趣点，提高他们的识字兴趣，并且要利用各种教育方法提升学生的独立识字能力。

所谓“乐高课堂”就是从孩子的兴趣点出发，依据低年级学生的身心特点进行教学设计，注重学生体验、感悟和实践的过程。通过学习情境的创设、实践环节的开发和学习渠道的拓宽，丰富学生的经历和经验，改变学生的学习方法，让孩子们不抵触语文学习，并从中建立乐趣，从而乐学、高效地完成识字教学任务。

二、识字教学策略

识字教学的方法有很多种，教师如何能够有效地利用课堂 40 分钟的时间，促使学生在课堂上“乐学高效”地认识汉字？本文就以《操场上》为例，尝试采用多种教学策略，力图打造识字教学的“乐高课堂”。

《语文》（部编版）一年级下册《操场上》是一节典型的识字课，仅有 6 个生词和短短几十个字的小儿歌。虽然内容非常简单，但承载的识字写字量却相当大，其中需要认识“操、场、拔、拍、跑、踢、铃、热、闹、锻、炼、体”12 个字，会写“打、拍、跑、足、声、身、体”7 个字。全文几乎都是生字，该如何引领学生在短短的一节课中认识这些生字，能把生字写规范写工整，是这节课重点思考的问题，下面我就谈谈在本课中所采用的一些教学策略：

（一）绘本故事学习法

一年级的学生，非常容易分散注意力，特别是单纯的识字学习，相对而言非常枯燥乏味，所以很难引起他们的兴致。但是，他们往往会被新鲜的具有故事性的内容打动，绘本故事恰好符合这一年龄层次孩子们的认知，能够被他们更好地接受。所以，在教学的过程之中，利用新颖的绘本，给学生提供学习帮助，可以有效地提升学习兴致。

结合课文有关“操场上各项运动”的内容，选择了一本关于儿童肥胖危险问题的绘本故事——《跷跷板跷不起来了》作为桥梁，把文中主人公亨利兔因为不健康的饮食和生活习惯所产生的肥胖疾病这一事件穿插在教学当中，让学生以小医生的角色参与到绘本故事的情境中来，同时也把大量的识字、写字任务给分散开了，让学生在听故事、看绘本、参与故事情节的过程中反复再现生字词，甚至还有很多课本之外的生字词供学生们提前接触学习，既减轻了识字任务也在反复再现中提高了识字效率。

（二）多元识字学习法

1. 归类识字。

所谓归类识字，就是简单的规律认知，了解造字的方式，从而培养学生的认知能力，最终可以举一隅而得三隅。归类识字方法有很多种，例如：形声字、反义词、量词、部首归类等。

由于低年级学生的识字量少，认知能力弱，在识字中同时理解字义也是难点。所以课上我抓住本课出现的提手旁和足字旁的生字进行归类教学，引导学生从部首理解字义，帮助孩子们掌握生字。

课文当中出现了 6 个词语：“打球、拔河、拍皮球、跳高、跑步、踢足球”。

我设计了以下几个环节进行反复再现识字：课文当中借助拼音识记——利用 PPT 借助图片和拼音识记——利用 PPT 出示拼音学生举词卡——老师举词卡学生认读。通过以上环节学生对这 6 个生词已经很熟悉了。

接着，我让学生给这些词卡分类，并说清楚分类的理由，以此来训练他们的思维能力。学生的分类一般有三种：一种是按照词语字数的多少来分；另一种按照是否用到运动器材来分；还有一种是按照所用到的身体部位不同来分。从这里明显感受到了孩子们思维层次的区别，当说到按照身体部位来分的时候，我适时引导学生观察分类，关注汉字部首表意的特性。学生一下子意识到，和手部运动有关的字一般都是提手旁，和脚有关的运动一般都是足字旁。突破理解汉字字义的难点，最后请学生依据部首表意进行拓展识字，增加识字量，提高学习效率。

2. 游戏识字。

游戏识字对于身心发育尚未完全成熟的低年级学生来说，是一种很好的方式。柏拉图曾说，儿童的本性是需要游戏的。孩子们都是独立发展的个体，在发展过程之中，他们会与相关的环境产生一系列的作用。因此，要在游戏的过程之中，让儿童和周围环境进行交流，产生一种能够带动自身身心成熟的经验积累，此刻，游戏就成了一种重要的发展方式。

同时，对于低年级学生注意力不够集中这一特点，游戏能够使他们具有参与感和存在感，能够充分调动他们在学习活动中的积极性。

在课堂学习中，我加入了游戏的环节，把6个词语创编成一首小儿歌：

“拍、拍、拍、拍皮球，

打球、打球、打打打，

拔河、拔河、拔拔拔；

踢、踢、踢、踢足球，

跑步、跑步、跑跑跑，

跳高、跳高、跳跳跳。”

让学生边读儿歌边做动作，在活动中对本课的这几个生词有了更加深刻的记忆。

3. 情境中识字。

只有对于学习感到有兴趣，才能够更加积极地投入到学习中。

儿童的生活是丰富多彩的。一般来说，儿童碰见特别的情景，就能够识别一些特别情景中的汉字。引导儿童在这些情境中识字，是轻松的，而且对于丰富儿童生活和引导儿童认识生活，也有着不可忽视的意义。

把生字放在词语中，把词语放在句子中进行理解和识记就是最有效的方法。让“字不离词、词不离句”的方法有效帮助学生记忆。同时，在本课的教学中，绘本故事也作为一种特别情景识字的渠道，拓宽了词句的使用范围，增加了学生的积累，并让学生在识字的过程当中更加轻松愉悦，同时还能够牢固掌握，不易混淆。

4. 寻根溯源。

引导学生对字的历史加以研究，可以加深学生对生字的认识。例如，本课当中“锻炼”一词，笔画比较多，对于一年级学生来说记忆起来比较困难，因此在课上引导学生先自己想一想可以运用多种方法进行识记。学生能够结合此前的一些知识储备，选择多种方式加深记忆，如可以利用之前认识的字进行简单的加一加、减一减、换一换等方式。

为了记得牢固，还要对字义进行深入的理解，因此结合这个词的本义：“金属放在火里烧，然后用锤子打。”引导学生总结：“因为锻炼表示金属物体在火中烧，用铁锤敲打，才能够把生铁铸就成一柄宝剑，同学们注意‘锻炼’这两个字分别是什么部首了吗？看来，如果我们想要锻炼好身体也得经历很长时间多下苦功夫才行。”结合这种方式，让学生们能够更深刻地理解词语的意思。

5. 生活中识字。

《义务教育语文课程标准（2011 年版）》中提及“综合性学习”，这给予教学过程更大的压力，需要能够调动内部各种资源的联系性，来帮助学生在语文学习的过程中，掌握更多的学科知识，大大提高整体素养。其实生活就是学习识字的背景和舞台，“生活即教育”。生活是语文的内容，语文是生活的工具。引导学生在生活的过程之中进行识字学习，也是主要的一种方式。本课当中“身体”二字在生活中比较常见，很多孩子都认识，我适时提问学生们在哪儿见过这些字？有的学生说在课程表上见过“体育”的“体”字，有的学生说在“体检”的地方也见过，还有的学生说在购票的地方看到过“身高 1.2 米以上儿童需购票”的标语等，我及时夸奖他们是留心观察生活的孩子，特别会学习。

在这样的教学活动之中，老师要能够不经意地对学生的表现进行指导，这样让他们更加自信于自身的记忆储备和同学之间的合作，产生价值感，从而得到一系列有益的发现，从中感知到快乐，让学生们可以快乐地接触生活，培养主动在生活中认识生字的好习惯。

（三）用好词卡丰富课堂表现手段

一年级学生生性好动，一个个生字词又是非常抽象的文字符号，要在短短的一节课中让学生识记这些生字词是有一定难度的，因此这节课我利用这 6 个生词卡片大做文章。

课堂上我先后三次让学生利用词卡：

第一次，在他们的学习中举起相应的卡片，这样做既对字音进行了巩固，又对字形进行了再现，使学生增强记忆。

第二次是前面提到的对词卡分类，这个环节主要是为了提升学生的思维，感悟部首表意的方法，对本课的生字进行再现。

第三次是做动作举词卡，是为了在识记汉字的基础上让孩子们做到知行统一，同时调动学习兴趣，对字形的再现。

这几次活动是整个课堂中参与感最强的，保证每个学生都能够高效地参与到学习当中来，带动了整堂课的气氛，大大提高了学习效率。

（四）推荐读物拓展认知

在学习的尾声，我适时给学生提供了两本与运动相关的绘本，要求他们课外时间阅读。

阅读能够帮助孩子们拓展各个方面的综合素质，识字量和阅读量之间的关系是相互支持的，识字基础越牢固，阅读能力也就越强，在阅读当中提高识字量，开拓他们的眼界，丰富他们的知识。

三、结论

总之，教无定法，贵在得法。好的教学方式，不仅仅可以在教学活动中产生丰富有趣的环节，让孩子们把枯燥的识字课变成妙趣横生的课，让他们能够更轻松地学习识字，减轻他们学习的压力。还可以设置各种情境教学，让他们感受到乐趣，从而将课堂的效益最大化，为以后的教学提供明显的支持。

参考文献：

[1] 高洁. 小学语文识字教学的尝试 [J]. 吉林画报，2014（5）.
[2] 李玲娜. 激发小学语文学习兴趣 [J]. 都市家教，2013（8）.
[3] 黄德政. 丰富识字渠道，让识字为学生所爱 [J]. 广西教育，2012（3）.
[4] 钟建明. 关注学生的教学才有效 [J]. 现代语文，2012（8）.

◇ 作者信息

庞金颖

小学语文高级教师。曾连续两届被评为朝阳区优秀青年教师。2013 年“朝阳杯”教学基本功大赛中教学设计说课答辩和课堂教学均获得一等奖。参与录制北京市数字课堂（BDS）六节。多次承担国家、市区级公开课。

郭佳

中学语文二级教师。2017 年申报的课题《小学低年级“读经典”校本课程开发与实施研究》已通过区级课题立项。所撰写的论文多次获得国家、市区级奖项并发表在教学杂志上。在指导学生朗诵和写作方面多次获得奖项。

拓宽识字途径　激发识字兴趣

北京市大兴区金海学校　赵莲

识字是低年级教学的重点。识字能力的培养对低年级学生来说尤为重要，它能有效提升学生的阅读水平。培养学生的识字能力，激发学生的创新精神，通过各种渠道识字，发展学生的多元智能。《义务教育语文课程标准（2011年版）》对低年级识字、写字部分的要求首先提到要让学生“喜欢学习汉字，有主动识字、写字的愿望”。“知之者不如好之者，好之者不如乐之者”。为了激发学生的识字兴趣，教师要根据儿童年龄特点，创设愉快轻松的教学氛围，有意识拓宽识字途径，培养识字能力。基于这样的认识，我对低年级识字教学进行了以下探索。

一、创设丰富多彩的教学情境，激发识字兴趣

识字教学要关注儿童心理特点，结合生活经验，运用多种识字教学方法和形象直观的教学手段，引导儿童利用各种机会主动识字，力求识用结合。

教学的起始阶段，必须切合教材的实际，顺应低年级学生的心理特点精心设计导课。上课伊始，学生注意力尚在涣散阶段，要把学生尽快地带入与学习汉字密切相关的情境之中，这就要求教师讲究“开讲”艺术，或用娓娓动听的语言，或用形象生动的多媒体课件，或用直观有趣的实物展示，或用色彩丰富的简笔画，为学生的学习创设富有情趣的意境。

如我教学《小壁虎借尾巴》一课时，课始，我抓住题目中的“壁”字，开始识字教学：出示小壁虎的图片，提问学生：“谁对小壁虎有所了解呀？”学生说道：“小壁虎遇到危险的时候可以逃命。”“小壁虎能吃蚊子。”“吃蚊虫就像老虎捕食一样快、准。”我接着问：“那它为什么叫小壁（重音）虎啊？它生活在哪里呢？”引导学生说出：“壁虎大多在墙壁上灯光处捕食蚊虫，过去墙壁大多是由土堆砌而成的，所以下面的‘土’是部首表形。”我接着讲解：“上面的‘辟’字表声。”进而引出它是一个形声字，“辟”表声，“土”表形。

积累词语，当“壁”作为墙的意思时：四壁、壁画、壁挂、壁橱、壁灯、铜墙铁壁。“壁”还可以指某些物体内部的表层：胃壁、肠壁。“壁”又可以指陡峭的山崖：峭壁。接着，引导学生利用已有知识记住上半部分：左半部分是一个‘尸’字加一个‘口’，右半部分是一个‘辛’字。然后让学生伸出手指和我一起写这个字。

这样，利用图片导入，让学生在具体的语言环境中，结合上下文和生活实际，细细地咀嚼蕴藏在生字背后的“言外之意，弦外之音”，使生字内化为学生生命活动中的“生气勃勃的细胞”。从而感受识字的乐趣，使学生产生热爱祖国语言文字的情感。这就需要教师在识字教学时，掌握一些识字教学的技巧，从而使教学收到事半功倍的效果。

二、字理识字，为识字教学增添情趣

字理识字教学法是依据汉字的组构规律，从汉字的形与义、音的关系进行识字教学的方法。它能让学生通过“析形而索义，因义而记形”来形象识记汉字。实践证明：这样的识字方法易记难忘，能有效地减少错别字，是一种很有效的识字方法。也符合儿童的认识规律和心理规律，即化抽象符号为形象的联想，让学生理解记忆而非机械记忆，从心理上为学生减负。

（一）把汉字还原成故事，让识字教学充满快乐

实验研究和教育实践都证明，学生识记知识的效果与他们进行识记的积极性密切相关。最先被学生识记的知识，常常是那些他们认为很重要或者感兴趣的，因而能够积极主动地识记。根据儿童的认识规律和心理规律，感性的材料、形象的联想比抽象的符号更能让他们感兴趣并且记忆深刻。在识字中渗透生字的字理意义，能给学生提供感性材料并让他们产生丰富联想。

如教学寓言《自相矛盾》一课时，我首先拿出“矛”和“盾”的图片贴到黑板上，问大家谁认识，然后让学生说出它的名字，给学生直观感受。然后，幻灯出示“矛”和“盾”的图片和象形字。溯本求源，在学生头脑中建立起由实物至汉字的发展过程，由此激发学生的学习兴趣，加深记忆。“矛”像头带尖锋的长柄武器；柄上有扣环，利于手握。“盾”（护身挡牌。十：“又”的变形，表示持握；目：眼睛，代头部包含身体）表示手持护牌，举在头上，重点保护头部。此时，我觉得学生理解得还不够透彻。于是借助“谁知道它们在古代是做什么用的”提问学生，根据以上的了解，学生能够猜测出“矛”和“盾”的用途。这样就自然引出造字本义，矛是尖锋长柄的刺杀武器；盾是古代士兵作

战时使用的护身挡牌，可以抵御矛的进攻。一个是进攻一个是防守，两者是相互抵触的。以上环节引导学生先认识这是两种兵器，理解“矛”和“盾”的本义。让学生感受中国文字的博大精深。为后边理解“矛盾”这一合成词语的意思打基础。

把抽象的生字变成生动具体的画面，再加上它们的演变过程，学生将自己头脑中的资源与眼前所见的画面产生联系，为枯燥的生字教学增添了趣味，使学生有了主动学习的欲望，从而激起学生探索祖国文字奥秘的欲望，对学习汉字产生浓厚的兴趣。

（二）挖掘字理含义，区分形近字

汉字是记录语言的，汉字在构形的时候与某个意义有联系，把汉字的形体与这个意义结合起来讲解汉字，呈现给学生的将是一幅幅图画，一个个故事。运用字理进行识字教学，可以帮助学生系统地掌握汉字，轻轻松松识记汉字，激发学生学习语言的兴趣。大量的形近字，给汉字的认读、书写和使用带来了困难。要解决这个困难，就要在识字教学中，将形近字进行比较，挖掘汉字的字理含义，可以使学生更清楚地看到汉字细微的变化、不同，从而区分形近字。

如很多学生不能区分“做”和“作”，怎么办？可以帮助学生看图理解：“四笔反文”，从“攴”字演变来的，可看到手形“又”，上面的“竖横”表示手里拿的某种劳动工具，“攴”字的意思是手拿工具做事、劳动。因此“反文旁”与做事、行为等有关。又如教“帐、账、胀”的时候，“帐”是与布、纱或绸子等做成的遮蔽用的东西有关，组词“帐篷”。“胀”是与身体有关的字，组词“膨胀”。“账”是“贝”作为部首，而“贝”字是指贝壳，而古人曾用贝壳做钱币，因此用“贝”作部件时，其义多与财物有关，教学时就可让学生举例说说哪些字是贝字旁，组词“账本”。还可以想到有关“贝”部的字，如：账、资、货、贷等，让学生多举例，熟能生巧，长期坚持这样训练，学生的识字能力就会一天天提高。

让学生区分形近字的异同，重点是辨“异”，即区分形近字的不同点。辨异可从字音、字义、笔画、构件、结构和造字方法等方面进行。如教学“清、情、请、晴、睛”这些与“青”有关的字串，就要启发学生辨字义记字形，组织学生观察联想，以便正确记住这些字。引导学生编顺口溜：“有水才说清，有言才说请，有日天气晴，有目是眼睛，有心想事情。”又如：教学“辩、辨、辫、瓣”这几个字，可以让学生观察不同点，然后引导编顺口溜：“中间有话来争辩，中间种瓜长花瓣，中间有丝扎辫子，中间点撇辨一辨。”在识字教学中，将形近字进行比较，寻同辨异，可以提高识字教学的效率，规范学生对汉字的书写、认读和使用。

（三）挖掘字理含义，总结汉字规律

在识字教学过程中，不一定每个字都讲字理，但对于这些做部首的象形字要重视，汉字有功能奇特的部件，可以通过归类进行批量识字。在教学中要抓住字与字之间的内在联系，就可以轻轻松松地通过一字学多字。

学生看到“四点底”就想到这个字与火有关。如：照、热、煮、煎、蒸。看到雨字头，就想到“霜、雪、雷、雾、雹”等与气象有关。看到三点水，就会想到“江、河、湖、泊、淀”等与水有关。看到两点水，就会想到“冰、冻、冷、冽、凝、凋”等与寒冷有关。通过字理学习，就能认清它们的本质。

依据汉字的构字原理和规律开展识字教学，是中国古已有之的传统识字方法，从东汉许慎的《说文解字》到清代的诸多识字教本，都非常注意从构字原理上解析汉字，减少了死记硬背，提供了更多易于联想的线索，使学生更快更牢地识记汉字。

三、调动学生多种感官参与，提高识字效率

识字的学习过程应该是一个综合训练的过程，手、口、脑、心、耳、眼都要参与。在教学中，根据学生的具体情况，联系上下文，根据生活经验归类识字，在语境中加强字的辨析，采取多种学习形式，使汉字的音、形、义融为一体，识字的难题就会迎刃而解。

教学《小壁虎借尾巴》一课，我以多种形式，分别出示句子和词语，理解字义，读好句子。如：通过了解“挣”的意思确定字音，这里“挣”是用力使自己摆脱的意思。出示句子：“小壁虎一挣，挣断尾巴逃跑了。”在读句中帮孩子读准字音。

学习“甩”字，用动作展示的方法来学习。伸出你的手臂，“牛伯伯”是怎么赶蝇子啊？模拟动作。这就是“来回地甩动”，那么你怎样记住这个甩字呀？我们把“用”的“竖”换成“竖弯钩”，就像把尾巴甩了出去，理解字义后，积累词语“甩手、甩货”。

在理解“掌握”一词时也联系学生生活实际。掌握就是控制——说字形，尚变形，手掌。“握”，握手，握东西，提手旁也与手有关。做动作：伸出你的手掌，这就是你的手掌，所以掌的下面有一个手，咱们家里有汽车的怎么握方向盘呢？开车的时候用手掌握住方向盘，所以握字也有一个提手旁，掌的手在

下面，握的手在左边。掌握其实就是一种控制的方法。掌握平衡、掌握技巧、掌握本领。小学生，尤其是低年级学生注意力集中的时间不长，上课容易心不在焉，利用多种感官参与和不同的形式教学符合学生身心发展规律，能使学生一直保持新鲜状态，调动兴趣，进而不断吸引注意力，提高课堂效率。

以学生为主，为学生服务。在教学中，我们要充分尊重学生的认知规律，解决来源于学生的问题。认读生字时，从兴趣出发，探索识字规律，在生生互助、师生互动中激发学生识字兴趣，培养学生识字能力。

◇ 作者信息

赵莲

小学一级教师，大兴区语文骨干教师。曾荣获大兴区小学生最喜爱的班主任、大兴区五四青年标兵、大兴区最美家庭、大兴区四有教师等荣誉。多次承担区级公开课，所著论文多次在全国、市、区获奖并发表。

小学一年级语文综合实践活动设计

——促生活与识字结合策略的课例研究

北京市海淀区万泉小学　刘莉　张明磊

一、研究源于问题的发现

长期以来，教师总认为课本是学生学习的主要天地。通过课堂追踪及对教师的调查，许多教师还停留在“用课本教”的层面。低年级更是如此，有的教师谈道：“一年级的孩子懂什么？能把课本里的字认清楚就足够了。”因此，即使面对北师大语文教材中《外面的世界》这样的开放识字单元，许多教师也只是把文本中出现的和生活紧密相连的“书店、银行”等词语简单认一认，就草草了之。完全忽略了“与生活紧密结合的开放性识字”的利用和整体贯通。缺乏生活与识字结合的意识和策略。面对此问题，借助什么方法才能突破这样的认知壁垒，让教师能为学生“借识字打开一扇认知世界的窗”呢？我们的目光开始聚焦在能直接促进学生核心素养发展的语文综合实践活动及课的设计上。

二、了解“我们在哪儿”——关于研究起点

（一）教师对语文综合实践活动认知的起点

语文综合实践活动学习，就是要使学生在感兴趣的自主项目学习活动中，全面提高语文的核心素养，即语言的构建和运用、思维的发展与提升、审美的鉴赏与创造以及文化的传承与理解。教学中，要更加关注学生学习体验、语言的实践以及创新意识的培养。在倡导自主、合作、探究的学习方式中，注重体验、合作和探究等方式的应用，为学生构建开放的学习环境，提供多渠道、多层面的学习实践机会，整合语文知识和能力，充分发挥学生的主动性，激发创造潜能。这恰恰是打通生活与识字理想的教学方式。

（二）教师对开放识字单元教材的认知起点

对于低年级学生来说，识字与写字是学习重点。《语文》（北师大版）一

年级上册把拼音安排在第八单元，目的是以具体字来带动抽象拼音的学习，以便在系统学习拼音后再用拼音辅助学生学习汉字，因此此课例在一年级这个特殊阶段具有非常重要的承接作用。第七单元《外面的世界》是开放单元，告诉一年级学生不仅可以从书本中学习汉字，更应该走到外面的世界，在生活中学习汉字。而开放性单元更是实现了学习内容从课本到生活、从课内到课外、从学校到社会的延伸。叶圣陶先生在《读书二首》中说“天地阅览室，万物皆书卷”。在自然和社会这本“无字的书”中蕴涵着更加丰富的教育资源。而激发学生的学习兴趣，养成善于观察的习惯，树立在生活中自主识字以及主动请教与交流合作的意识，从而培养学生养成在生活中学好语文、运用语文的良好态度和习惯，就成为语文综合实践活动的重中之重。

（三）学生已有识字情况认知的起点

作为语文教师，面对的是一年级刚刚入校的孩子，这些学生到底对于识字处于一个什么样的状态。这些学情的了解，不能靠主观臆断，而要通过第一手的调研数据来说话。之前，笔者通过对海淀区 43 所学校进行的一年级学生入学识字情况调研，了解到了一年级刚入学学生平均识字量已达到了 835 个字。可以看出，一年级学生并不都是零起点进入到识字学习中的。那么，针对我们万泉小学一年级学生的识字现状又是怎样的呢？我们进行了进一步的调研：

小调查：
1. 你可以独立看一本绘本吗？　是　否
2. 什么时候开始识字？　幼儿园　学前班　更小
3. 你是如何识字的？　父母教　老师教　自己问长辈　猜字　其他
4. 你觉得汉字有趣吗？　很有趣　一般　很枯燥
5. 你喜欢学习汉字吗？　非常喜欢　喜欢　一般　不太喜欢　讨厌

由此，我们了解到：

首先，学生识字量差距比较大，从几十字到两千多字不等。这就需要把识字量多的学生和识字量少的学生进行识字的资源整合，通过合作交流的形式进行取长补短，使所有学生都在原有起点上有发展和提升。

其次，学生的识字来源主要依靠长辈、教师的教导识字，形式比较单一。孩子有在生活中识字的兴趣，但识字往往处于无意识记，大多并没有形成习惯，也未积累相应的方法。平日认字往往更注重字音和字形的联系，缺乏对音、形、义之间关系的关注，很少接触汉字中蕴含的文化。这就需要培养学生自主识字的习惯，介绍给学生们一些他们乐于接受的生活中识字的小规律、好方法，从而培养学生主动探知汉字奥秘的兴趣，提升生活中学汉字、用汉字的能力。

最后，我们发现一年级学生在生活中常用“问”和“猜”的方式识字，但是对于“怎么问”和“如何猜”却没有相应的指导。因此，在“怎么问”上的口语交际和“如何猜”的方法指导上需要借助实践练习，在生活中学以致用。

三、确定“我们要去哪儿”——关于研究目标

基于对教情与学情的调研，我们确定了本次语文综合实践活动及课堂教学的目标：

1. 激发学生的识字兴趣，引导学生主动发现和识记生活中的汉字，培养在生活中识字的习惯，在语文综合实践活动中进行识字积累。

2. 以小组合作、交流的方式，引导学生关注识字过程中的规律，开展口语交际实践活动，进行分类识字的探究和交流。

3. 学习借助汉字在创设的生活情境中及真实的生活情境中解决简单的问题。借助外面的世界来识字，借助识字更多地了解外面的世界。

四、探寻“我们怎么去那里”——关于教学策略

基于以上目标，我们构建了《外面的世界》语文综合实践活动：包括“课前学习单”引导下的语文综合实践活动、课中的语文综合实践课，以及课后的拓展语文综合实践活动。

（一）语文综合实践活动设计——为学生识字拓开广度（注重生活中识字的输入与拓展）

课前语文综合实践活动是以学习单和分阶段活动的方式进行的。具体分为五个阶段。

活动 1：开学时，由教师带着学生借认识校园，积累、认识学校中的生字。

活动 2：开学后第一周，注重引导学生在上下学路上观察和积累路上认识的字。

活动 3：开学后第二周，布置活动作业，周末在父母的带领下，去到超市，

认识蔬菜、水果及生活用品的字，初步了解其分类情况。

活动 4：开学后第三周，把学生的视线引到书的世界中，借助我校离中关村图书大厦近的便利条件，引导家长带学生前去识字、体验，并有目的地买一本适合孩子阅读的、带有文字的书进行亲子阅读和交流。

活动 5：开学后第四周，借助国庆节很多家长会安排带学生外出的机会，引导学生把视野放在更广阔的、外面的世界中，了解外面世界里的知识、文化，认识外面的世界，积累识字。

这五个阶段，由学生熟悉的生活圈不断向外辐射，调动一年级学生多感官参与识字，逐步引导学生在更广阔的外面的世界中认识更多的字，借助生活体验形成识字、认知的梯度。

在活动中，我们借助家长把学生在生活中找到的汉字拍一拍，读一读，认一认，理一理，然后把照片上传到班级微信圈中共享。在“你认、我认、大家认，争当识字小明星”这一活动平台的支撑下，从更广阔的空间为学生提供关注识字的“场”，在喜闻乐见的分享中拓展识字。

实践中，各班还通过菜单式的选择活动，增加生活趣味识字体验。如：学生可以自主选择从废纸上剪字，拼成一句话；或是制作主题识字书的活动等。针对学生感兴趣的内容运用识字进行实践创作，为后期的识字交流提供有效素材。

（二）语文综合实践课的设计——为学生识字及运用拓展深度（结合生活的识字运用）

课中，教师努力借助创设的情境，引导学生深入学习、识字学知，从而提高素养。

本节课，整个教学过程设计了四个大环节：

第一，回顾课前活动，激发学习兴趣。把课前积累的识字资料引入课堂中进行交流。

第二，交流汇报识字积累，认识外面的世界。在这个过程中，我们努力借助学生之间在生活中识字的差异性，来引导学生主动补充自己的识字积累。在课堂上，我们设计了两个层次：一是不同学生积累识字的交流，体现各自的不同；二是通过生活圈基本相同的双胞胎学生积累识字的交流，引导学生们发现——即使双胞胎生活圈相同，但是关注点不同，寻找到的识字内容也会不同。因此，我们引导学生在各自积累的基础上进行交流。彼此交流的过程，其实就是拓展识字量的过程。

第三，再现生活情境，合作完成任务。在生活中识字，同时识字也要在解决学生们的实际问题中加以运用。因此，在这个环节，我们创设了几个情境：一是创设看简单地图指路的情境。这里聚焦的是现实生活中直观的“路”中的识字。二是创设学生把自己课前阅读的书放入相应书架的环节，引导学生认识图书分类，以及在图书馆情境下借助识字寻找自己想找的书。目的是把学生努力引入到图书馆中，通过主动阅读，间接地拓展识字量。这样的设计旨在引导学生在生活中识字、运用，为学生主动识字“开窗”。

第四，总结活动，拓展延伸。

四个环节层层深入，环环紧扣，引导学生在有趣的活动中总结识字方法，运用识字方法，进行实践体验。

在课堂实践过程中，教师注重学生核心素养的提升。例如：教师带领学生回顾课前活动，引入识字情境。在学生不断回顾和汇报在外面世界识字的过程中，渗透分类意识进行引导，更在这个过程中，抓住一切机会来创设情境，开展相应的口语交际训练。学生目前的识字方法以“问他人”为主，有些识字多的学生也会帮助其他人识字，那么“怎么问”“怎么更好地问”“怎么答”“怎么更好地答”就是学生需要在创设的语言情境中实践和发展的。有了这样的能力的提升，就为这一年龄段学生在生活中自主高效识字奠定了基础。“教是为了不教”是打通学生目前识字关节的通道。在这里，教师通过设计打电话、指路的方式来进行，“面对一张简单的平面地图，上面有一些建筑物、街道的名称，你如何借助认识的生字为别人指路呢？”这一环节分几个层次进行：第一层，让学生敢说。随便说，自由说，意在激发学生的交流兴趣，让学生打开话匣子；第二层，教给学生方法，让学生说清楚，说明白。对一年级的学生进行有效的语言训练；第三层，有礼貌地说；第四层，大家都来说一说，达到全员实践体验。学生知道“如何表达”后，即为学生课下真实生活中解决识字难题疏通了“症结”。在识字和语言表达发展的基础上，我们还在辨识最佳路线的过程中注重提升学生思维水平，“这么多不同路线的设计，你更倾向于选择哪个？为什么？”在潜移默化中为学生运用所学知识提供情境。

我们注重引导学生关注所识的字及背后的文化底蕴与内涵，从而激发起学生强烈的好奇心和主动探究的兴趣。如，在学生汇报识字的过程中，为学生介绍仓颉造字的故事；当有学生交流带有“广字旁”的字、词时，引导学生借助“广字旁”的释义让学生初步感知，这一偏旁的甲骨文像一所斜顶的房屋，将房屋切去一半墙就成了“广”，也就是“宝盖头”的一半“广”，带有“广字旁”的字多与房屋有关。用这样的方式引导学生浅尝中华传统文化中汉字文化的魅力，从而引发学生兴趣，勾起学生对汉字的源流进行自主探知的欲望。

（三）设计语文综合实践活动过程中的自主策略与作用

1. 横向设计综合实践活动来拓展识字广度与纵向设计综合实践课寻求方法、深入探究相结合。

2. 分层运作，层层推进。由逐步积累到汇报交流，再到情境中尝试运用，最终引入到真实生活情境中去识字及借助识字解决问题，各环节紧密勾连。

3. 学习与运用识字相结合，在生活及课堂中均体现学以致用。

4. 采取创设不同形式的交流平台（小组、家校、网络等）调动学生识字兴趣，拓展学生识字空间。

5. 疏通学生生活中自主识字的障碍，打通一年级学生“口语交流问识字”“借助阅读拓识字”“随时随地积识字”的通道，引导学生能够通过这些方式提升能力，实现生活中自主识字。

6. 点滴渗透中华传统文化中的汉字文化，为学生后续深入了解奠定基础。

五、思考“我们是否到达目的地了”——关于评价研究

课堂学习之后，我们在课后搭建了识字交流和评奖的平台，把学生的识字成果亮出来，引导学生认起来、赛起来、说起来，真正把学生的识字从自己的生活小圈子引到更大的生活识字圈中去。

除此以外，我们还在研究相应的评价量表，为验证成果及后续研究改进助力。

语文作为一门语言运用学科，最终一定要回归于生活实践。识字不能脱离生活。在外面世界的识字及对外面世界的了解，也许穷我们一生都无法完成全部，外面世界中的汉字，我们也许永远也无法认知完。这不是一年级学生四十分钟的一节课能够囊括的。因此，我们愿意努力在课堂上为学生开一扇窗，引领学生了解外面的世界中识字的趣味与作用，为学生指引方向，吸引他们自主去探究，促进学生核心素养的发展。

◇ **作者信息**

刘莉

北京市海淀区万泉小学语文教学主任，中学高级教师，北京市语文学科骨干教师，北京市名师工程学员，海淀区兼职教研员，第二届全国中小学语文教师基本功大赛评委。曾在全国、市、区等各级语文教学赛课中获得一等奖，所写论文多次获得各级各类一等奖。

张明磊

北京市海淀区万泉小学语文教师，语文教研组组长，海淀区学科带头人，海淀学区委员，海淀区“四有”教师。在教学工作中注重以学生为主体，积极调动学生学习兴趣，努力为学生营造良好的学习氛围。论文多次获全国一等奖，所做《小虾》一课获全国绿色课堂杯优质课一等奖，多次做市级、区级展示课。

巧妙激趣　快乐识字

北京市海淀区中关村第二小学　刘颖

《义务教育语文课程标准（2011 年版）》中指出：“识字教学要注意儿童心理特点，将学生熟识的语言因素作为主要材料，结合学生的生活经验，引导他们利用各种机会主动识字，力求识用结合。”“要运用多种识字教学方法和形象直观的教学手段，创设丰富多彩的教学情境；提高识字教学效率。”小学低年级语文教学主要是以识字教学为主，识字量大，内容也较为枯燥。因此，我们要根据低年级学生精力旺盛，好奇心强，以形象思维为主，喜欢模仿、游戏的特点，在识字教学中关注识字的趣味性和科学性，采用多元化的识字方法，充分激发学生的识字兴趣，使他们在轻松的气氛中愉快地识字。

一、多元化识字，激发学生的识字兴趣

（一）字理识字，了解汉字来历

一年级的学生初学汉字，不了解汉字的字形与字音的关系以及汉字表意的起源，就会觉得汉字难学，所以要适时地引导学生了解汉字的来历，感受汉字的魅力，从而对学习汉字产生浓厚的兴趣。

初学汉字时，我从语文书中的象形字入手向学生介绍汉字的起源，有效运用《汉字的起源》一书中的汉字来历和相关趣闻图片组织教学，起到了很好的效果。上课伊始，我首先向学生出示了“月”字的甲骨文，让学生猜是什么字。学生做出了各种大胆的猜测，在他们说出自己的想象后，我并没有马上揭晓答案，而是通过课件呈现出“月”字的演变过程。学生都惊叹起来，觉得很奇怪，也很有意思。当他们觉得趣味十足，小脑袋里产生很多疑问的时候，我又以“好”字为例，告诉他们每个汉字里都藏着一个故事。“好”这个字是由一个“女”和一个“子”组成的。在甲骨文里的字形是一个妇女抱着一个孩子，表示一个孩子的诞生，这是一件好事，让人高兴的事。“好”的意义就是从这里引申出来的。听完这些关于汉字的来历，孩子都觉得汉字真有趣，纷纷表示还想听。

就这样，每节课我都坚持渗透一些关于汉字的来历和趣闻。慢慢地，孩子们变得迫切地想走进汉字的神奇世界，了解汉字的奥秘。

通过这种教学形式，孩子们不仅了解了汉字字形字义的演变，还感受到了汉字神奇有趣的丰富文化内涵，感受到了祖国汉字文化的无限魅力，从而对祖国的语言文字产生了浓厚的兴趣。

（二）随文识字，在语境中识字

识字写字教学是低年级教学的首要任务。在教学实践中，我非常注重调动学生已有的知识经验，鼓励学生自主识字、合作识字，并针对课文中的新字情况，将识字与阅读有机融合，识字中有阅读，阅读中有识字。

如执教《雨铃铛》这首诗，学习“招呼”这个生词时，我首先向学生出示了燕子图，问学生：“你们看，谁来了？快和它打个招呼吧！”这时学生们都举着小手，和小燕子热情地说着“你好”，这时，我说：“我发现你们在招呼小燕子的时候都举起了小手，在呼喊着小燕子，所以招呼的招是‘扌’，呼是口字旁。”这个识字环节有效地建立起部首与字义的联系，又不脱离教学情境。

又如学习《我们知道》一课中“颤动”一词时，这一微小的动作离学生的生活比较远，学生如果没有经过认真、细致地观察，是不会注意到的，非常容易与抖动、晃动、摆动等相近的几个词混淆。如何让学生们生动、形象地去感知这个词的意思呢？我通过创设情境，让学生们自己来充当一片绿叶，做一做动作，互相比一比，再看一看录像，美美地读一读，去体会、感受“颤动”什么样，实际上这个过程就是一个品词的过程。

（三）利用字义，归类识字

形声字大多有形旁表意的特点。虽然一年级上学期不必讲解偏旁部首，但是我在教学过程中向学生渗透利用汉字形旁表意的特点来识字的方法，行之有效。

如执教《我家住在大海边》时，在识字环节通过三个漂亮的大贝壳，出示“他、位、住”三个生字，把这三个字放在一起学，问学生：“你发现了什么？”让学生自主观察发现这三个字的相同之处，进而拓展到生活中还有哪些带“单人旁”的字？这样学生不但记住了这三个字，还了解到了带“单人旁”的字与“人”有关。

又如《小鱼的梦》这首小诗中，有许多带有“提手旁”的生字“推、摆、摇、把”。首先教师做个“推”的动作，让学生通过看动作猜是什么字。进而结合字义，让学生了解“推”的反义词是“拉”。这课中还有一些带有“扌”的字，引导学生到生字表中找出来读读。学生通过观察字形，发现了它们的共同之处都带有“提手旁”，和手的动作有关。在此基础上，我又向学生们适当举例讲解了一些常用部首的意思。孩子们不但提高了识字效率，还掌握了利用字义识字的方法。

（四）形声字识记，类比拓展

汉字大多是形声字，声旁表音，形旁表意。很多时候改变形旁就变成了另外一个字。利用汉字的这个特点，我在学生掌握了一些基本的笔画和部首后，鼓励他们利用汉字的音、形、义，通过对比找到规律，掌握其他相近的字，可以起到事半功倍的效果。例如：在学生掌握了“巴”后，对“爸”“把”“吧”等字就容易掌握了。字形中都有“巴”这个声旁，差不多都读“ ba”音，“提手旁”的“把”根据形旁可以初步理解它是用手拿的意思；“爸”是父字头，根据形旁就会知道它是有长辈的意思在内；再引导学生组词，书空等，把生字的音、形、义都记住了。

如《红领巾真好》这篇课文中，“叽”和“喳”都是形声字，“叽”右边的“几”是声旁，提示我们读音，左边的“口”是形旁，表示用口发出声音；“喳”也一样是表示声音的字，所以也有“口”，“查”是声旁。继而教师引导学生抓住形声字的特点进行类比拓展。我们的祖先造了许多表示声音的字也像“叽、喳”一样带有“口字旁”。我们根据形声字的特点，来猜猜这几个字怎么读。分别出示猫图、鼠图、青蛙图及对应“喵”“吱”“呱”三字，学生自由猜读。此环节的类比拓展，“学一个带一串”，不仅增加了识字量，还迁移了形声字的学习方法，使识字更加具有科学性和趣味性。

（五）形近字识记，掌握规律

学习“江”和“红”字时，我引导学生通过比较形旁，学生一下子就掌握了字形。又如“蓝”和“篮”的区分，草字头的蓝是一种草，这种草的汁可以把布染成蓝色，所以蓝色的“蓝”带草字头。偏旁能帮助我们区分字形，理解字意，用处多大呀！

我通过举例子，引导学生了解偏旁能帮助我们区分字形，理解字义，有效地渗透了字形与字义之间的关系，加深学生的理解，引起学生学习汉字的兴趣，使学生逐渐掌握了识字规律。

（六）以游戏的方法激发兴趣

学生喜欢游戏，所以在教学时我们经常采用这些儿童喜欢的方式，创设一个欢快和谐的学习环境。这样既能激发学生的识字兴趣，提高识字效率，又能减轻学生学习负担，提高教学质量。

如在执教《雪地里的小画家》时，在生字反馈环节，我巧妙利用生字卡片，为学生创设了一个和小雪花交朋友的游戏情境。我对学生说：“每个可爱的小雪花背后都藏着一个本课的生字，它们想和你做对对碰的游戏呢，快把你们的小字卡在桌面上一一摆好，摆一个读一个，比一比谁读得准，摆得快。”此过程中学生通过看图找字复习了“梅”和“蛙”，看动作找字复习了“睡”，反义词找字复习了“加”。通过生字卡片对对碰的游戏，把本来单调乏味的巩固练习变得妙趣横生，有滋有味，学生记忆牢固，识字教学落到实处，不走形式。

另外，我还设计了“找朋友”——若干个音节放到若干个生字中去，各自找出自己的伙伴；“字形小魔术”——给一个生字连续换几个形旁，让其他学生分别读音、辨析、组词，使学生“在玩中学，在学中玩”。

二、丰富识字形式，在生活中积累

（一）建立星星认字榜，激发识字主动性

我在班里组织开展了“摘星星”的活动。每天在教室的黑板一角写上五个字，学生自己想办法认识了，就可以摘到一颗星星。时间长了孩子们不但积极主动地完成了识字任务，还养成了“日日清”的识字好习惯。

（二）走出课堂，在生活中拓展识字范围

在孩子们掌握了一些识字方法后，我就把学生的识字兴趣由课内引到了课外，拓展识字范围。除了学校为我们提供的课本和各种图文资料以外，其他图书报刊、电视、布告栏、各种标牌广告等都是语文课程资源，都是一年级学生的识字素材。每个孩子建立识字卡，把每天从课外认识的字，或写或剪贴，记录在识字卡上。周末在家长的帮助下，加以整理，参加周一的展示。展示不拘形式，任由孩子去发挥，去创造。有的孩子把字卡贴成自己喜爱的图案；有的做成字卡树。孩子们对这种能充分展示自我、发展自我的学习活动，产生了浓厚的兴趣，乐此不疲。这样，孩子们在享受成功喜悦的氛围里，提高了自主识字的能力。

我在教学研究中，同学生一起紧紧抓住汉字的音、形、义这把识字的金钥匙，通过各种有效的方法调动他们的积极性和主动性，探索汉字的奥秘，掌握识字方法，拓展识字范围。我们在识字的学习中尽情感受着识字的科学性和趣味性，在轻松愉快的气氛中掌握和巩固知识，从而达到“我要学”“我爱学”的境界，而教师也教得轻松、自在。

◇ 作者信息

刘颖

海淀区语文学科带头人，北京市“农研站”指导教师，北京市课例小组成员，多年担任海淀区语文学科兼职教研员。曾获首届“全国语文教师语言文字基本功大赛”一等奖，多次荣获海淀区“世纪杯”语文学科基本功大赛一等奖，多次执教国家级、市级、区级公开课、研究课，多次到外省市、外区县支教讲课。承担了《小学阅读》丛书、《教师备课手册》7册书的编写工作，所撰写的论文、案例、教学设计获国家级、市级、区级一、二、三等奖，还有的被收入各类教学集锦中。

让识字教学“活”起来

——浅谈低年级识字教学策略

北京市海淀区五一小学　王倩

随着新课程改革的进一步发展，识字教学在小学语文教学中的地位越来越重要。识字是语文学习的基础，提高小学生的识字能力才能有效提高其阅读和习作水平。培养小学生热爱汉字，是语文教师义不容辞的责任。《义务教育语文课程标准（2011 年版）》中对第一学段提出这样的要求：培育热爱祖国语言文字的情感，喜欢学习汉字，有主动识字、写字的愿望，初步感受汉字的形体美。但是，小学生刚刚开始学习，本身注意力难以长时间集中，难以将更多的精力与思维放在汉字的学习上来。由于小学生自身生活经验有限、认知水平低，易于疲劳，对于成人看来再简单不过的汉字，他们也会觉得抽象深奥，不能准确拼读、书写，不理解其含义。所以，教师要采取生动活泼、轻松愉快、形式多样的方式去组织识字教学，让学生在兴趣盎然的活动中边玩边学，在充分调动学生无意注意的同时也促使其有意注意的持续发展。因此，我力求让识字教学“活”起来，创设情境让学生主动参与学习；传授识字方法技巧，让学生学会识字并提高识字能力，在愉悦的课堂中能力得到长足进步。下面谈一谈如何进行识字教学：

一、创设识字情境，激发识字兴趣

爱因斯坦说过：“对于一切来说，只有兴趣，才是最好的老师。”《义务教育语文课程标准（2011 年版）》也把让学生“喜欢学习汉字，有主动识字、写字的愿望”列入教学的第一目标。低年级学生年龄小，有意注意持续的时间很短，因此，一堂课中如何牢牢抓住学生的注意力，激发学生的兴趣就显得尤为重要。因此，在低年级识字教学中，让学生愿意接受、愿意参与，学生才能滋生积极的情感，并主动参与其中，在参与的过程中注意力更为集中更为持久，这样的教学才能取得最佳的教学效果，所以激发学生的学习兴趣，让学生快乐识字尤为重要。

(一)创设直观情境，在看中识字

低年级学生的抽象思维还未形成，单凭教师的讲述或学生的想象，很难对某个字产生深刻的印象。遵循教学的直观性原则，恰当地运用直观教具，如字卡、图片的运用，尤其是电教手段，可以使复杂、抽象的教学内容显得比较简单、明确和具体。艳丽的色彩、生动的形象、动听的声音把学生牢牢地吸引住，不仅大大提高了学生识字的效率，还能很快领悟字词的意思。例如，在学习《雨铃铛》一课时，“雨”字是要求学生会写的生字，根据以往的教学经验和本课的前测，我发现学生对于这个字的书写存在一定问题。于是我借助雨的字源图片首先让学生猜一猜，然后借助写字小口诀：“‘雨’字的一横一间房，一竖在中央，四点一方向，沙沙轻轻响。”通过图片和有意思的小口诀，学生对于这个字的字形会把握得更加牢固。在指导“房檐”一词时，学生对于这个词语比较陌生，于是我借助书中的插图来帮助学生了解“房檐”一词的意思，同时也完成语文天地中金钥匙的要求，告诉学生书中的插图也是了解课文内容的好办法。还有生字卡片、词语卡片都可以帮助学生复现字词、巩固新知，而这些学生看得见、摸得着的东西更能引起学生的注意，起到了事半功倍的作用。实践证明，采用直观的教学方式，能使生字的出现更为形象、自然，符合学生的思维特点，因而形成的印象就更为深刻。

(二)创设游戏情境，在玩中识字

卡罗琳说过：“孩子们的工作就是游戏，在游戏中激发他们的思维是他们最愿意接受的。”小学生活泼好动，对游戏情有独钟，将游戏与教学结合起来，设计集知识性与趣味性于一体的游戏活动，可以为学生营造愉悦而宽松的学习氛围。根据这一特点，结合教材，在课堂上充分借助游戏来调动识字的积极性，主要用到的游戏是猜字谜、找朋友、开花心、小跳棋、开火车、欢乐转一转等。在这些游戏中学生最喜欢找朋友、欢乐转一转的游戏。《操场上》一课，学生认读“打、拍、球、跑、响、课、体、跳”这些生字后，为了让学生进一步达到巩固的目的，我把这些生字拆成两部分，然后把字的部件分发给学生，让学生做“找朋友”的游戏，把字的两部分拼在一起，学生们一边拍着手一边唱着：“找呀找呀找朋友，找到一个好朋友”的儿歌，很快把字拼好了，紧接着，拼字的学生再组词领大家读一遍，就这样在玩中巩固了识字。

谜语识字也是学生喜爱的重要活动。我发现“编字谜”的方法能帮助孩子们轻松地掌握一些难认的生字，经过引导，孩子们经常开动脑筋根据汉字的字形特点、偏旁特点，编出字谜在课堂上交流，课堂气氛非常活跃，比如，朋：两个月亮交朋友；林：两棵树，并排站；休：一个人靠在木头上；思：十张口，一颗心，猜猜看，动脑筋；雷：雨点掉到田地里……孩子们不仅能编出书上出现的生字，还把这种识字方法扩展到课外，并讲给家长听，这样不仅激发了孩子们的识字兴趣，同时也巩固了生字，达到了意想不到的效果。谜语识字不仅可以让学生展开富有兴趣的学习，同时也可以让学生更加深刻认清生字、记忆字形。

（三）创设语言情境，随文识字

结合儿童的身心发展和认知规律，我一直进行着低年级随文识字教学的试验，让学生在语境中识字，从而掌握汉字的读写，并在随文识字过程中，理解课文内容，提高阅读能力。所以在学习短小的诗歌或童话时我采取随文识字的方法，努力将识字与阅读紧密结合，使识字贯穿于整节课。力求做到：创设情境，激发学生学习欲望。扶放有度，倡导学生自主发现。把识字教学与阅读、与学生的生活经验紧密结合。在语言环境中随文识字，引导学生利用已学的生字，结合以往的生活经验记忆生字，使学生真正把识字当作一种乐趣。让学生在阅读中识字，在识字中阅读。例如在学习《王冕学画》一课时，课文的第二自然段是本课的重点段，我采取了随文识字的方法，把识字教学与阅读相结合，让学生的语言得到充分的训练，从而提高阅读能力。我发现课文里有两个很好的四字词语“清水滴滴、滚来滚去”，而“滴”和“滚”是要求会认的生字，于是我设计了随文识字这样的环节，“清水滴滴”我借助图片让学生了解词语的意思，对于“滚来滚去”的理解，我则是带着学生通过做动作先理解小水珠滚来滚去的样子，为后面进行语言学习做好铺垫。当孩子跟老师做动作时，能看出孩子陶醉其中，用心地在感受小水珠滚来滚去的样子。有了这个台阶，孩子在进行“水珠像（　），在荷叶上滚来滚去”这个语言训练时就能得心应手了，从而也了解了词语的意思。

二、传授识字方法技巧，让学生学会识字

如果说激发学生识字兴趣是识字教学成功的先决条件，那么，让学生掌握基本的识字方法与技巧，则是提高识字教学效率的核心所在。只有激起学生识

字兴趣，掌握识字方法，学生才能展开快乐而有效的识字，爱上识字，乐于识字，促进自身语文素养的整体提高。

（一）制作识字卡，让学生学会识字

在低年级语文识字教学中，我结合学生要掌握查字典这一要求，设计了识字卡来帮助学生学会识字，在识字卡中包括音序、部首、笔画、组词等这些学生应掌握的基本内容，小组合作完成，课堂中会有固定的时间让小组间进行交流，识字卡的使用调动了学生学习汉字的积极性，孩子比着赛着看谁制作的识字卡最多，课堂上自然、大方的展示不仅训练了查字典的能力也让学生对汉字有了更深的记忆、同时也训练了学生的表达能力。

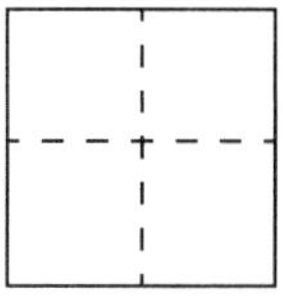

读音：________

部首：________ 余笔：________

笔顺：________________

组词：________________

记忆方法：________________________

同偏旁字：________________________

其他（多音、句子、同音等）

____

（二）同伴互助，让学生学会识字

同伴互助识字是我在课堂上常用的识字方法，让学生利用已学过的汉字识记新的汉字，既巩固了旧知又学习了新知，一举两得。在进行识字教学时，安排固定的时间或者随文识字的过程中让学生交流识字方法，像“加一加、减一减、换一换”这些方法都是在学生识字过程中自己总结出的名称，而这些方法也是比较科学的识字方法。例如学生用“加一加”的方法，把“日”变出了：电、甲、由、申、田、白、目、旦等汉字，既巩固了已学的旧字又掌握了本课的新字，这样以少带多，学生积累的汉字也越来越丰富，同学间相互学习更激发了学生的学习兴趣。有了这样的识字方法，学生在遇到生字时就会进行知识的迁移，主动地利用学会的方法进行识字。

三、拓展、延伸到课外，让学生主动识字

生活中识字是学生识字的重要组成部分，让学生在生活中主动识字是养成良好识字习惯的重要途径。为此设计了许多阅读活动、识字活动培养学生这种习惯。例如每学期会召开 1—2 次读书活动（也举办亲子读书活动），让学生进行好书推荐或故事会，以此来激发学生读书识字的积极性，实践证明这样的活动孩子喜欢、家长愿意参与，学生的识字量产生突飞猛进的增长。每学期初通

过微信与家长开展微谈活动一同探讨孩子的识字问题，鼓励家长在生活中帮助学生识字——告诉家长小到读个说明书、广告牌都可以帮助学生识字。这样家长就能更好地参与到学生识字活动中了。

总之，识字是低年级语文教学的重要部分。激发学生的识字兴趣，让学生全面掌握识字方法，这是低段语文教学的重要目标。在教学时，我们要通过各种教法，各种途径，调动孩子们的求知欲和表现欲，使他们积极地快乐地参与识字教学，要营造出愉悦而宽松的学习氛围，激起学生参与识字教学的激情与动力，引导学生主动积极地识字，让识字变得更加有趣，更加有效，从而让汉字成为学生打开生活和学习大门的金钥匙。

◇ 作者信息

王倩

一级教师，区级语文学科带头人，曾获海淀区青年教师岗位能手称号。爱钻研、好创新的她和学生一起在语文天堂里快乐遨游，多次参加区说课、现场课比赛成绩优异，撰写论文多次在市级、区级比赛中获奖。

“趣”谈识字写字

北京市怀柔区怀柔镇中心小学　薛建敏

人生阅读识字始、人生发展识字始、人生聪明识字始，由此可见，识字对于学生的未来与发展起着至关重要的作用。《义务教育语文课程标准（2011年版）》也明确指出，识字、写字是阅读和写作的基础。因此“课标”把喜欢学习汉字，有主动识字、写字的愿望列入低年级段的第一条目标。到了中年级则要求学生对学习汉字有浓厚的兴趣，养成主动识字的习惯。高年级就要求学生有较强的独立识字能力。从具体的目标我们不难看出，识字教学要关注学生的情感、兴趣、习惯与能力。而情感、兴趣也是形成识字习惯与能力的基础。兴趣是点燃学生探求新知的思想火花，是培养学生创新思维能力的动力。怎样才能让我们的识字、写字教学趣味盎然，让孩子们能够轻松快乐地高效识字、写字，一直以来是我们老生常谈的问题，同时也是教学中努力探索的问题。下面就识字、写字的“趣”从何处来谈一点做法。

一、趣从“动”中来

低年级学生年龄小，有意注意持续的时间很短，好动是他们的天性。因此，一堂课中如能利用汉字本身的规律，借助形象化、趣味化的教学手段，让学生在观察、联想、比较、思考、游戏中生动愉快地识字，充分发挥学生的想象力，促进其思维得到生动活泼的发展，可使识字教学事半功倍。例如，在教学“掰”的时候，结合汉字会意的特点，我让一名学生到讲台上亲自把一个苹果用两只手分开，只听咔嚓一声，苹果被两只手分开了，这就是掰；如教学“灭”字，教师先点燃蜡烛，再用玻璃片等东西一盖，结果“火”就“灭”了，同时配以形象化的解说，“灭”字的字形和字义以及教学时的情景就牢记在学生的脑海中。又如在教学“额头、眉毛、眼睛、鼻子、头发”，“脖子、肚子、后背、肩膀”这样的成组词语时，我让学生一边读一边摸一摸身体上相应的部位；在教学“躺下、鞠躬、躲藏”这样的词语时，就安排学生结成小组，一人做动作、一人猜词语的小游戏。这样学生不仅能够在课堂上动起来，而且能够初步感受到汉字偏旁会意的特点，不仅增添了课堂教学的趣味性，同时也激发学生学习汉字的积极性和主动性。

二、趣从“组”中来

《义务教育语文课程标准（2011 年版）》指出：学生是语文学习的主体，教师是学习活动的组织者和引导者。在识字教学中“组”既包括充分发挥学生主体作用的小组合作学习，又体现为教师能够根据教学内容合理地进行组合，让学生发现规律、方法，从而感受到识字的乐趣。由于环境、知识、个性和思维方式的差异，学生学习时理解的方法就不同，教师必须具有崭新的学生观，相信学生是具有巨大潜能的生命体，让学生用自己的眼睛观察，用自己的心灵感受，用自己的方式研究。因此在识字教学中分小组学习是激发兴趣的重要学习方式。如，低年级我们在教学中常用的“和小组的同学读一读词语，读得不准确你就教教他”，小组合作把分开的字的部件快速合起来，看谁组得快。到了高年级，可以安排学生和小组同学说一说自己快速识记字的方法，识记中需要提示同学注意的重点等。小组合作识字能让学生们互相质疑、互相帮助、互相启发，让每个学生都能最大限度地发挥自己的潜能，让他们活跃在课堂教学的全过程中，品尝到成功的喜悦，真正达到轻松、快乐、自主地识字。当然“组”的另外一层含意则是教师合理组织教学内容，根据汉字形近字、同音字多的特点，在教学时教给学生举一反三的方法，识记区分形近字、同音字。如在教学《蜜蜂引路》一课中，教师引导学生由“蜜蜂”的“蜂”想到“山峰”的“峰”、“锋利”的“锋”，然后用图加部件的方法用课件展示、区分、记忆三个形声字，形象生动。这样的例子举不胜举。当然我们还可以把一课中出现的有关联的词语组合在一起学习。如在《奇妙的歌手》这一课共有 8 个生字，分别是“组、队、悦、节、奏、洪、优、秀”，在识字环节，对于课后的 8 个生字，我首先采用联系生活激趣，识记字词。出示“组”联系课文内容扩词“组织”，进而教师再联系学生生活引导扩词。“我们这几个同学是一个小组，每个人都是组员，我们大家组成了一个班级。”进而出示“组织、小组、组员、组成”，进行朗读识记。这一环节主要目的是实现联系生活，一个字带多个词，达到拓展识字。对于“节、奏、洪、悦”这几个生字的识记和词语的理解，我采用借助评价，情境识字解词。把“奏、悦、洪”放在一组进行认读，紧接着补充成本课的三个词语“节奏、洪亮、悦耳”再次认读。“呱、呱、呱，小青蛙的歌声又洪亮又有节奏，真悦耳。”这样教师对教材的组合创新、学生小组间的组合创新为识字教学增添无穷乐趣。

三、趣从“用”中来

《义务教育语文课程标准（2011年版）》指出：要运用多种识字教学方法和形象直观的教学手段，创设丰富多彩的教学情境，提高识字教学效率。兴趣可能是暂时的、短暂的。因此，在教学中我们可以设计情境，让孩子们发现识字运用的价值，体会用的乐趣。如在观摩课上，看到在《会走路的树》教学中，教师就以小鸟为小树留言的方式检测运用了课上学习的生字。在《丑小鸭》一课，教师设计了丑小鸭给妈妈的一封书信，真挚感人的书信内容中就融入了对生字的识记和运用。我在教学《蚯蚓垃圾处理厂》这一课时，发现“建议”既是课文中要学习的重点生字词语，同时又是课文内容的核心词语，在整篇课文中，小动物们就是围绕垃圾的处理问题提出了各种各样的建议。可以说整个教学都没有离开建议。从开始读词语、读句子、读课文初步认识，感知建议的意思，到后来运用建议练习说话，重点书写“建议”两个字，识记过程步步深入。紧接着对建议的识记在读、说、写的基础上我设计了不脱离文境的检测和运用环节。用动物居委会的名义以奖状的形式给学生呈现了动物居委会颁发给蚯蚓的一面小奖状。

奖状
蚯蚓： 　　你在讨论垃圾处理问题时，提出了非常好的建议，为保护环境作出了贡献，被评为环保小卫士。 动物居委会 ×年×月×日

奖状中既检测了这节课学习的生字词语“讨论、建议、环境”，学习了运用，同时渗透了环境保护的意识，初步感知了奖状这个生活中常用的语言形式，更重要的是提高识字写字兴趣给学生带来一份惊喜。

四、趣从“写”中来

在《义务教育语文课程标准（2011年版）》中识字与写字目标是融合在一起的。在识字教学中往往也是识写不分家。边识边写，识是写的基础，写对于识是巩固。《义务教育语文课程标准（2011年版）》指出：按照规范要求写好汉字是教学的基本要求，练字的过程也是学生性情、态度、审美趣味养成的过程。让学生在写字过程中感受到汉字的形体美，感受中华传统文化的博大精深，让学生在写字中提升审美的趣味，在写字中感受乐趣。教师在写字过程中首先要引导学生善于观察，发现汉字的形体美。如把汉字和站立的人做比喻，“字如其人，头要正，身要直，四肢要舒展；字好看，人称赞，不好看，自羞惭。龙传人，当自勉，练好字，在少年。”还可以把汉字书写要领编成小儿歌。例如，在教学书写“粉”字时，教师可边板书边讲书写要领“先写米字旁，写得瘦又长，分字略显胖，撇穿插在米脚下”。其次，要发挥评价的激趣作用。《义务教育语文课程标准（2011 年版）》指出：要注重评价主体的多元与互动，应注意将教师的评价、学生的自我评价及学生之间的评价相结合，加强学生的自我评价和相互评价，促进学生主动学习，自我反思。教师在识字、写字教学中，要努力让学生真正参与写字的评价，发挥评价的作用，让学生成为学习的主人。学生不但喜欢教师的激励性评价，他们更喜欢生生评价的方式。这种评价方式不仅能提高学生的注意力，还能提高学生汉字的审美能力，有时他们关注的是非常细微又是非常重要的内容，常常是我们教学的重点和难点。例如，教学《它们怎样睡觉》一课时，在评价写字环节，学生能进行这样的评价“某某某，你写的字非常漂亮，笔画就像字帖中的一样，但是你写的‘怎样’的‘怎’字，三横之间的距离第一横和第二横挨得有点近。”可见，这是写字过程中一个细致的发现，孩子不但观察细致，评价也准确到位。在此基础上教师再引导孩子要注意“怎”字三横间的距离要写匀称。孩子们不但兴趣浓厚，而且提高了识字、写字的效率。在写字过程中给学生讲名人练字的故事，为学生放上清雅的古典音乐，让孩子感受到书写情趣，都能激发学生写字的兴趣，从而更好地提高识字、写字效率。

◇ 作者信息

薛建敏

市级骨干教师、北京市优秀教师、北京市“紫禁杯”优秀班主任。多次承担市、区级公开课及研究课；在“北京市”第一届阅读教学大赛中获一等奖；北京市教学设计及课例比赛中连续两次获奖。有多篇论文、反思发表并获奖。

“趣”为先，“效”为本

——浅谈小学低年级识字教学

北京市门头沟区教师进修学校　刘晓欣

识字是小学低年级语文教学的重点，也是阅读和习作的基础。《义务教育语文课程标准（2011年版）》明确指出：小学阶段累计认识常用汉字3000个左右，其中2500个会写。而在低年级要认识常用汉字1600个左右，其中800个左右会写。可见，低年级的识字量超过总识字量的一半。面对较大的识字量，低年级的学生很容易“消化不良”，学了后面的生字，忘了前面学过的；复习了前面的生字，又想不起来后面的。怎样才能提高低年级识字教学的效率呢？实践证明，识字教学中“趣”最为关键，在生动有趣的情境中学习汉字，识字才能更有“效”。

一、溯字理字源，悟字“趣”

（一）字形演变中的“趣”

有位学者说：“一个图画到了已经约定俗成时，我们不妨称之为字。”人类的文字大多是由原始的图画发展演变而来的。汉字同样起源于早期的图画文字，虽经历了漫长的变化，但始终与象形图画字保持着一定的联系。教学中，利用汉字这一独特优势，追溯所教汉字（特别是象形字）的早期图画，让学生从源头入手，整体感知字形，记忆更深刻。

例如，部编教材一年级下册第20课《咕咚》一课的“鹿”字，字形复杂，识记有一定困难。教学时，让学生观察“鹿”字的演变过程。

对照“鹿”的古文字，学生发现：“鹿”字上面的“点”就像鹿的角，中间的部分就是小鹿的身体，下面是鹿的腿。从图画入手，笔画繁多的“鹿”字整体印进学生的脑海中。激发了学生识字的兴趣，把学生的注意力引向学习汉字上面；增强了学习汉字的积极性和主动性，课堂上的识字更为有实效。

甲骨文和金文“鹿”字简直是古代艺术家的杰作：枝杈状的角，大眼睛，尖尖的嘴，轻盈的身子，跳跃的蹄，完美地表现了“鹿”的特征。

（二）形义联系中的“趣”

许多汉字在形与义上有着密切的联系，即因形示意，意寓形中，足以让每一个认读的人产生无穷的遐想。教学中，对形义统一的生字，我们就可以抓住这一特征，帮助学生更扎实地记住生字。

如，“蚓”本义是虫，在识记中这样引导，蚯蚓的身体有时是弯弯曲曲的，像一张弓，有时又很直，像一条线，所以“蚓”字是“虫”加“弓”加“丨”。让学生形象识记字形，建立形义之间的联想。这种探究形义关系的做法，既让学生形象地识记了字形，又准确地理解了字义。

像这样的汉字在教学中还会遇到很多。如，“休”，左“人”右“木”，正像一个人靠在树边休息的样子；“卡”，上不能上，下不能下，为之“卡”；“尘”，小土乃之“尘”；拿，合起手表示“拿”等。

教师引领学生发挥他们的聪明才智，探究汉字形义间的奥秘，是一件非常有趣、有意义的事。这样，既可以减少错别字，又能在品味这一独特现象时，在“原来是这样”的恍然大悟中，记住生字，爱上汉字。

二、构多元空间，享字“趣”

（一）创编的空间

1. 编故事。

低年级学生正是形象思维的最佳时期，他们的想象力丰富。教师在识字教学中，可以鼓励学生根据汉字的特点用编故事的方法来识记生字。通过形象、生动的语言把一个个抽象的汉字活化成一幅幅图画或一段小故事，在这样的过程中，享受识字带来的乐趣。

如，学习“呆”字时，教师边讲故事边写笔画：“一个人张着大嘴巴（口），像木头一样一动不动，原来他在发呆。”

学习“春”字时，有位学生自己编出这样的小故事：有三个人，他们星期日去郊外游玩，看到花儿开了，小草绿了，原来是春天来了；学习“哭”字时，学生编出：一只小狗瞪着两只大眼睛，它找不到主人了，伤心地哭了……多么富有想象力！

有了这些生动的故事，一定会把生字牢牢记住。学生用汉字编故事的同时，用心在寻找汉字的特点。这样，不仅拓展了学生的发散性思维，而且激发了学生的创新意识，从而使识字教学收到事半功倍的效果。

2. 编儿歌。

识字的关键是记忆，我们不妨给这些字编儿歌、顺口溜，将生字的音、形、义融入歌诀，变成学生喜闻乐见的方式，再让学生诵读、识记，必然可以达到快速记忆的效果，并能调动他们学习生字的兴趣。

如，在二年级上册的《语文园地四》中有这样一首儿歌：“有水把茶泡，有饭能吃饱，有足快快跑，有手轻轻抱，有衣穿长袍，有火放鞭炮。”读着儿歌，学生很容易想到“泡、饱、跑、抱、袍、炮”等字的区别。由此启发我们在教“清”字时，因“青”的构字率较高，可以编：“山青青，水清清，心头有事情，看东西用眼睛，出太阳天气晴，说话嘴边常带请。”这样把“青、清、情、睛、晴、请”都编进去，使学生不仅记住了“清”字，还渗透学习了“情、睛、晴、请”等字的区别。如此一编，学生易学易记，同时也复习了以往学的生字，妙趣横生，一举多得。这种用儿歌来识字的方法，学生读起来朗朗上口，字的意义也包含在里边，很富有趣味性，比一字一句、一板一眼地教，效果要好很多。

教师在识字教学中，可以鼓励学生用编儿歌的方式去识记。通过编儿歌抓住字的特点，学生更容易记住字的音、形、义。另外，儿歌的内容丰富有趣，学生在诵读的过程中也不知不觉地锻炼了组织语言的能力。

3. 编字谜。

猜谜，几乎所有的学生都喜欢，他们那种猜出谜底的成功喜悦，无法言语。一年级下册“识字 5”有这样一则谜语：“有马能行千里，有水能养鱼虾，有人不是你我，有土能种庄稼。”学生学习中兴趣盎然，韵文读得顺，生字记得牢，很好地理解了“驰、池、他、地”的意思。可见，猜谜也不失为一种有效的识字方法。

在识字教学中，教师应有意放手让学生自编字谜，如“国”，可以编成字谜：四四方方一座城，宝玉里面坐。有时学生编出的谜语，可能不符合规律，甚至可笑，但活跃的思维，可以有效地促进学生识记。

（二）生活的空间

《义务教育语文课程标准（2011 年版）》指出：识字教学要注意儿童心理特点，将学生熟识的语言因素作为主要材料，结合学生的生活经验，引导他们利用各种机会主动识字，力求识用结合。

生活为学生学习汉字搭建了一个宽广的平台。如，班级里学生的姓名就是很好的材料，这是学生最熟悉的语言因素。教师可以把班里几十名学生的名字收集起来作为识字的材料。

兴趣是最好的老师。它能调动学生的积极思维，是学生主动探究知识的内在动力。有了兴趣，学习就不再是一种负担，而是一种享受。所以，我们在识字教学中，应该顺应儿童的心理，结合学生的生活实际，巧妙地创设各种有趣的情境，使学生饶有兴趣地主动投入到汉字的学习中去。

（三）游戏的空间

英国教育家洛克说过，教导儿童的主要技能是把儿童应做的事情变成一种游戏似的活动。低年级的学生，注意力比较薄弱，容易分心，如果只是一味地识字，是无法很好地吸引学生的注意力的，识字的效果自然会降低。因此，在识字过程中使用学生最喜欢的游戏方式，对于吸引学生的注意力，活跃课堂气氛，提高学生的识记能力有很大的帮助。

识字教学过程中可以使用的游戏方式很多。“对对碰”这个游戏主要是激发学生的多向思维能力，提高学生灵活识字的能力。如，出示了“亻”和“也、木、本、火、半、主、立、门”，同桌进行“对对碰”游戏：“对对碰，我来碰一碰，‘亻’和‘门’一碰，们们。”借助这样的形式，让学生在游戏中，进行汉字重组，培养学生的思维能力，提高学生的识字乐趣。教师在识字过程中引进游戏，可以增强学习的趣味性，提高学生的学习积极性，从而使学生在一种轻松愉快的氛围中学习汉字，提高识字的效果。

（四）思维的空间

低年级学生识字过程中更多的是机械记忆，教师在识字教学中运用思维导图这种直观形象的记忆手段，易于激发学生识字兴趣，让学生乐于学习汉字。如，“晃”的字音教学，通过思维导图，让学生发现什么时候读 huǎng，什么时候读 huàng，如下图：

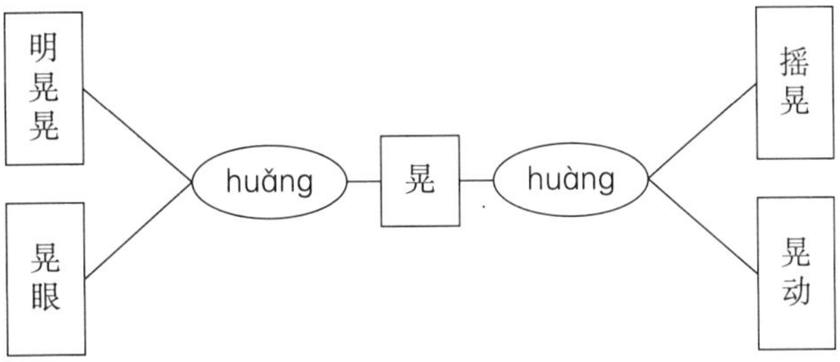

这样的思维导图，直观地呈现了“晃”字的读音以及相应的词语，帮助学生从表象出发，得到概念性的提炼，发现了多音字的特点——不同读音表示不同意思。“晃”字的教学过程得到充分展开，学生的思维过程同步跟进，培养了学生从语言现象入手，发现其规律的思维能力。

识字教学中最难的是感受并了解生字的意思，思维导图可以有效地帮助学生理解汉字的多种意思，明确生字的正确用法。

如部编教材一年级下册《端午粽》一课“豆”字的学习，通过思维导图，直观展现“豆”的几个意思，启发学生去想和意思相匹配的词语，借助思维导图的直观呈现，学生学会据义定词，对生字丰富的含义有了全方位的了解。如下图：

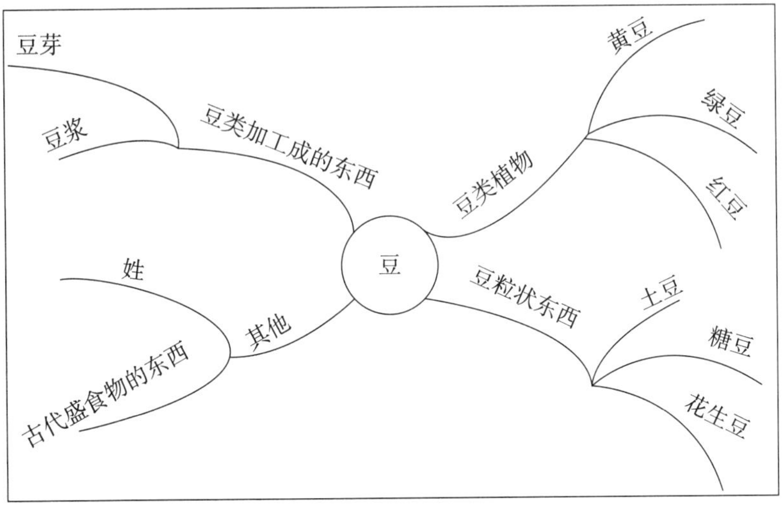

思维导图可以调动学生识字的兴趣，能够帮助学生对字的音、形、义有全面的认识，在提高识字能力的同时，思维能力也得到发展。

综上所述，简单而有趣的识字方法，会将抽象、静止的汉字在每个学生的心中变成一幅幅好看的画，一个个生动有趣的故事，一则则有趣的字谜，一个个有生命的字符。低年级识字教学中，以“趣”为先，才会实现识字教学的“效”。

参考文献：

［1］黄波．趣味识字教学［M］．北京：中国轻工业出版社，2011.
［2］陈树民．汉字特殊功能与教学创新［M］．南京：南京大学出版社，2010.

◇ **作者信息**

刘晓欣

高级教师，北京市小学语文骨干教师。工作至今，一直从事着语文教学工作。乐于研究，勇于探索。积极带领教师开展课题研究。曾有多篇论文在全国、市、区评选中获奖；多次在市区教研活动中做研究课。

在感悟汉字魅力中，让学生喜欢学习汉字

北京教育学院宣武分院　吴瑞霞

《义务教育语文课程标准（2011 年版）》指出："识字、写字是阅读和写作的基础，是第一学段的教学重点。"同时还指出：语文教学要"认识中华文化的丰厚博大，汲取民族文化智慧……培育热爱祖国语言文字的情感"。

汉字是中华文化传承与发展的载体，自古以来，汉字教学就是中国一切文化教育的基石与起点。课改的文化价值取向，语文教育的文化特质以及汉字本身所蕴含的文化内容，要求汉字教学既具有工具性价值，同样也具有文化的特性与功能，既要为学生以后的阅读和写作提供工具符号，同时也要引导学生了解祖国的传统文化，发现蕴藏于汉字中的民族思维方式、审美情趣、道德观念，增强对民族文化的认同感和自豪感。

识字教学中，按照汉字的特点，通过汉字字理的解析和其蕴含的意象的透视，让学生深切地感悟到汉字独特的魅力，感悟汉字的"意趣"，了解汉字的渊源，不仅有助于学生从字源上了解汉字的意思，避免写一些根本不该错的别字，更有助于培养学生学习汉字的兴趣，增强他们对汉字的感性认识，激发他们喜爱汉字的情感，真正感受到古老汉字的魅力，进而激发热爱祖国语言文字的思想感情。

一、遵循汉字规律，重视识字教学的规律性和文化性

汉字不只是记录汉语的工具，而是中国古代社会的活化石。造字之初的象形字生动逼真、图文合一，使人见字而知形，见形而知义。而后的会意字内涵丰富，组构巧妙。如，"信"字，从人从言，意为"人""言"须诚信，诚信乃为人之本。形声字由表意的形旁和表音的声旁组合而成，形声字的形旁表意，这对于我们研究汉语词的原始意义，研究古代社会生活及其发展，了解当时人类的认识水平，都是很有帮助的。

在汉字中，具有"字形藏理，字音通意，同形同宗，同音意通"的规律，

教给学生运用这一规律，进行识记，达到识字明理、触类旁通的效果。这样，在不增加学生负担的前提下，不仅使识字教学变得丰富多彩，生动活泼，有效地预防错别字的产生，同时把灿烂的汉字文化融入识字教学之中，感悟识字教学的文化性和规律性。

1. 遵循规律，举一反三教方法。

我们祖先在造字的时候，不是一个一个单独创造的，而是成组、成批造的。汉字中大多数都是形声字，形旁表意，声旁表音。形声字的这一特点能比较有效地帮助学生理解、记忆字形。例如，教学一年级下册《美丽的小路》一课时，在学生读准字音的基础上，引导他们观察本课中要求会写的6个字“先、干、赶、起、明、净”，看看能有什么发现。学生发现了“赶、起”是两个形声字，而且通过观察发现了它们都带有走字旁，教师顺势出示“走”字的演变过程，并讲解走字旁就是“跑”的意思，在教师的引导下学生联系生活实际又说出许多带有走字旁的字，例如，超、越、趁、趣、赳。在学习汉字的时候，教给学生按照偏旁归类的方法把汉字有机地串联起来成组地学习，就像串串珍珠连接成的美妙项链。这样，把一些带有共同点的字进行人为的归类，通过比较，提高识记的效果，也有利于学生区分形近字，帮助学生触类旁通，拓宽识字面。

2. 重视字理，追根溯源重实效。

汉字是非常优美的表意文字，汉字的发展历史悠久，大致经历了从甲骨文—金文—篆文—隶书—楷书等几个阶段。汉字是我们的祖先运用他们的智慧创造出来的，根据许慎的《说文解字》，汉字的造字方法大致有六种：“象形”“会意”“指事”“形声”“转注”“假借”（其实，后两种从严格意义上讲，不是造字法）。

识字教学中，可以有意识地向学生渗透一些汉字知识，引导学生增加感性认识，增加他们对汉字的认同感。如教学一年级下册《荷叶圆圆》一课，学习“篮”字时，引导学生对“篮”和“蓝”进行比较。学生组词时，容易说出“蓝球”，这时教师不要简单地否定，应该把“篮”写在黑板上，让学生发现“蓝”与“篮”的相同与不同之处。为了让学生明白“篮球”的“篮”为什么是“篮”而不是“蓝”，教师可以告诉学生篮球的来历。原来，篮球运动始于美国，起初并没有篮板和篮筐，而是在树上挂一只竹篮，把球往竹篮里投，就这样随着篮球运动传入我国，“篮球”一词的意译也进入了汉语，沿用至今。学生了解了篮球的来历后，就不至于用错了。教学时，教师还可以把“蓝”为什么是

“艹”给学生讲明白。“蓝”是一年生草本植物，又泛指含蓝汁可制蓝靛做染料的植物。看来“蓝”指的是一种植物，所以是“艹”。这样的教学，既加深了对“蓝”的理解，又在比较中积累了词语。

二、渗透汉字知识，重视识字教学的灵活性和创造性

教师在识字教学中采用多种方式开展教学活动，有利于学生把抽象的符号与汉字有机地结合起来。如一年级下册《所见》中学习“闭”字时，引导学生用“会意字”的方法帮助记忆。在金文里，“闭”是两扇门中间一个“十”字，这“十”字后来演变成了“才”字。“闭”字外边的“门”就表示一扇门，里面的“才”就表示关门用的门闩或锁门的东西。这样就把抽象的符号与汉字中的部件有机结合，使得学生一下子就记住了“闭”字的字形，同时也了解了字义，可谓事半功倍。有些字的教学还可以通过直观演示，如“拿，掰”；猜谜或歌谣等方式，如教学“春”字，学生编出歌谣：“三人一日去春游。”多种方式进行识字教学，不仅能活跃思想，陶冶情操，同时也使识字教学更加灵活，学生的创造性更能充分地发挥。具体表现在：

1. 汉字是一幅智慧的图画。

一个汉字就像一个画面，是一幅惟妙惟肖的静态形象。低年级的语文教材中，象形字出现的频率比较高，在教学时，教师就可以把图和汉字有机地结合起来，引导学生从图中了解汉字的特点。

如在二年级下册《最大的“书”》一课中，教学“宝”字时，出示“宝”字的演变过程，学生看到了一间屋子（“宀”）里既有“贝”（表示财富），又有“玉”（表示珍宝）的画面，多么惟妙惟肖啊！学生看着画面，又看着由甲骨文—金文—小篆—隶书—楷书的字形的变化，就像是在欣赏一幅画。这样的记忆，对学生同时掌握汉字的音、形、义有很大的帮助。

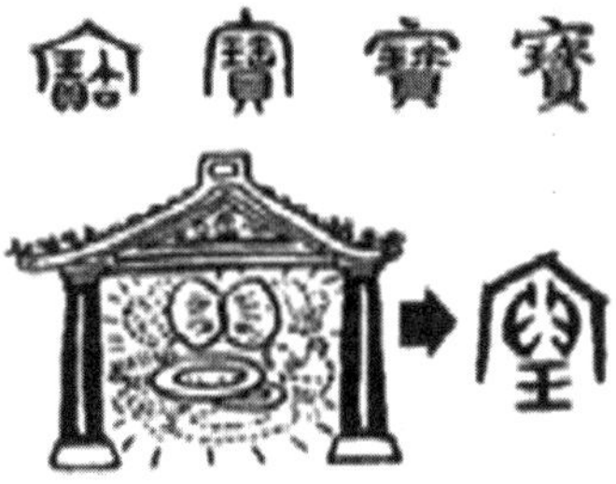

2. 汉字是一个生动的情境。

一个汉字就像一部电影短片，是生动有趣的动态形象，如，“安”——在一间静静的屋子里，有一个女子手放在胸前，安详地坐着。难怪有的学生会说：“看到‘安’字，我好像看到一个小女孩安安静静地坐在家里，感到很安全、安

宁。”看来学生基本上了解了“安”的意思，也记住了“安”的字形。在《汉字图解字典》一书中说道，“安”是一个会意字，在甲骨文中宝盖头表示房子，房子中的女子面朝左，半跪着，双手交叉在胸前，显得十分端庄安详。从字形可以知道，古人认为女子静处家中，就是安宁、安稳，而这正是“安”字最早的意思。这样的教学，学生在识字中不再是孤立、机械地记忆由部件组合起来的汉字，而是在一定的情境中，经过想象记住了这些汉字。学生学习汉字的过程实际上就是在头脑中进行加工、想象的过程。久而久之，学生的思维得到了发展，想象能力、识字水平都能得到提高。

3. 汉字是一段真实的历史。

汉字表现了我们祖先的生活经历、对世界的认识与思维状况。如一年级下册《在家里》中的“家”字，“家”——房屋（宀）里有一头猪（豕）。家里应该有人，为什么有猪呢？原来在远古的时候，人类原本是以打猎为生的，到处流动。后来，把打猎得来的小猪，放在房屋里饲养，这才定居下来，有了自己固定的家。有了饲养的家畜，人类才有了家。猪（豕）是人类最早驯养的动物。这是一段有趣的历史。了解了这段汉字的历史，学生就能从枯燥的多次读写和反复默写中解脱出来，教师在掌握规律、加强理解和运用上多下功夫，把静态的字教活，加快识字的速度，把烦琐转变成便捷。识字教学中渗透造字规律，减轻记忆的强度，促进学习的正迁移，有利于培养学生良好的认知策略，提高学习效率。

总之，识字教学既是语文学习的基础，同时又是奠定民族传统文化理念的根基。只有在识字教学中，既从工具性上注重方法与规律，同时又和谐自然地渗透传统文化意识，潜移默化地用民族文化智慧影响学生的发展，才能使识字教学具有生命活力

◇ 作者信息

吴瑞霞

中学高级教师，北京教育学院宣武分院小学语文教研员，从事小学语文教学工作33年。荣获中国教育学会小学语文教学研究会先进工作者、国家教育部课程教材研究所优秀教研员、北京市优秀教师、北京市基础教育课程教材改革实验先进个人等荣誉称号。连续四届被评为北京市骨干教师。多篇论文在全国、北京市比赛中获得一等奖；多篇论文在国家级、市级刊物上发表。

在识字教学中创设情境　培养学生识字兴趣的研究

北京市西城区第八中学附属小学　王琨

一、问题的提出

汉字是语文学习的基础，学好汉字才能完整地掌握汉语，进行交流、阅读。同时，汉字的学习又是其他学科学习的基础。

目前小学生在汉字学习中存在着如下问题：

1. 音好记，形难识。

学生在没有学习汉字以前就会说话，也就是有了口头语言，因此在学习汉字时，对字音的掌握要快一些，但对于字形的记忆就困难多了。

2. 学得快，忘得快。

就人类本身而言，认知的规律受遗忘规律的制约。记忆规律就是学得快，忘得快。小学生也不例外。新课程的读写分离从另一方面又给识字带来了极大的困难，如果仅是“君子动口不动手”，只注意朗读，不强调动手，学生学习得快，忘得也快。

3. 汉字教学枯燥，方法单一。

单个的汉字教学离开了语言环境，原本就比阅读教学显得枯燥。入学初，学生们上识字课还比较有兴趣，但随着学习时间的延续，学生对识字的兴趣在下降。由于缺乏识字的兴趣，对所学的生字难以巩固，出现了生字放在课文里还会读，离开语境就一个都不认识的情况。为了让学生记牢大量的认读字，教师在汉字教学中很难摆脱反复读、不停讲的怪圈。频繁琐碎的分析相当乏味单调，不但没有意义，且耗时多。分析字形成为汉字教学的代名词。种种现状都导致教师和学生对汉字教学失去兴致，有些教师上公开课时干脆避开生字不讲，汉字教学成了语文教学的瓶颈。

4. 汉字本身的特点与学生心理和认知发展特点存在矛盾。

一年级的识字对象是6—7岁的儿童。心理学研究表明，这一阶段儿童共同的心理特征是：活泼好动，爱玩，不能长时间专注某一事物，喜欢具体形象的东西，记忆力较强。这阶段的认知规律决定学生以形象思维为主，对声音、色彩、图画等动态的或直观的反应强烈，对这样的内容理解和识记得快，反之就慢。汉字属于抽象的符号文字，它本身所固有的特点与学生心理发展特点存在的矛盾成为低年级学生有效识字的主要障碍。从学生实际识字开始，平均每节语文课要认识掌握 4 个汉字，大量的、集中的识字要求对活泼好动、“玩”心不改的低年级学生来说，容易产生吃力和厌烦的感觉。

二、理论依据

1. 建构主义学习理论——情境教学理论。

建构主义提倡在教师指导下以学生为中心的学习，学生在一定的社会背景下，利用必要的学习资料，借助他人的帮助即通过人际的协作活动而实现的意义建构过程。

情境教学理论是以建构主义知识为理论基础发展而来的，是建构主义中的主导，它主张——知识是学习者与情境互动的产物，且本质上深受活动、社会脉络及文化的影响，知识只有在它所产生及应用的活动与情境中去解释，才能产生意义。

2. 教育心理学理论。

学生在学习过程中，智力因素（观察力、注意力、抽象思维能力、记忆力、想象力）和非智力因素（动机、兴趣、情感、意识、习惯等）是相互制约、相互依存的，两者的发展可以互相促进。在诸多非智力因素中，学习兴趣尤为重要，它是学习活动的强大动力。通过主体的积极活动，勇于创新，个性得到发展，这是学生走上成才之路的前提和基础。

3. 儿童心理学。

在课堂学习汉字的基础上，为学生搭建多种利用有刺激物本身的特点及自身的状态，吸引学生的注意，激励学生的需要、动机、兴趣，使他们有目的、有顺序、有重点地参与到识记生字的过程中。

认知心理认为注意、知觉、记忆、思维等认知现象是交织在一起的，对于一组现象的了解有助于说明另一组现象。由于它们之间的相互依赖关系，因此建构知识就要把全部认知过程统一起来。

4. 现代教育学思想。

新的教学论认为，小学生学习兴趣的培养，要从儿童的年龄特点出发，从小学素质教育的要求和规律出发，把学生放在主体地位，激发学习兴趣，寓教于乐，调动学生学习的积极性和创造性，使学生爱学、会学，成为学习的主人。

三、策略

针对以上的问题，我开始在识字教学中从培养学生的兴趣入手，创设学习情境，寓教于乐，从而激发起学生热爱学习汉字的兴趣，使学生学而不厌，改变学生学习汉字重复、枯燥、乏味的现象，进行创设情境的识字教学实验。

在理论建构上，情境教学以促进学生全面发展、素质整体提高为目的，教学活动可以归纳为“五个要素”：即以培养兴趣为前提，诱发主动性；以指导观察为基础，强化感受性；以发展思维为重点，着眼发展性；以情感因素为动因，渗透教育性；以训练语言为手段，贯穿实践性。在实践操作上，通过不断探索、总结、筛选，逐步形成了以“美”为突破口、以“情”为纽带、以“思”为核心、以“练”为手段、以“周围世界”为源泉的情境教学操作模式，在这五要素中，以培养兴趣为首。

考虑到一年级学生年龄特点和心理认知特点，又结合一年级识字教学的内容，我在集中识字单元教学研究中，采取虚拟情境、实践情境与模拟情境相结合的方式，主要运用了下面三种教学情境，以培养学生的识字兴趣。

1. 符合儿童认知，创设故事情境。

低年级的学生个个都是故事迷，爱听童话故事是孩子们的天性，把新知识融入故事中，引入时就能激发学生的学习兴趣。教学《比一比》时，我创设了故事情境导入新课：小朋友明明做了一个“奇怪的梦”，去农村爷爷家参加了一回小院里的“家庭会议”。故事情境中不仅黄牛、花猫都活了，桃子、红枣也成了家庭成员，故事情境唤起学生学习汉字的兴趣。在故事的讲述中设置悬念，触发学生产生弄清未知事物的迫切愿望，诱发出探索性思维活动。学习过程中，我们又设计了黄牛、花猫讲故事，引出课文中的儿歌。桃子、红枣讲故事，巩固识字。学生在这种虚拟的故事情境中认读汉字、巩固识字、阅读儿歌，兴趣浓厚，识记生字的主动性强，收到很好的效果。

2. 遵循汉字规律，创设游戏情境。

会意字是汉字中常见的构字方法。《语文》（人教版）第一册识字（二）第4课《日月明》为会意字识字。教学时，我给学生准备了已经学过的独体字，通过让学生读一读、凑一凑、摆一摆的游戏方式发现所学汉字的特点。学生又通过读韵文、谈发现中渐渐明白“日＋月＝明”“二木为林”“三木为森”的字理关系，很快认识了这些生字。为了激发学生识字热情，感受造字方法，我又设计了游戏“找朋友”请他们帮“品”字形的字找一找朋友。学生从同学的名字中发现了“磊、鑫”，于是我又问：“你们能试一试用这种方法造字吗？”“三金、三山、三田、三火……”学生说了很多很多，虽然只有“淼、焱、垚”是正确的，但他们发现了构字规律，尝试了创造的乐趣，自主识字的愿望更强烈了。教学过程中，正是运用这种学生乐于参与的游戏实践情境，让一个小小的游戏成为学生学习汉字的促进者，远比教师枯燥讲解，效果明显见好，同时激发学生自主识字的愿望。

3. 结合已有经历，创设生活情境。

《语文》（人教版）识字部分的编排体现了在生活情境中识字的特点，有反映家庭生活的《在家里》，反映时代生活的《自选商场》，反映农村生活的《菜园里》。学生在生活中都有过在家里、去自选商场和菜市场的经历。在课堂上，我把学生已有的生活经历作为情境教学的出发点，创设一个个生活场景或氛围形成模拟情境，调动学生的生活积累，激发学生的思维，为学生开创一个愉悦的识字空间。如《自选商场》一课，我利用多媒体再现自选商场图，配以优美的音乐，创设一种教师带领学生走进自选商场的情境。教室里摆放着各种食品、日用品和学习用品以及相应的商品包装袋，引导学生拿着贴有生字卡的包装袋去取相应的货物，学生想要找准货物，就必须牢牢记住包装袋上的生字，识字过程是在挑选商品的行动中完成的，情趣盎然。

学习生字后，我又把书本上的插图放在投影仪上，向学生展示自选商场的购物环境，然后，教师扮演成记者采访学生，请他们谈谈自己去自选商场购物的感受。教师这时采访学生：“小朋友，你好！我是学校红领巾广播站的小记者，请你向全校小朋友谈谈到自选商场购物的感受。”学生面对“记者”这个崭新的角色，兴趣一下子就提高了，纷纷表达了自己的购物的感受（如：商品很多，价格便宜，很方便等等）。教师适时板书：东西多、方便。这样的情境，激发了识字兴趣，采访还大大激发了学生说话的欲望。

四、效果

创设情境进行识字教学后，我又一次进行测查，在运用创设情境教学内容中随机抽出 30 个字。全班应识记总数为 720 个，测查识记 578 个，平均 24 个。

开展了行动研究后，对实验班级进行了实化验前后的对比，情况如下：

（全班共：24 人，单位：人）

班　级	实验前			实验后		
	A	B	C	A	B	C
1. 课文中的生字记得住吗？ A. 都记得住 B. 大部分记住 C. 忘了很多	3 12.5%	17 70.8%	4 16.7%	3 12.5%	20 83.3%	1 4.2%
2. 回家喜欢读生字卡片、语文书、同步阅读、课外书吗？ A. 喜欢 B. 一般 C. 不怎么喜欢	13 54.2%	11 45.8%		15 62.5%	9 37.5%	
3. 看到不认识的字，喜欢请教别人吗？ A. 喜欢 B. 有时有 C. 从来不问	11 45.8%	8 33.3%	5 20.9%	17 70.8%	5 20.9%	2 8.3%
4. 喜欢写话、并运用学过的生字词语吗？ A. 很喜欢，并经常运用学过的生字、词 B. 一般喜欢，有时会运用几个学过的字、词 C. 不喜欢写话	6 25%	15 62.5%	3 12.5%	10 41.7%	13 54.2%	1 4.2%
5. 在生活中看到生字，有想认识的习惯吗？ A. 有 B. 有时有 C. 无	15 62.5%	9 37.5%		21 87.5%	3 12.5%	
6. 喜欢把自己认识的字与大家交流吗？ A. 很喜欢 B. 无所谓 C. 不喜欢	18 75%	4 16.7%	2 8.3%	17 70.8%	5 20.9%	2 8.3%
7. 看到生字能用自己喜欢的方式记住它吗？ A. 能 B. 有些能，有些不能 C. 有困难	4 16.7%	19 79.1%	1 4.2%	15 62.5%	7 29.2%	2 8.3%

经过教学实践，教师改变传统读、记的教学方法，在课堂上创设学生乐于接受的情境，取得了比较明显的教学效果：学生初步感受到了学习汉字的乐趣。一节课上，学生课上发言人次增多，学生个体自主学习时间明显提高。大多数学生更加关注汉字，在生活中遇到不认识的字能主动问，愿意和大家交流自己认识的生字，更加喜欢阅读课外书，有更多学生愿意用学过的汉字写句子等。学生在原有知识的基础上，学习兴趣、认知能力得到发展。

识字能力是学习能力的基础，一年级课本中大量的识字任务决定了识字教学是语文教学中的重点和难点，但往往是教师教起来枯燥，学生学起来无味。小学生的心理发展规律表明，他们不仅生活在现实世界，还生活在想象世界，学生喜欢“做梦”。学生想象世界的丰富程度与学生思维发展密切相关，在学生喜欢“做梦”的时候，应该为学生提供这样的机会和条件，至少允许学生“做梦”。因此我们教师要努力为学生学习创设情境，让他们在情境中学得主动、学得生动。

小学低年级的思维以具体形象思维为主，所以我们必须运用多种方法和手段进行识字教学，激发学生的学习兴趣，提高学生的识字能力，巩固识字教学的成果。在识字教学中，教师要充分发挥教师的主导作用，结合学生的思维特点，调动学生的多种感官，使学生积极地参与到识字教学中，处处从学生主体的实际出发，为学生学习搭建平台，使学生在情境中想象、参与，学生就能获得成功的喜悦，激起学生去探索这蕴含无穷奥秘和乐趣的汉字世界的欲望。从而使枯燥的识字教学成为培养学生发现兴趣和热情探索的热土。

在识字教学中培养学生的识字兴趣，是教师长期研究的课题，途径和方法也是多种多样。创设情境，只是其中的一种，在实际操作中可以借鉴，希望以此抛砖引玉，能对其他教师的教学有一点帮助。

参考文献：

[1] 王鸿江. 现代教育学[M]. 天津：天津人民出版社，2008.
[2] 汪潮. 教学新理念[M]. 上海：文汇出版社，2003.
[3] 李吉林. 情境教育的诗篇[M]. 北京：高等教育出版社，2004.
[4] 佟乐泉，张一清. 小学识字教学研究[M]. 广州：广东教育出版社，1999.

王琨

北京市西城区语文学科带头人，多次被评为西城区优秀教师，多次参与市、区教学评优、教研活动、教材分析及经验介绍，参与教育部数字化全覆盖教材编写工作，多篇论文、说课、教学设计、课例、案例获国家、市、区奖项。

优化教学情境，增强一年级识字趣味

北京小学　李洁玲

《义务教育语文课程标准（2011 年版）》指出，在识字教学中结合学生的生活经验，运用形象直观的教学手段，创设丰富多彩的教学情境。这样做，有助于综合利用多种教学手段，通过外显的教学活动形式，营造一种学习氛围，使学生形成良好的求知心理，参与对所学知识的探索、发现和认识过程。采取的识字教学策略是“优化情境”，达成的识字教学效果是“增强识字兴趣”。也就是说，在识字教学过程中实现在多种情境中识字，多种感官参与，思维与语言深度注入，课内与生活、课外阅读联手，可以增加识字的趣味性和可接受性，注重教给识字方法，力求识用结合，提高识字质量和数量。

一、创设字理识字情境

我国识字教学方法有二十多种。如注音识字、集中识字、分散识字、韵语识字、部首识字、字族识字、字理识字、归类识字等。它们都有自己的特点。汲取各家的优点是识字教学的方向。

时下，小学语文教师不约而同地对字理识字教学感兴趣，因为字理识字教学法主张将汉字的构形理据直观地展现在学生面前，引导他们去观察、去思考，加深感性认识，发展形象思维。究其根源在于字理识字教学与儿童的认知心理具有一致性，从感性到理性，从具体到抽象，儿童的机械识记能力强，再增加理解识记，就“如虎添翼”了。

识字教学应该遵循汉字的构字规律，以字义为核心，联系字音、字形，突显汉字魅力，增强识字趣味。识字教材的编排遵循的是由易到难，由简到繁的原则。首先学习的独体字，大部分是象形字，这为学生在字理识字情境中学字提供了很好的材料。利用象形的特点，引导学生把字形与事物形象一一对应，这样学习象形字，既形象生动又记忆深刻。独体字中还有小部分指事字，了解抽象符号做了怎样的提示是十分重要的，学生对此很感兴趣。接下来合体字逐渐增多，其中会意字的教学重在引导学生将新字的各个部分所表示的意思联合在一起识记，以字形联系字义、字音，识记过程更加生动、轻松。合体字中数量最多的是形声字，充分利用声旁表音，形旁表意的特点识字，可以优化识字的心理过程，很好地区分和使用同音字、形近字，大大提高识字质量，减少错别字。

例如，教学“日、月、水、火、山、石、田、土”时，把汉字所表示事物的形状、姿态用图画表现出来，提供一个初步感受汉字字形画面艺术美的情境，激发学生学习的兴趣，诱发学生自主学习的动机，发展认识事物和识字的能力。学生将图画和汉字一一对应，建立音、形、义的联系。教学“看、休、林、众”等时，将各部件绘成图画，拼合而成，其形义自见。这种图文并茂的学习，既不费口舌又形象生动，学生既学得开心又记得牢固，既帮助识记又引导会用。

对于初学者来说，并非字字都进行“析其理”，而是要从学习者的实际出发，按照其理解能力和知识基础，视其接受水平，以是否有利于激发识字兴趣，是否有利于对汉字的学习为准。

例如，以儿歌为识字的凭借，引导学生初步感悟汉字中“点”的作用，激发识字兴趣，提高识字效率。

儿歌内容：一点做记号，点在刀刃上。
两点冷冰冰，寒冬加衣裳。
汉字真有趣，笔画有意义。
动手又动脑，记住不费力。

读了第一句后，举手的学生很少。有的学生说：“我知道了‘刃’中那一点，是做记号用的。”有的学生补充说：“用这一点做记号，表示刀刃就在这个位置上。”老师请学生们欣赏图片：“这是早期的刀字。真像一把刀的样子，上面表示刀柄，下面的曲线是刀背，斜出的短笔是刀刃。这是早期的刃字。在刀上加一个指事性的符号点表示刀刃在这里。刀剪等锋利的部分，就是刀口，刀锋。”学生的学习兴趣来了。

读了第二句后，举手的学生多了起来。有的学生说：“我知道了两个点表示冷，冷冰冰的冷。”另一位学生补充说：“‘冷’和‘冰’有两点水，‘寒’和‘冬’有两点底，这几个字都跟寒、跟冷有关系。”老师请学生们欣赏：“它们早期是这样的。你们能认读出它们吗？”“冷、冰、寒、冬。”老师说：“原来，它们都有像水结冰的形状‘仌’。后来，在左边就写成了两点水，在下面就成了两点底。”学生的脸上流露出欣喜的神情，这欣喜的后面，融入的是对汉字的喜爱之情。

读了第三句后，有的学生说：“我知道了汉字特别有趣，笔画是有意义的，会告诉我们很多有意思的内容。”“哪怕是一个小小的点，里面也有故事呢！”

老师补充了更多带有一点、两点、三点、四点的汉字，使学生对“点”的作用的感悟更加丰富和生动。“你们看，这几组字中都有点，这些点告诉了我们什么有意义的内容呢？请大家动脑筋想一想、说一说。”学生跃跃欲试。

接下来，全班学生高举小手，为了争取到发言的机会，有的屁股离椅，有的发出“嗯、嗯”声，请求老师赶快叫他说。

一点：“下”的长横表示平面，下面的点表示在平面之下。“丸”中的一点告诉我们“丸”是小而圆的物体，比如丸子、中药丸。“兔”中的一点是由兔子短短的尾巴演变而来的。“鸟”中的一点是由小鸟黑亮亮的眼睛演变而来的。

两点：除了“冷、冰、寒、冬”这些带两点的表示冷冰冰的字，学生还补充了“冷冻的冻”，“冰凉的凉”。

三点：“江、河、湖、海”有水，字中的三点水表示水。“心”中的三点表示心脏上的一根根血管。“州”中的三点表示水中的小岛。

四点：“雨”中的四点表示下落的雨水。“燕”中的四点是燕子的尾巴。“热”中的四点是由“火”字的四笔变化而来，有“火”还不热吗？

学生开动脑筋，结合生活实际思考，争着说自己的想法。这种热烈和高效的学习场面，说明了丰富的识字材料配以字理识字、自主开放的思维空间是深受学生喜爱的。实践证明，创设字理情境，依据汉字本身的规律（字理）和学生的认知规律（心理）进行识字教学，能够点燃学习热情，启迪心智，使学生对汉字的感悟更加积极主动，认知思维更加丰富、生动和深刻，促使学生形象思维与抽象思维的互动发展。

二、创设生活识字情境

《义务教育语文课程标准（2011年版）》提出：语文课程是学生学习运用祖国语言文字的课程，学习资源和实践机会无处不在，无时不有。这揭示了语文与生活的深层联系。创设生活识字情境十分重要，这有利于利用生活中出现的文字帮助学生学习生字。如，同学的名字、课程表、校园中的字、路边招牌、商店名、包装袋、车站名、动画片名等，都是学习汉字的活资源。定期举行生活识字展示会，建立课堂识字和生活识字的联系，让学生们交流生活中识字的经验、收获和体会，可以调动学生在日常生活中主动识字的积极性，让生活成为识字的大舞台。

三、创设课外阅读情境

学生学会拼音后就能开始阅读，教师可以创设课外阅读情境，引导学生课外阅读。如，班里设图书角，让学生到学校书屋自由借阅图书，利用每天早读课前的时间和中午自主活动时间自由阅读。在这个过程中学生可以通过已有的拼音基础认识一些经常出现的生字，对已经学过的生字也有一个巩固的过程。又如，设立“阅读存折”，调动课外阅读的积极性，让学生在课外阅读中自然而然地、无压力地认识更多的字。

四、创设游戏识字情境

游戏是儿童的天性，也是儿童主要的活动形式和探索世界的桥梁，因此游戏很容易被儿童接受，不需太多指导，儿童很快就可以进入游戏过程之中，投入与合作程度是最佳的。教学中创设有趣的游戏情境，调动学生巩固抽象文字符号的兴趣，使学生在自主实践中兴趣盎然地将所学汉字加以巩固，加以运用，定能起到事半功倍的效果。

开火车：学生发出火车开动的“呜——咔嚓、咔嚓”的声音，教师出示生字，问:“火车、火车从哪开？”生:“从我们这里开！”让一组学生按顺序读字音、认字及分析字形。谁说错了，火车停下“修理”（重读字音），修理好了继续开。“开火车”可以在较短的时间内大范围地检查学生的识字情况。

摘苹果：出示一幅画着大树的画，树上挂着写有生字的苹果，学生制作果篮（用卡片拼出生字的正确读音）摘下对应的苹果（生字）。也可以认读苹果上的生字，读对了就可以摘下来。以小组为单位竞赛，看哪组摘的苹果多。学生在摘果子中既巩固了生字，又体验到了识字大丰收的喜悦。

找朋友：教师准备同音字、形近字卡片，再准备与其可以组成词语的字卡。让学生读后手拉手交朋友组合成为词语朋友。这个游戏能激发学生的思维，有效区分同音字、形近字，提高学生准确、灵活识用汉字的能力。这个游戏还可以推广到二年级的词语搭配、找对子等。

猜谜语：可以说谜面，可以看图片，也可以做动作表示谜面，重点在于用肢体、表情表达对于字义的了解。这个游戏可以帮助学生抓住汉字的音、形、义的特点，巩固识字，发展思维。

彩虹桥：分组合作过桥。教师出示字，第一个学生正确读出，后面的学生组词，看哪个小组组词多。词说完后，小组从说过的词中任选两个词说一句话。

当然，在教学过程中还可以创设“闯关”“走迷宫”“夺红旗”“变字小魔术”等多种游戏情境来吸引学生，让学生广泛参与到游戏活动中来，主动地、轻松快乐地学习。

实践证明，这种融知识复习于游戏中的方法，深受学生欢迎。有趣的游戏情境使学生积极投身其中，享受自主观察发现的快乐和互动识字的乐趣，更加积极地利用自己原有认知结构中的有关经验去同化和索引当前学习到的新知识，实现思维灵活、有创造性地发展。

五、创设合作识字情境

合作指相互配合做某事或共同完成某项任务。这里提出的合作一方面指学生能够积极、主动地把自己已经获得的知识、经验与学习工具相互配合，另一方面指学生间的相互配合，达到互帮互助解决识字问题的目的。

1. 与拼音合作。

课堂教学中，当学生学新字时，往往会有读不出或者读错字音的时候，有些老师采用请学生教读来解决。我觉得教师积极创设与拼音合作情境来解决问题会更好。在老师积极鼓励下，学生利用拼音解决识字正音问题，可以使学生感受到自主学习的快乐，体验成功、增强学习的信心。汉语拼音是帮助儿童识字，学习普通话的主要工具。在学习汉语拼音之前，儿童识字多是听会的。学习了汉语拼音之后，应该充分发挥拼音对识字的作用，给学生创设拼音合作情境，帮助学生养成借助拼音识字正音的好习惯，使学生对自主识字不再被动和犯难。

2. 与字典合作。

字典看起来并不起眼，但它却是一座知识的宝库，一辈子有用，在语文学习中极为重要。因此，提早教给学生音序和部首查字法，创设与字典合作情境，带领并指导学生勤查字典，提高学生独立识字的能力，丰富认知，帮助学生养成查阅工具书的好习惯。经过一段时间的培养，在语文实践中见到了成效。学生在记字的时候，喜欢从《字源识字手册》中了解字理，讲给同学听时，常常显露出骄傲、自豪的神情；在练习组词的时候，非常喜欢翻阅《现代汉语词典》，因为不甘心写出大家都能想到的词语，希望从词典中学到更多更好的词语。叶老有句名言："无论什么人都应该把字典作为终身伴侣，以便随时解决语言文字的疑难。"

3. 与伙伴合作。

创设伙伴合作情境，小组内合作识字，可以让每位学生参与识字的全过程，有更多机会交流展示自己的识字。按照"组内异质、组间同质"的原则，把学习成绩、学习情感等不同阶段的学生分到一组，相互取长补短。初期让学习掌握得比较好的学生先当小组长，以尽快进入状态。当学生都熟悉了合作学习流程后，采取小组长轮流制，让每位学生都有机会当"小组长"。开展同学间合作识字，是学生非常喜欢的方式。他们相互读字，交流自己记字的方法，互通课外识字成果，相互激励、相互促进，学习兴趣浓，学习效率高。而且每当自己做小组长的时候，都会特别认真、兴致高涨。实践证明，小组合作不仅使学生在保持识字兴趣的同时高效地完成识字任务，还能培养学生合作意识与能力，有效落实自主、合作、探究的学习方式。在当前，独生子女占大多数的情况下，学会"合作"显得十分重要。

六、创设成果展示情境

自信心是一种重要的情感因素，往往和思维方式、知识经验等整合交互，起着克服困难、保持持久动力的作用。因此，识字教学中，创设成功情境，让每位学生不仅在学习中体验快乐，也能在探索中体验成功，使学生自主识字的欲望更强，信心满满。

1. 评选识字大王。

定期举行识字小竞赛，读课本中的生字、词语或者用生字编成的短文。凡是通过者，都被授予"识字大王"称号，并将照片张贴在楼道展板上。

2. 评选优秀识字课本。

将学生的兴趣爱好与识字有机结合，自制识字课本（剪贴、打印等）。有的学生是"包装识字"（收集商品包装），有的学生是"名车识字"（车型图配车名），有的学生是"成语识字"，有的学生是"花卉识字"，还有"动物识字""家庭识字墙""阅读识字"等。定期展示自主识字课本，学生在相互交流的过程中认识了更多的字。展示之后，人人都能获得奖励，人人都能体验成功的喜悦。

总之，在识字教学中创设字理识字情境、游戏情境、合作情境、成果展示情境，不仅丰富和优化了识字情境，彰显了汉字的独特魅力，而且使学生越学越爱学，越学越精彩，主体性、创造性最大限度地展现出来。使“喜欢识字，有主动识字的愿望”“学习识字方法，获得识字能力，提高识字质量”的教学目标得以落实。

◇ 作者信息

李洁玲

北京市特级教师，全国优秀教师，北京市优秀教师，北京市小学语文学科带头人，北京市农村中小学教师研修工作站优秀指导教师，中国教育学会小学语文教学研究系统先进工作者，人教版义务教育课程标准小学语文实验教科书六年实验工作优秀教师。

乐寻资源　趣中识字

北京市西城区北京小学红山分校　赵媛媛

《义务教育语文课程标准（2011 年版）》指出："识字、写字是阅读和写作的基础。"可见，识字是语文教学的基础和关键。那么，怎样既提高学生的识字量，又不增加学生的课业负担呢？这就需要教师根据不同学段学生的特点和不同的教学内容，积极开发课程资源，灵活运用多种教学策略，激发学生的学习兴趣，培养学生自主学习的意识和习惯，促进学生语文素养的提升。

一、运用字理，在文化滋养下进行识字教学

北京市语文学科教学改进意见中提出"重视汉字书写等中华优秀传统文化内容的学习"。而字理识字是运用造字原理进行识字的教学方法，是国家教育部推荐的七种主要识字方法之一。运用这种方法，儿童能够牢记字的结构，了解汉字的音、形、义，加快识字的速度，并使儿童获得汉字文化的熏陶。字理识字依据汉字的构形规律，使抽象的汉字变得形象、生动，有利于学生提高兴趣，增强记忆和发展思维，从而对汉字这一博大精深的文化载体有初步的感知。

1. 语言激趣法。

生动形象、幽默风趣的语言，加上适当的动作、表情，不仅能更好地集中学生的注意力，引导学生更好地感知事物，启发他们积极思考，加深对汉字音、形、义的理解和记忆，而且能使他们在认识汉字的过程中感受到一种快乐，从而提高学习的自觉性和积极性。

教师在教学时用准确生动的语言阐明字理，让学生明理识字，是字理教学的特色。例如，在学习"检"字时，我为学生介绍："我国古代书信或文书都是写在竹简或木简上，后用木匣装好封住并贴上标签，对方收到木匣后首先要检查标签是否被启封过，由于查看的是木匣，所以'检查'的'检'是木字旁。若发现木匣的封条被损，就要指出或追查，由此引申出检讨、检举等词……"

这样学生在学习中既记住了字的音形、理解了字义，又丰富了学生的语言，从而激发学生对祖国语言文字的热爱，提高识字兴趣。

2. 直观识字法。

爱因斯坦说过："兴趣是最好的老师。"只有激发出学生识字的兴趣，他们才能积极识字、牢固记字。在教学中，我运用字理识字教学法，揭示汉字字形和字义的联系，激发学生识字兴趣，促使学生积极主动地学习汉字。

（1）图片直观明理识字。

色彩艳丽的图片或者可以触碰的实物能够吸引低年级学生的注意，便于学生将字与实物建立联系，从而记忆字形。大自然中的很多事物，比如，鸟兽鱼虫、风云雷电等，很多现象古人都是通过象形字来表现其特征的。

在低年级教学识字时，可以引导学生循形索义，充分发挥儿童的想象力，启发他们发现字形与字义之间的联系。这样更易于激发学生的识字兴趣。如学习"山"字时，出示一座小山图；学习"水"字时，出示流水图，让学生据图分析。这样，学生很快发现并找到学习象形字的规律，字形和实物是相像的。

（2）动作体验明理识字。

在学习某些动词和表示状态的形容词时，可以设计一些动作请学生表演。如学习"坐"字时，先引导学生分析出"坐"表示两个人在土堆上谈心，再让学生分组上台表演这个情节，这样使学生印象深刻且易记易学。

3. 故事识字法。

著名语言文学家安子曾说过："汉字是一个阿丽斯仙境的领域，每一个转弯抹角就有一段故事。"很多学者也通过研究得出：儿童在小学第一学段时，创造性想象能力最为活跃。因此，在教学中要根据学生年龄特征和构字特点，充分发挥学生的想象去揭示汉字的造字原理与音形义的关系。通过生动的故事，将一个个抽象的汉字演绎、活化成一幅幅图画，或一段小故事。教学中，我引导学生编故事来记字形。如学生很容易把"游"字的右侧部分错写成"攵"，为了帮助学生正确识记，我引导学生自己编故事：一个小孩子戴着一顶游泳帽，在清澈的方形水池里游泳。这样学生记忆"游"字就更牢固了。

汉字有着自身的演变过程，更有着自身的文化意蕴。在教学过程中，引导学生溯源而上，在汉字的演变过程中知道汉字的由来，从根本上把握汉字的构字规律，提升识字的教学效益。

二、链接生活，在真实情境中进行识字教学

《义务教育语文课程标准（2011 年版）》指出：“识字教学要注意儿童心理特点，将学生熟识的语言因素作为主要材料，结合学生的生活经验，引导他们利用各种机会主动识字，力求识用结合。”因此，我们就要激励学生在生活中识字，使生活成为学生识字的大舞台，利用生活中的有利条件，培养学生对识字的浓厚兴趣。

1. 生活中拓展，轻架识字之桥。

一节课中只要有了一个引人入胜的开头，就会激发起学生学习的极大兴趣。那么，学生会对哪些事物（事件）非常感兴趣呢？在研究中发现，学生最感兴趣的是贴近他们生活内容，但还一知半解的或知道但未亲眼看见的，或存在悬念的，或完全不知的。几种情况都有一个共同的前提，那就是贴近学生的生活内容。

心理学研究表明：学习内容与学生熟悉的生活情境越贴近，学生自觉接纳知识的程度越高。在激发学生学习汉字的兴趣时，我们注重为学生创设或再现一种生活的情境。如学习《菜园里》时，可以课前让孩子随父母到超市或菜市场中去认识不同的蔬菜，读读菜品的名称。在课上因为有了生活的累积，学生掌握起来就很容易。再如，课间排队走到专科教室的路途上，我会带领学生边走边看学校走廊中各年级学生手绘的小报、创编的儿歌、标语、校训、小学生守则等。这样，将识字置于“现实生活”背景之中，让学生在生活情境中产生熟悉感、放松感，自然而然地进入识字学习。这样将教学目的、要求转化为学生作为生活主体的内在需要。

2. 游戏中认读，乐踏识字之路。

识字教学要开放，就意味着回归生活，回归儿童的生活，紧密联系儿童的生活实际。儿童天生好动，喜欢游戏活动，在他们的生活中各种各样的游戏伴随着他们的成长。在教学中，我们尊重每一个儿童，关注他们的已知和未知世界，关注他们的个性差异，关注他们各自喜欢的学习方式，联系不同学生的生活实际，开展学习活动。我们将游戏机制引入教学中，将认读新词的学习过程变为一个个富有童趣的活动。例如，开火车游戏、邮递员送信游戏、你说我猜游戏等，让学生在快乐游戏中，体验生活的乐趣，提高学习效率。

3. 情境中悟义，美品识字之妙。

我们常说：“字不离词，词不离句。”学生学习生字不能孤立地去理解其含义，要将其置于具体的语言环境之中，置于课文所描绘的生活情境之中，理解

其字义。如，教学“前后左右”四个字时，我先让学生融入课堂，在很自然的情况下进行语言活动。老师说：“老师站在小朋友的——前面。”老师在要说“前面”时故意停顿，学生会接着说这两个字。“谁在后面呢？”学生一下进入语言角色，活跃起来，用“前后左右”来说简单的句子，接着老师顺势引导：“下面可以和你的小组伙伴一起来互相说一说，你的前后左右分别坐着谁呢？”老师引导学生在小组间进行练习，这样便于巩固学生对于这些方位词的理解。

中国汉字，奥妙无穷，它凝聚着中华民族五千年的文明与智慧。识字教学是小学阶段学习的重点，要结合学生的思维特点，调动学生的多种感官，使学生积极地参与识字教学，使枯燥的识字教学成为培养学生发现兴趣与热情探索的热土，识字教学的有效性才能得到生动体现。

◇ 作者信息

赵媛媛

小学一级教师，曾被评为区先进教师、连续两届被评为区骨干教师。参评的录像课（现场课、课例、教学设计）获国家级一等奖 1 节次，市级获奖 3 节次，区级获奖 6 节次。国家级、市区级论文获奖 23 篇，发表论文 14 篇。

遵循汉字构字规律，趣味中提高识字能力

北京市西城区红莲小学　吴静

“识字、写字是阅读和写作的基础，是第一学段的教学重点，也是贯串整个义务教育阶段的重要教学内容。”《义务教育语文课程标准（2011年版）》在第一学段识字、写字的阶段目标中明确指出：“喜欢学习汉字，有主动识字、写字的愿望。”为了让以具体形象思维为主的低年级学生轻松、愉快地学习汉字，我们的课堂教学必须遵循汉字构字规律，通过创设充满趣味的教学活动，落实激发识字兴趣、掌握识字方法、提高识字能力的目的。

一、关注学生需求，遵循汉字构字规律识字

汉字是表意文字，每一个字作为一个独立的符号，一字一形，每个汉字有不同的字义。有的汉字，字形与字义不同，但却同一个音，而有的汉字字形往往只有一笔之差，读音和表示的意思却迥然不同。第一学段中要求认识常用字1600个左右，其中会写字有800个。对于以具体形象思维为主，感知较为笼统的低年级学生来说，他们在辨认汉字时不善于把笔画、部件等元素组块进行感知。在学习中，他们既要通过听觉、视觉感知字音和字形，又要在理解字义的基础上会写会用，这的确不是件容易的事情。由于不能精确地辨认字形的细微差别，了解汉字的意思，因此学生经常会出现同音字、形近字混淆的现象。从学生的学情反思我们的识字教学，我们把汉字字形的学习变成了一种机械记忆，在教学中往往忽视了汉字形与义的联系，随着所学汉字数量的增多，学生记忆的负担越来越重，也就随之出现了种种问题。要想真正提高学生的识字能力，我们的教学就要遵循汉字构字规律，引导学生在感性认识的基础上建立起汉字音、形、义之间的联系，使学生知道汉字笔画间细微差别背后的意义。

二、遵循汉字构字规律，多种方法趣味识字

在中国传统造字法中，根据每种汉字的来源和特点，把最常见的汉字分为

象形字、会意字、指事字、形声字四种。在学习汉字时，我们不仅要遵循汉字构字规律进行教学，引导学生把眼前的方块字变成一幅幅生动的图画，变成了一个个有趣的形象，更要在充满趣味的活动中，引导学生学会运用多种识字方法自主识字。

（一）抓住特点，字图对照明其义

智贤在《儿童心理学》一书中认为，儿童思维的基本特点是："从以具体形象思维为主要形式逐步过渡到以抽象逻辑思维为主要形式。但这种抽象逻辑思维在很大程度上，仍然是直接与感性经验相联系的，仍然具有很大成分的具体形象性。"低年级学生正处在对事物认识的初级阶段，他们对周围的新鲜事物都充满好奇心，在教学中应该充分利用儿童思维的形象性和直观性，使教学具体形象，易于学生接受。

象形字起源于图画，是用描绘事物形象、轮廓或局部的方法造出来的字。一幅幅形象鲜明的图画，惟妙惟肖地表现了某些事物，很好地将抽象符号转变为具体图像。根据象形字的特点，我们可以引导学生看图认识事物。字图对照不仅把字形和实物联系起来，而且把抽象的汉字形象化，这样学生也就容易理解和记忆。一年级上册的《口耳目》一课，就是象形字的集中教学。课文要求学习 12 个象形字，这些字有的是表示身体上的器官，有的是学生熟悉的动物、植物，还有"日""月""火"这样日常生活中就能接触到的事物。教学中，学生通过观察字形与图画，对象形字的造字方法一目了然，不仅把字形牢记于心，同时对象形字有了初步的感悟，也产生了浓厚的兴趣。

指事字是用抽象符号或在象形字上加指事符号造出的字。与象形字相比，象形字的"形"指的是具体物体。而指事字的"事"是指抽象的事情，必须要经过仔细察看，才能明白真正的意思。根据指事字的特点，教学中将字的形、义与具体事物对照时，要启发学生去发现规律，在观察对比中引导学生理解汉字的意思。教学"本""末"时，可以先出示"树木、树根、树梢"图及"木、本、末"生字，学生进行对比发现：木字下面加一横变成了本，"木"表示树木，"本"表示树木最下面的部分，即树根。在"木"的上端加一长横变成了末，"末"表示树的末梢。在这样生动形象的识字教学中，学生不仅学得轻松、愉快，而且提高了识字效率。

（二）展开想象，两字合一出新义

会意字是把两个或两个以上的独体字合在一起，组成一个新字，表示新的意思。教学时我们可以结合会意字字形表意的特点，引导学生展开想象，感知、理解整个字的意思。

一年级上册《日月明》一课，我从课题入手先出示日和月的象形字，让学生说说看到的事物像什么，并顺势引导学生联系生活实际想想太阳和月亮有什么相同的特点。学生发言后，我进一步引导学生思考，太阳和月亮都给大地带来了光明，它们组成了一个新的字，谁能猜出明这个字是什么意思？在这样的学习中，学生把汉字的形义有机地联系在一起。

学习二年级上册《称赞》一课的“采”字时，我先出示最早“采”字的样子，让学生想象着说说上面和下面的两部分分别表示什么？当学生通过观察图片知道“爪字头”表示的就是手，下面的部分表示的是树木的意思后，学生一下就明白了，上下两部分字合在一起就表示用手在树上摘叶子或摘果实。在学生理解的基础上，我和学生一起做采果子的动作，并联系生活运用“采”字拓展组词，进一步巩固汉字音、形、义之间的联系。这样的学习，不仅教学生识字，而且授以识字之法，不仅发展了学生思维迁移的能力，而且使学生真正体会到学习汉字的乐趣。

（三）探究规律，形义结合悟字义

现代汉字大多数是形声字。由于形声字是从语音和语义两方面来记录语言的，因此它成了最灵活、最方便、最主要的一种造字方法。教学中，我们要引导学生从构字规律出发识记生字，帮助学生掌握声旁表音、形旁表意的特点，正确识记生字。

1. 探究规律，发现中识字。

虽然低年级学生的识字量比较少，但在学生识字的过程中，教师要有意识地帮助学生寻找所认汉字的规律和方法并转化成识字能力。

一年级上册《操场上》一课的词语中有“提手旁”和“足字旁”的字。识字时，我先引导学生自主探究：“请大家先读读词语，比较一下这些生字，看看有什么发现？”学生在认读和观察后，发现“打、拔、拍”这三个字都有相同的提手旁，“跳、跑”这两个字都有相同的足字旁。有了这一发现后，我安排了“你来做，我来猜”的小游戏，通过做动作猜字的活动使学生具体感知这些字表示的意思，并引导学生想一想、说一说这些字为什么会是提手旁，足字旁。学生在探究学习的过程中，发现了这些字都与手或脚的动作有关系。

2. 规律记忆，诵读中识字。

儿歌生动有趣，朗朗上口，是学生最喜欢的诵读内容。教学中，我就把常用的表示形旁的偏旁编成小儿歌。“形声字真有趣，小小偏旁表意思。目字旁是眼睛，日字旁是太阳。三点水就是水，两点水那是冰。木字旁是树木，禾木旁农作物。单人旁表示人，双人旁是路口。左耳旁表示山，右耳旁是陆地。宝盖头是房屋，穴宝盖是洞穴。王字旁表示玉，贝字旁是财物。绞丝旁是丝线，草字头是植物。心字底竖心旁都是和心有关系，提手、反文、又字旁都是和手有关系。走之儿、走字、足字旁都是和脚有关系。了解偏旁有意思，汉字知识记得清。”创编的小儿歌便于学生记忆，学生在诵读中对一些主要偏旁表示的意义有了基本的了解。

3. 字谜解义，辨析中识字。

猜谜语是小学生喜闻乐见的一种活动，也是学生牢固掌握汉字字形的一种好方法。低年级学生对谜语有着浓厚的兴趣，为了能让识字教学变得活泼有趣，教师可以利用学生这一特点，将谜语与学生识字联系起来。

一年级下册有《猜字谜》的课文，课文中第二个谜语是“‘言’来互相尊重，‘心’至令人感动，‘日’出万里无云，‘水’到纯净透明。”学生结合谜面的内容猜测汉字，了解了不同偏旁表示的不同意思，区分了带有青字的形近字。除了利用教材中给的范例，我们还结合课文中汉字的特点创编字谜，通过猜谜语的方法引导学生辨中识字。一年级下册《小公鸡和小鸭子》一课中，要求会写“也”“他”“地”这三个生字。结合生字的特点，我设计了“小小也字变魔术，人来交谈好称呼，土来能够长万物，水来荷花一处处”这一字谜。有趣的字谜激发了学生识字的兴趣，引出合体字“他”“地”“池”。学生在兴趣盎然的猜谜中理解了字义，区分了字形。

4. 联系生活，归类中识字。

《义务教育语文课程标准（2011 年版）》中指出：“识字教学要注意儿童心理特点，将学生熟识的语言因素作为主要材料，结合学生的生活经验，引导他们利用各种机会主动识字，力求识用结合。”低年级是学生语言的发展阶段，在已往的学习中他们具备了一定的识字能力，而且乐于在识字中展示自己的学习方法和成果，教师要有意识地利用学生的生活经验，引导学生在归类中巧妙识字。

在学习“桃”和“跳”时，我引导学生从字形和字义上区分识记两个生字。学生识记时，不仅说出了字形的不同，更理解了偏旁的意思。在朗读句子时，学生发现“树”和“桃”都有木字旁后，我顺势引导他们说说还知道什么树，学生联系生活说出了带有木字旁的一串字。此时的学生将生活中熟知的事物和识字相结合，在归类识字的过程中拓展了识字量。

小学识字教学是语文教育的开端，从一开始我们就要激发学生对汉字探索的兴趣。无论是运用象形、指事、会意、形声哪种方法记字，只有遵循汉字构字规律进行识字教学，学生才能在充满趣味的学习中做到读准字音、认清字形、了解字义，我们的识字教学也才能真正落实激发识字兴趣、掌握识字方法、提高识字能力的目的。

参考文献：

[1] 智贤. 儿童心理学[M]. 北京：人民教育出版社，2009.
[2] 张洪玲，陈晓波. 新版课程标准解析与教学指导[M]. 北京：北京师范大学出版社，2012.
[3] 霍儒亮. 汉字学与小学识字教学[M]. 北京：人民教育出版社，2015.

◇ **作者信息**

吴静

小学高级教师，任教低年级语文教学17年。所撰写的论文、教学设计等多次获得北京市和西城区一等奖。个人被评为西城区“优秀教师”“学科带头人”“我心中的好老师”“创建学习型学校工作先进个人”。

妙趣横生的识字课堂　魅力无穷的识字文化

北京市延庆区第二小学　吴小伶

印度总理尼赫鲁曾对他的女儿说："世界上有一个伟大的国家，她的每一个字都是一首优美的诗、一幅美丽的画。你要好好学习。我说的这个国家就是中国。"在我国的语文教学史上，识字教学历来是启蒙教育阶段的一个重点。但识字对于低年级的孩子来说，却是一项重要而枯燥的任务。《义务教育语文课程标准（2011 年版）》在识字方面也明确指出："对学习汉字有浓厚的兴趣，养成主动识字的习惯。"汉字蕴藏着丰富的文化内涵，学生对这些都会很有兴趣，所以恰当地利用这些因素，能激发学生的识字兴趣，提高识字教学的效率。在识字教学过程中通过师生、生生之间情感、言语交流，激发师生教与学的热情，让识字充满情趣，富有语文味道，更具有科学性，在愉快的气氛中，感受着汉字的无穷魅力……

一、图画解出汉字之美

汉字最主要的特点是形旁表意，声旁标音，其中蕴藏着许多造字规律。一个字，就是一幅画，一个有趣的故事。我在教学中利用汉字字形结构特点让学生体会汉字音、形、义的联系，来感受祖国语言文字的博大精深和无穷魅力，从而激发学习兴趣，提高识字效率。

小学阶段，象形字大多集中在低年级教材中，是小学低年级识字的重点。它是由图画逐渐演变而来，具有与实物近似的特点。针对这个特点，在教学时我先引导学生仔细观察图画，接着用课件一步一步演示汉字的演变过程，从形象的图画到端正而神似的楷书字，继而让学生建立图画与汉字之间的联系。这样就可以使学生掌握象形字的特点，在脑海中建立起形与义的联系。在教学《口耳目》时，课件先出示"眼睛"图画，学生找到哪里是眼眶，哪儿是眼珠，学生都好奇地看着，我运用多媒体演示了目字的演变过程，并告诉学生：最早的"目"是侧竖的一只眼睛，慢慢地发展到横着的一只眼睛，最后把黑眼球的圆形线拉平了，变成了竖目。学生觉得神奇极了，一个个全神贯注，我又请学生说说，你从“目”字中找一找哪笔表示眼珠，哪笔表示眼眶。就这样把图和字巧妙地结合起来，学生就能很快地记住这个字。此时润物无声地把象形字的造字方法揭示给学生：在几千年前，我们的古人就是这样，根据物体的形状来画图，这些图就成了最早的文字。这些字与所代表的物体形状极为相似，我们给这样的汉字取个名字吧。学生们争先恐后地表达：图画字，形状字。最后当我告诉学生这样的字叫“象形字”时，小小的他们点头称赞，若有所思的样子。汉字学习带给了他们别样的乐趣。当我把“口、耳、足、手”的一些图片和古文字、楷书的汉字发给学生，让他们做“找朋友”的游戏时，学生们兴趣高涨，他们不仅把朋友找对了，还有意识地给这三张卡片排好队，图画排第一，古文字排第二，楷书排第三。我看在眼里却故作惊讶：为什么这样站队呀？学生说得有理有据，最早是图画，然后古人照着图画画出古文字，最后演变成现在的汉字。如教学“飞”字，可以画一只飞鸟与“飞”这个字作对照，说明这个字的“⺄”是鸟的身躯，弯钩里的两笔是小鸟展开的翅膀；然后综合分析图形与字形、字义、字音三者之间的联系。如教学“象”字，我依次出示侧面向左的大象图、甲骨文“象”字、篆体“象”字和楷书“象”字，并一一为学生讲解这些“象”字的象形意义演变过程。学生听得津津有味，还不时发出惊叹。此时，一股对祖国文字和民族文化的热爱之情从我们师生心底油然而生。

在学生们的眼里，汉字已不再是抽象的符号，而是一幅幅优美的图画。学生在浑然不觉中，沐浴着祖国文化的璀璨阳光，感受着汉语言文字的无穷魅力……从而有效记住汉字的音、形、义，发展了学生对汉字的理解能力，培养了较强的识字能力。

二、歌诀编出汉字之趣

《义务教育语文课程标准（2011 年版）》指出，识字教学要让学生“喜欢学习汉字，有主动识字、写字的愿望”，“对学习汉字有浓厚的兴趣，养成主动识字的习惯”。儿歌识字法是低年级学生比较感兴趣的教学方法。儿歌读起来朗朗上口，一旦记住便永久不忘，为小学生喜闻乐见。值得我们思考的是：如何在歌诀中让汉字的音、形、义巧妙地融为一体。我们当今的语文课上常见的是对字形的任意解说，使字形和字义常常不沾边，使得表意的汉字成了形义割裂的符号。黄亢美老师的识字教学给了我很大的启发，她教学“朝”，用“一轮红日升草间，一弯残月落天边”识记，不仅详解了“朝”的字义，还在学生面前勾勒了一幅“旭日东升”图画，唤起了无尽的遐想。在教“鲜”字时，教给学生这样一首儿歌：“江南水连天，鱼儿味道鲜。塞北羊儿肥，羊肉味道美。”这样的儿歌有效地将字形和字义结合在一起，十分有助于学生对汉字形、义的识记和文化知识的吸纳。我在教学中也探索着让学生在浅显的、朗朗上口的歌诀中学习识字。但是这个歌诀一定是不脱离汉字的音、形、义，比如，在讲易错的波浪的“波”和泼水的“泼”时，我这样引导学生创编歌谣：“大海里波连波，水的皮就是波；泼出水水出发，水一出发，泼走了。”虽然不是很严谨，但是也符合汉字的实用义，这两个易错的形近字在有趣的歌诀中区分了字形也了解了字义。比如教大海的“海”字，学生这样创编：每一滴水都汇集到一个地方，这个地方就是“海”。我顺势引导学生：“同学们在学习‘每’字时，知道了‘每’的古文字和‘母’本为一字，本义指‘母亲’，每一滴水归大海，为什么呢？”这时学生们了解了字义，异口同声地说：“因为水的母亲就是大海！”就这样结合古文字使学生们明白了字理，他们津津有味地编着歌诀：“滴滴水流入海，水的母亲是大海。”所以依字义编歌诀，遵循学生的认知规律的同时也遵循了汉字的构字规律，有情、有趣更有理。

在识字的学习过程中不仅融入汉字文化，还可以融入动作表演。边用动作演示边说歌诀，不仅能激发学生的兴趣，还可以加深学生的印象，从而突破难点。在学习“看”时，可以一边请学生上台表演孙悟空往远处看的动作，一边引导学生观察他是怎么看的。所有学生都把手遮在眼睛上方，左看看，右看看，近处看看，再往远处看看，俨然一个个孙悟空。通过动作演示编的歌诀也应声而出：我是齐天大圣孙悟空，打败所有妖魔鬼怪，这儿看看，那儿看看，躲在哪里都跑不掉……整个课堂充满了欢声笑语，在有趣、轻松的课堂中，孩子们快乐地记住了字形，理解了字义，激活了思维。

朗朗上口的歌诀在学生识字中要变抽象为具体，变枯燥为新奇，变呆板为活泼，激发学生识字兴趣，让学生成为识字的主人，开发潜能，从而达到事半功倍的效果，实现快速高效识字。

三、字串串出汉字之理

汉字大多数是形声字，形声字由表意和表音两部分组成。在教形声字时，我们就可以利用其声旁表音，形旁表意的特点，帮助学生建立起音、形、义的联系，理解字义。从中领悟到形声字的规律，并运用规律进行推理归纳识字，就能提高识字的能力，有效记住汉字的音、形、义，发展学生对汉字的理解能力，从而提高识字教学的效率，让学生体会到汉字的无穷意趣。比如，在学生初步接触形声字时，我以《小青找朋友》这一故事线索展开教学。我在黑板上写上“青”，告诉学生“青”还要和一些偏旁朋友手拉手成为新的汉字宝宝，利用转盘直观地呈现了本课的生字（晴、睛、请、清），请学生看着转盘认认读读，他们是谁呢？你发现了什么？让学生总结出这些字都是由“青”加偏旁组成的，读音与“青”差不多。在掌握了声旁表读音这一规律后，我再让他们想想这些字义跟偏旁的联系。晴——与太阳有关系，所以是“日字旁”；睛——与眼睛有关系，所以是“目字旁”；请——请求时要说话，与语言有关，所以是“言字旁”。学到这，请学生想想“青”的朋友还有哪些，它又是什么意思呢？学生想到了蜻——蜻蜓是一种专吃害虫的昆虫，所以要用“虫字旁”；情——是与人的心情有关系，所以是竖心旁，心里的一种感情。就在学生对比观察中理解了偏旁表意的功能时，引导学生创编出小儿歌：“三点水，水清清；言一出，先说请；目在边上，是眼睛；小虫来了是蜻蜓；竖心旁有感情；太阳出来天就晴。”学生们和着押韵的小儿歌拍着手记忆汉字的同时，也领悟到了汉字的意思，把音、形、义有趣地相连。汉字给学生们带来了乐趣，他们体验着成功的喜悦，就在这时一个学生说：“安静的‘静’能这样记忆吗？”学生们一下子都默不作声了，他们有的在凝眉思考，有的在盼望答案。我正要准备给学生讲的时候，有一个学生站起来说：“老师，我觉得‘静’就是形声字，你看青和静的读音韵母是相同的。那争一定表示意思了。”我赞许地点点头。接着告诉学生们：“静与争吵有关，不争吵了就安静下来了哦。”孩子们一个个露出了满意的笑容。那我们怎么把它也编一个儿歌和它的兄弟姐妹来区分呢？我启发着。学生们争先恐后：“不争吵了就安静！”我为孩子们鼓起掌来。

就这样，教学中我抓住形声字特点，“教一个得一串”“以一字带一串”，学生乐此而不疲。充分调动了学生识字的兴趣，就能让“识字”这一艘船满载而归。

四、故事讲出汉字之情

编故事识字法就是把汉字的几个部件利用故事巧妙地联系起来，帮助学生识字的一种方法。此方法适用于识记字形复杂的字。听故事和讲故事是小学生最喜爱的活动，引导学生发挥想象，把几个部件巧妙地联系起来，让一个个抽象的字变成一个个生动的小故事，这样既使枯燥抽象的笔画变得富有灵气，又给识字增添了趣味性。创设故事情境，让学生在学习中获得快乐的情感体验。

比如教学“灭”，有的学生说，发生火灾时，要用水去浇，火就会灭掉。有的说，爸爸要发火了，我就去给爸爸拿一支烟，他就不生气啦。还有的这样编，我要学会使用灭火器，手拿灭火器冲着大火灭灭灭 。在学习“孝”字时，我这样给学生讲，“孝”字上半部分是“老”字的上边，一个老人他老了，腿走路不方便，于是就喊来他的小孙子扶着，所以“孝”字的下部分是个“子”字，表示小孩的意思，小孙子就像他的小拐杖，扶着老人走路，多孝顺呀，这个字就是孝顺的“孝”。此时师生一起表演，学生在生动有趣的小故事中记住了“孝”字的音、形、义，感受了汉字的文化，并从中学习了做人做事。在教学“休”字时，我尝试着让学生给这个字编一个故事。学生们七嘴八舌过后，编出的故事更是有趣:“这是一个猎人，他进山打猎，累了靠着树休息。”“这是一名医生，做手术累了，靠着椅子休息。”“这是一个小孩，玩儿累了，休息一会……”此时此境，这些字也就会深深地印在脑子里，学生的想象力和创造力在这一刻也得到了发展，在学生的眼中，汉字全部是有生命的，我们要做的就是引导他们进一步去发现这些生命的符号。

学生在愉悦的氛围中轻松地听故事、讲故事，在不知不觉中把字形永久地保留在脑中。通过这样快乐的教学情境，学生能轻松地记忆、愉快地表达，学习的主动性和积极性得到激发，使识字教学变抽象为具体，变枯燥为新奇，变呆板为活泼，变被动为主动，从而激起学生浓厚的情趣。

我们的祖国是一个历史悠久的国家，赋予汉字丰富的内涵，不仅仅传承着中华民族的文化，还是文化的代表，更是民族的希望。在识字教学中应以儿童兴趣出发，遵循汉字的构字规律，使识字教学“理”与“趣”、“美”和“情”巧妙融合，让学生真正体悟到学习汉字之美之乐！在了解汉字负载的文化知识的同时，潜移默化地受到汉字的熏陶，感受到汉字文化的博大精深，从而产生对祖国语言文字和民族文化的热爱之情。

◇ 作者信息

吴小伶

小学一级教师、市级课程改革实验先进个人、市级“紫禁杯”优秀班主任、市级师德标兵、区级优秀教师、区级优秀共产党员。全国语言文字基本功大赛朗读文言文一等奖、默写古诗词二等奖，市级评优课 2 次获一等奖，区级语文基本功、评优课多次获奖。主持 2 项课题，获市级区级科研成果一、二等奖。

识字教学与写字教学的有效结合

识字、写字的情趣相生

北京市朝阳区教育研究中心　冯佳

爱因斯坦曾经说过，我认为对于一切情况，只有兴趣才是最好的老师。作为一名低年级的语文教研员，通过我在平时的听课过程中的所见所闻，看到了我们的学生在不同的课堂上的各种表现，更是印证了这句话对于小学低年级语文的识字、写字教学的现实性和重要性。兴趣对于低年级语文课堂教学是何等的重要，而识字与写字是阅读的基础，是低年级的教学重点。于是我开始思考如何使我们的识字、写字教学情趣相生，从而使孩子们在一跨入小学校门就爱上我们的语文课堂，爱上学习。这也就成了我们朝阳区一年级语文老师的重点研究方向。于是我们开展了“尊重学生成长规律，构建乐高课堂”的教研主题活动，在老师们大量的教学实际中摸索了一些识字、写字教学方面情趣相生的规律和做法。

一、激发学生的兴趣，充分发挥学生的自主性

（一）在轻松愉快的学习中激发学生识字兴趣

传统教学往往采取教师教、学生学的方式，学生学习识字非常枯燥，久而久之，学生对识字失去兴趣，识字的效果很不好。要想让他们全身心地投入学习，必须采取有效措施调动他们的学习热情。因此，我们在设计教学环节时注意字形教学的生动性、趣味性，常常采用学生乐于接受的方式，创设有趣的识字情境来鼓励学生识记生字和巩固识字成果。有时把生字卡做成果实状，把它们挂在“果树”上，用“摘苹果”的游戏吸引学生，积极记忆字形；有时利用课件让学生做“采花”游戏，调动学生积极动脑筋、想办法，记忆字形；有时还采取赛读生字，“找朋友”的游戏，制作有趣的识字卡片，使学生学习的兴趣高涨。

（二）运用多种方法突破字形难点，引导学生识字

识字教学是低年级语文教学的重点和基础。学生能否爱上学习，爱上语文，

甚至能否爱上祖国文化，和是否爱上学汉字有着密不可分直接的关联，因为汉字蕴含着中华悠悠五千年的智慧和文化历史。为了使学生在愉快轻松的气氛中主动地识字，教师要根据儿童年龄特点，有意识地激发他们的识字兴趣，拓宽识字途径，培养识字能力。低年级的学生年龄小，注意力不集中，易于疲劳，教学时要采用多种方式方法，激发学生情绪，使他们边玩边学，充分调动学生学习的积极性。

1. 编顺口溜记忆。在一二年级的识字教学中，我们发现“编顺口溜”能帮助学生轻松地掌握一些难教的生字。比如，朋：两个月亮交朋友；种：禾苗种在水田中；雨：横下小平房，大树在中央，四个雨点两边放。

2. 排队组字。老师把一个字或几个字的构字部件卡片打乱，发给每人一张，让他们到讲台上来组成老师读出的生字，全体学生认读和评议。帮助学生认识结构及构字特点。

3. 赛读卡片。老师指卡片学生迅速读字音。读得又快又准的学生就获得小红花。

4. 猜字谜记字形。在识字教学中，原原本本把字摆出来，学生没有多大的兴趣，而采用猜字谜游戏就不一样了。老师可以先给出谜面，让学生尝试写出字形。也可以和学生一道编字谜。例如，休：一人依树旁，歇息来乘凉。生：小牛落地。

5. 联想形象识字。在生字中，有的字是象形字，如《口耳目》一课的生字，这类字很容易让学生由字联想到它所表示的形象，利用这一特点在识字过程中可以用联想形象的方法帮助识记。这样字形和图形联系起来一想，生字就会深深地印在脑子里，学生的想象力和创造力也得到了发展。

6. 比较联系识字。在生字中有许多相近的字，在学习时，不让学生单独去认字，而是把相近的字一并出现，在比较中识字，在联系中区别。比如“青”的学习，可以与“清”进行比较，引导学生联想在美术课中“青”表示哪种色彩，可以组词：青草、青山。而“清”可以从偏旁联想，它跟“水”相通，应组词“清水”。如学习“她”字，可与“他”相联系比较，在学生观察比较后，让他们总结出：这两个字的右边都是“也”，但又有不同，男性他是“亻”，女性她是“女”。这样，学生通过比较它们的偏旁及其表示的意义，便不会混淆了。

7. 表演动作识字。在教学过程中，可以用肢体动作演示字的形义联系。在所学生字中，有一部分是动词。学动词时可以想一想动作，再做一做动作。如学习“看”字，把手放在眼睛（目）上，像孙悟空一样可以看到很远的地方。如学习“跑”字，先想一想跑的动作，然后再做一下，这样学生就会明白“跑”是用“足”跑，所以是足字旁。这样不但让学生记清了字形，而且弄懂了字义，学起来不费力气，学生还很踊跃。

8. 游戏巩固识字。学生学过的字很快会忘记，在教学过程中，巧妙利用游戏，创设丰富多彩的教学情境使学生乐学，喜欢学，有主动学习的意愿，能够主动识字，快乐识字。学习了合体字后，可以设计一个游戏“摘苹果，找朋友”。把所学字的不同部件分别写在半个苹果上，打乱贴于一棵苹果树上，要求学生在限定的时间内思考、判断把几个部件组成字，并读准了，读对了，就把“苹果”送给他。这样学生不仅学习情绪高涨，而且也培养了学生快速思考、判断的能力。

9. 给字配“画”，培养学生的想象能力。在识字教学中，教师要根据学生思维的特点，引导学生想象，帮助他们把抽象的符号具体形象化，培养学生的识字能力。简笔画言简意赅、形象生动，而且内蕴丰富，给人以极大的想象空间。低年级儿童对图画的兴趣浓于文字，在生字字形教学中，教师要不失时机地让学生发挥自己的想象，给生字配上“身体动画”“思维动画”，如教学“跳、扔、举、拍、扫、洗、刷、端”一课时，学生运用想象，给生字配上身体动画，让字形在脑海里如动画般流出来，让一个个静止的生字都活起来，逐步培养他们的识字能力。给字配“画”恰当地结合图画与文开展语文实践活动的联系，丰富了学生的想象，使学生生动地识字，有效地提高学习效率。

10. 创设生活情景，开展语文实践活动。老师从学生的生活实际出发，创设丰富多彩又符合低年级学生特点的生活情景，开展语文实践活动，如举办“娃娃超市”“动物运动会”“秋天的田野”“我当小导游”“逛商店”等实践活动。教师在教学中要注意和社会生活相沟通，使学生尽快从“我”的世界跨入更广阔的周围环境，以吸收各种信息，扩展想象和思维的空间。因此，当学生掌握了识字方法，乐于识字，善于识字后，教师就要有意识地让学生在生活中识字。

（三）在生活中识字以巩固字形

汉语是母语，学生在生活环境中，可以接触到很多汉字：同学、亲人的名字，商店的招牌，广告及各种物品包装上的名称等，可以说，汉字无处不在。引导学生平时留心观察，随时随地识字，也不失为一个课外延伸的好办法。如，发作业本时，让学生轮流发，从而认识同学的名字；回家时在路边的广告牌或地铁牌上识字；家中物品的包装上，汉字就更多了。诸如“达能”饼干、“光明”

牛奶、“蒙牛”酸奶、“巧手”洗衣粉……当学生能够正确地认读出生活环境中的字时，他们是多么高兴啊！此时可以引导学生将自己在生活中收集到的汉字记录下来，成为识字小册子，让学生体验到识字的乐趣。汉字在日常生活中随处可见，让学生养成留意周围事物，学习生字的习惯。还可通过诵读经典古诗文活动，让学生巩固学过的生字，认识新字，同时训练提高学生的朗读能力。

（四）摸索科学合理的字理教学法，记忆字形

在教学过程中，我和一线的语文老师们也总结了一些字理教学的方法，如：

1. 演示法。即用动作、实物、游戏等表示字理，主要用于会意字。教“坐”字，让两位学生在地上做席地而坐的姿态来理解字理。另外，还通过鼓励学生用动作演示来复习相关的汉字，从中设置一些竞赛，看谁举的例子最多，谁就最聪明。这种方法既能巩固生字，又能激发学生学习汉字的兴趣。

2. 图示法。即用图画（如挂图、卡片、投影、简笔画、光盘等）追溯汉字的本源，主要用于象形、指示和会意字。如教“看”字，就展示了孙悟空看的图片；通过形象生动的图像，学生们个个都兴趣盎然，都为汉字的构形规律感叹不已。这种方法既让学生学得轻松愉快，也让学生学得满怀信心。

师：这有一幅图，你来猜猜他是课文中的哪个字？

生：看！

师：这是古时候的看字，你比较一下，你发现了什么？

生：上边像手，下边像眼睛。

师：慢慢演变成现在的看字。

师：这部分——

生：手。

师：目就是——

生：眼睛。

师：读读这个词。

生：看见。

生：看见。

3. 比较法。即把字形大体相同，但有一两笔不同的字放在一起比较。怎样比较才能有效呢？比较要有条件，它依赖于学生对比较的两个字中其中一个一定要掌握，在比较中特别要强调不同点。如当学生学习了“坐”字后，再与

“座”字比较时，可告诉学生：第一个字表示动作，第二个字在这里表示数量，并通过对比选词的形式，巩固意思，为区分形近字打下基础。

师：课文里的生字你都认识了吗？

生：认识了。

师：看它在这呢？谁来读一读？

生：请坐。

生：请坐。

师：你们都读读。

生：请坐。

师：“坐”你是怎么记的？

生：两个小人坐在土堆上。

师：坐下吧！你们看他的这个动作就是这个字——坐，它表示动作。你们看这是古时候的坐字，这就是两个小人坐在土堆上聊天就像一幅画。慢慢地演变成现在的坐字。这个字你还可以怎么记？

生：我使用熟字减偏旁，一座房的“座”去掉广字旁就是这个坐。

师：这个“坐”表示动作，这个“座”表示数量 。谁能把它们送回家？

生：一座山，选第二个。

师：这时候表示数量。

生：坐下，选第一个。

师：你能读一下这个词吗？

生：坐下。

师：这表示动作。

4. 联想法。即引导学生根据字形进行字理联想，以加深对汉字形、音、义关系的理解。主要用于象形字、会意字。如教“蓝”字，让学生通过草字头联想是一种植物的汁液。识记生字有了趣味，学生们都很乐意动一番脑筋去参与联想，从而记住会认字。

5. 歌诀法。即用浅显、朗朗上口的歌诀认识字形。如用顺口溜“人门闪”来识记“闪”，“日生星”来识记“星”字等。学生对这种方法很喜爱，他们还能自编歌谣，起到事半功倍的效果。

总之，在识字教学中，变抽象为具体，变枯燥为新奇，变呆板为活泼，通过各种途径和方法，学生从中感受到学习和创造带来的快乐，使“苦学”变成了“乐学”。不但确立了学生的主体地位，培养了他们自主学习的能力，同时也提高了识字能力，真正做到了情趣相生。

二、“眼、手、心”合一，提高学生的书写能力

（一）观察联想，活化字形，感知字形美

世界不是缺少美，而是缺少发现美的眼睛。在观察字形时，学生不仅要关注字形的结构特点，还要对抽象的汉字加以联想，活化汉字字形。根据字形特点，想象出生动的比喻，再结合形象的电脑画面显示，汉字字形就会深深扎根于学生的心中。在他们的心里，字不仅仅是横竖的组合而是一幅幅画面。

（二）比较观察，示范演示，体会书写美

上学期我在听课时听到有位老师教生字“足”时，发现“足”字最后两笔撇、捺不好写。不是撇没尖捺没脚，而是怎么看这个字都不舒服。究其原因，是撇捺角度不合适。不是撇捺叉着就是撇捺凑在一起。本学期我在给老师指导如何教学生书写时，告诉老师们尽量让学生用美的眼光来欣赏这个字。学生说，足是指脚，撇捺就像两条腿。在走路时两脚分开 75 厘米走起路来最精神。在书写时，撇不能上扬，捺不能向上弯。这样，学生书写的字不仅规范，还能达到美观。一年级下学期，所学的生字以合体字为主，掌握字形结构特点是书写规范的基本保障，在教学时，就重点让教师指导学生利用辅助线或辅助框帮助学生认清字形结构特点。

（三）用心欣赏，独特魅力，发展个性美

看到干净、整齐，书写规范的作业时，批阅者不禁要发出惊叹的语气！这语气不仅是夸赞字写得好，更多的是赞叹从字中透出的书写者的自信和对美好生活的感谢以及所呈现出的“作业美”。我们看到的不是“字”，是孩子们的天真、快乐！

“用心”是一种态度，是一种品质。认真只能把事情做完，用心才能把事情做好。只有学生用心地去学习，体会到字的美妙，他们才乐于去学习，乐于让自己的字写得更漂亮，同时也更善于发现字的美。这样才能让大多数的学生可以写出更美的字！

有了美的基础，学生会用美的眼光去看待一切，接受也比较容易。通过一学期的努力，我鼓励老师和学生共同成长，让老师们把这些成长的足迹记录下来，与本校、本班的学生们、家长们一起分享。

（四）掌握技能，持之以恒，享受书写美

学生有了好的书写技巧，怎么样能让他们好的书写变成一种常态、习惯，

就像把字“搬家”一样，在哪儿写都是那么干净、整齐。通过调研我发现，学生在生字本、田格本上书写很规范，但是在卷子、练习册上书写就不尽如人意。为了规范书写，我在一些试点学校让学生在卷子的括号下画上一条横线，要求让字“站”在线上，并控制字的大小。一个学期下来，通过教师们的反馈，大部分学生都能掌握这种技巧，并且能做到心中常有一条线。要引导孩子把书写当成一种“兴趣”，就像爱看动画片一样着迷，而不是一种“负担”“差事”。为保持一年级学生的兴趣，我还鼓励老师们在所教班开展“书写之星”“书写比拼”“书写达人”等竞赛。在形式上也是多种多样的，手抄报、校内展板展示、书写“秀”，凡是能让他们写的地方都留有书写的痕迹，收到了良好的效果。

如何使我们的识字、写字教学情趣相生，我们的一些做法和思考还仅仅是个开始，在今后的教学研究和实践中，我们一定努力用兴趣为学生的语文学习插上翅膀，助他们飞向更远、更广、更美的知识苍穹！

◇ 作者信息

冯佳

一直从事语文一线教学和管理工作，多次承担全国、市、区各类培训展示课，获得好评。现为朝阳区教研中心小学语文教研员，在各项赛事的指导工作中，所指导的选手们均获好成绩。多篇论文在国家级刊物上发表。

写字训练从低年级抓起

北京市大兴区教师进修学校　王雪莲

汉字是我们表达和交流思想的工具，是我们中华民族的宝贵财富。它内涵丰富，字形优美，结构严谨，蕴含的中华民族文化博大精深。因此，把字写得正确、端正、美观，不仅是一个人工作学习的必要条件，也是一个人素质的体现，是我们每一个中国人的责任。小学低年级是学生识字的开始，教师应从一开始就重视学生的写字训练，认真指导严格要求，不应只教他们认字，忽略或没教他们拿笔、写字的姿势及基本笔画的书写。否则，要改变是很难的。

一、写字是一门学问，教师要努力提高写字水平

写字不仅有实用性，对学生的学习和今后的工作有着重要的作用，而且能陶冶学生的情操。《义务教育语文课程标准（2011 年版）》对各学段的写字任务都提出了明确的要求，其中对低年级段学生的写字要求是："掌握汉字的基本笔画和常用的偏旁部首，能按笔顺规则用硬笔写字，注意间架结构。初步感受汉字的形体美。养成良好的写字习惯，写字姿势正确，书写规范、端正、整洁。"至中年级段，要求"能使用硬笔熟练地书写正楷字，做到规范、端正、整洁。用毛笔临摹正楷字帖。"高年级段则达到"硬笔书写楷书，行款整齐，力求美观，有一定速度。能用毛笔书写楷书，在书写中体会汉字的优美"。对于这些要求，教师一定要认真落实。

汉字书法是一门艺术，一门学问，有它自身的规律、原则、要求和方法，作为教师应当有所了解，并掌握一定的书写技能。首先要知道字的基本结构规律，什么样的字"左窄右宽"；什么样的字"上齐下不齐"；什么样的字要平衡对称等。比如"炸"字，书写时既要做到"左窄右宽"，又要做到"上齐下不齐"——"火"与"乍"上面一般高，下面"乍"要长于"火"。其次要细心揣摩每一笔从哪儿起，怎样的走向，在哪儿收笔，做到笔笔到位，不能想当然，随心所欲。比如教"孝"字，上面的"老字头"横画要长，撇从右上格的中上

部偏左位置起笔，直达左下格的中心点偏左位置。汉字书写中有“避让”的规则，这笔“撇”必须要为下面的“子”留下书写的空间，下面的“子”的“横撇”起笔必得穿过“撇”，才能使下面的“弯钩”正好写在竖中线上且弯钩不能太长，否则这个字将会又长又歪。如果教师教每一个生字都能把每一笔的起止处、走向揣摩透，掌握住，其他问题就会迎刃而解。

二、以多种手段激发学生写字的兴趣

针对小学低年级学生的特点，老师要采取各种手段提高学生写字的兴趣。

（一）要在课堂上创设和谐愉悦的学习氛围

老师的一句亲切的话语，一个满意的微笑，都会使学生产生积极的情绪体验。字写好了，热情鼓励，趁热打铁；写坏了，从头再来。这样，帮助他们始终保持对学习的一种热望，从一次次尝试中，最终感受到成功的喜悦。

（二）采用多种生动有趣的教学方法

教学方法有趣，不仅可以使学生更好地理解知识，还能活跃课堂气氛，使学生积极地参与到学习中去。

1. 讲故事法。给学生讲王羲之等古代大书法家刻苦练字的故事，以及草字大夫治死病人的故事，使学生明白写好字的意义，激发写好字的欲望。

2. 编儿歌法。编一些好记的小儿歌帮助学生掌握写字知识，如帮学生掌握正确的写字姿势的小儿歌：

头摆正，肩放平，身子稍直向前倾，两腿并排脚放平。

帮学生掌握汉字结构的小儿歌：

左右靠紧讲团结，互相谦让要注意。

指导写“爬”字时，有个学生发现“爪”字的最后一笔要伸出来，托住右边的“巴”，在老师的帮助下，学生们编出了写好“爬”的小儿歌：

“爪”字长捺伸出来，托住右边小尾巴。

“辶”要想写漂亮非常不容易，一位老师在指导学生写“辶”时，帮学生编出了小儿歌：

一‘点’起头别太高，横折折撇见‘点’就折腰，长长平捺，一波三折尾巴向上翘。

学生边说儿歌，边练写，很容易就突破了难点。

3. 解字说意，编写小故事法。为了引发学生写字的兴趣，在分析字形结构的时候，根据字的各部分编些小故事讲给学生听。特别是一些象形、会意的汉字，如，学习“休”字，可以结合插图说小故事“一个人走累了，靠着大树在休息”；学习“游”字时，可以结合字形编成“在方形的泳池里，一个大人带着一个小孩子学游泳”等类似的小故事，让学生在活跃轻松的课堂氛围中对汉字产生兴趣。

（三）形式多样的竞赛激励

竞赛不但能调动学生练字的积极性，还能培养学生良好的竞争意识，同学之间互相合作的集体意识。例如：

1. 作业星级制度。每次作业面批时，我都让学生把写的字与范字进行比较，与上次作业进行比较，并给出相应的红星。一个单元进行一次小结性评比，5颗红星以上的学生拿到一朵小红花，学期末评出星级作业，并给予奖励。

2. 小组竞赛。每节写字课上，以小组为单位，进行写字比赛（包括写字的姿势）。获胜的小组每人得到一个“小动物”奖章。

3. 个人竞赛。每个单元都进行一次写字比赛，前三名学生的作品在“学习园地”展出，获得进步奖的学生得到一个“小动物”奖章。另外，鼓励学生积极参加校内外组织的各项书法竞赛，让学生看到自己的进步，增强自信心。

4. 定期举办作业展。定期举办作业展览，将写得好的学生作品和报纸杂志上的优秀书法作品放进“学习园地”专栏。让学生看到自身的价值，增强学生的自信心，提高他们对写字的兴趣。整个班级也因此形成良好的写字氛围。

（四）运用电教手段促进学生写字水平的提高

运用电教手段可以帮助学生记忆字形，也可以直观、有效地指导孩子们把字写好。可以给学生演示汉字每一笔的写法，每一笔的占格位置。可以提高学生写字的正确性以及写字兴趣。如，用“白板”教学“电”字教学片段：

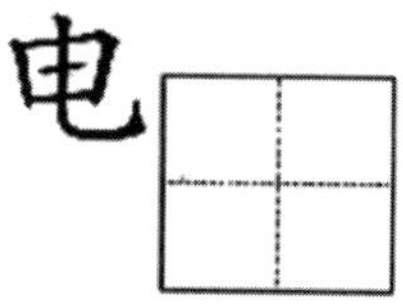

师：刚才我们用“曰”加“竖弯钩”的方法记住了电，可是写的时候我遇到了大麻烦，该把“曰”写到哪里呢？放在中间对不对？打开语文书看一看，帮我找准它的位置。

生 1:“曰”不是写在田字格中间，要靠左边一点写。

生 2：要往左边靠，里面的小横写到中心点。

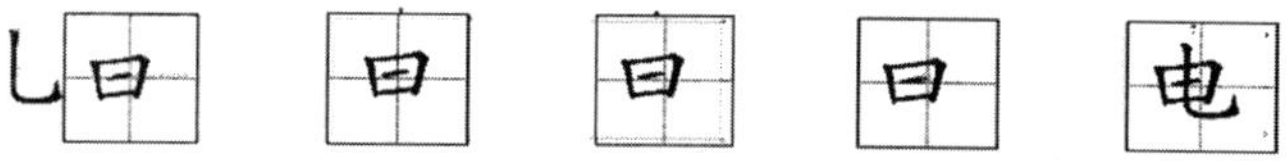

师：说得非常清楚，看看这个位置（第四个）对不对？“曰”我摆好位置

了，“竖弯钩”该写在哪里呢？

生：在竖中线左边起笔。

师：其实我们只要把“竖弯钩”写在“曰”的中间，这个字就端正又漂亮了！伸出小手跟老师一起写。

本例中的“电”字，字形简单，易于识记，但是它属于偏左字形，占格位置易出错，这既是这个生字的教学重点同时又是难点。对于这样一个看似简单易掌握，而实际上字形书写极易出错的生字，如果教师直接教给学生每个笔画的占格位置，让学生通过重复的书写来记忆，则事倍功半，很难达到良好的教学效果。

很明显，让学生在一种形象思维过程中学习生字，通过动态的画面来对比识记，显然更适合于低年级学生的课堂需要，收效更为明显。通过课下对学生书写情况的反馈分析来看，利用动态对比识记生字的学生，其书写正确率明显高于其他班通过重复临写来记忆的学生，且学习兴趣更高，学习效果高效。

（五）创设情境，开展活动，在实践中激发学生写字兴趣

课上创设情境，使学生变换角色当一回小老师，到前面来给大家指导一个字的写法。学生写完后，小组内互相评价一下，谁写得好，好在哪里？哪里还需要改进？怎样写才漂亮？然后动手修改。最大限度地调动学生的积极性，使每一个学生都能参与到学习中来。还可以开展活动：带领学生参观书法展览，在班里搞书法比赛，作业展览，讲书法家的故事，请写字好的学生和家长介绍经验等。努力提高学生写字的兴趣，点滴进步都要及时鼓励表扬，努力使每一位学生都能拥有一手漂亮的字。

三、加强指导、严格要求和训练，夯实写字基础

小学生由于没有整体观念，没把握准各部分所占的比例，写着写着，发现没有空了，快出格了，于是赶紧收笔。这样写出来的字不是上大下小，就是左松右紧，起笔不是地方，收笔不到位或越位，还有基本笔画写得不规范等。这些主要是教师指导不明确，要求不严格造成的。有些细枝末节，老师不指出来，别说小学生，大学生也未必能看出来。比如“敬”字，左下角的“句”第二笔“横折钩”要写得窄一些，里面的“口”要写在“包字头”的外面一些。类似这样的情况一般的学生是不会注意的。所以大多数学生都把“口”写在“包字头”的里面了，那样也就不漂亮了。

作为低年级语文教师，在写字备课上更要认真揣摩，揣摩得越细，讲得越

有道理；指出了大家容易忽视的细微处，学生兴致越高，写得越认真。对学生的写字要求一定要落在实处，不但要指导，还要让学生自己去观察、体会，更要严格要求，严格训练。对于那些猛地一看还不错的，其实哪一笔也没到位的字一定要认真地让学生重写，并要求写字时必须要有认真端正的态度。

在练习过程中，要求学生写字时做到“一看、二记、三描、四仿、五评改”这几步。一看，让学生按从整体到部分再到整体的观察顺序观察生字；看字的结构，什么偏旁，由几部分组成，每一部分大小比例是怎样的；看笔形，即看清每一笔的形状怎样；最后看位置，即每一笔画在田字格的哪个位置上。如“苦”字，是上下结构，要写得上窄下宽，有三处要注意：草字头中的两竖不要太重，“古”字的横要写长一些，正好压在横中线上，下边的“口”要写得扁一些。二记，学生在仔细观察字形的同时，要边看边记，还可以轻声跟读。三描，描分两步走，一是书空，学生伸出食指边说边用手写；二是在书上田字格里描写范字，加深对间架结构的印象。四仿，对照田字格里的字，认真仿写。五评改，这一环节最好是在学生仿写的过程中。当写好一个字后，随时和范字对照，找出不足之处，以便在写下一个字前加以改进。当然自评也可以是在小组互评时，看着小伙伴们写的字，跟他们的作品对照，面对面地展开自评。这样可以增强学生敢于发现自己缺点和不足的勇气，培养其诚实的品格，陶冶其情操。每个字写好后与范字进行比较修改，然后再写第二个、第三个。当然还可以进行全班集体修改及教师的点评等。

小学低年级是起始阶段，一定要把楷书练好。教师在训练学生写字时应把握好三个原则：示范与实践相结合，要精讲多练；趣味性与激励性原则，让学生感受到乐趣；学校和家庭相结合的原则，明确“提笔就是练字时”的道理。

四、养成良好的写字习惯

《义务教育语文课程标准（2011 年版）》对低年级写字的要求中把习惯放在了第一位。要求“努力养成良好的写字习惯，写字姿势正确，书写规范、端正、整洁”。这里面先提到了习惯，然后再谈规范、端正、整洁。养成好的习惯，首先是姿势。写字保持身体的正直、执笔正确，这都是外在的，当然还有内在的，要学会写前观察，写后审视，这对于将来学生写一句话、写一段话，是一种受用无穷的习惯。

我在教学生写字时，非常重视学生执笔姿势这个习惯的培养。学生第一次拿笔时，我逐个逐个地检查、发现学生执笔时的很多问题，像“大把攥、手指捏、笔尖倒”等，不断地帮助学生纠正，并在以后的写字过程中，不断抽查、帮助学生改正，以期帮助学生掌握良好的执笔姿势。另外，过去有的老师给学生听写，学生写完后就抬头看老师，或者举起手或者用胳膊肘敲一下桌子，眼睛就看着老师，提醒老师我写完了。这种现象看似能使老师更好地把握课堂节奏，其实却是学生没有养成一种好习惯，写完以后没有审视一下自己的字或内容的习惯。现在一定要告诉学生“你们眼睛别看老师呀，都看自己写的字。你要回过头来再看看，改一改。”这又是一个习惯，这个习惯也要靠老师来培养。当然还有一种习惯：尽可能写一个字的时候一下写对。如果一个字一改再改，老有这习惯，将来会有一种毛病，写对了也要改。这种习惯称为坏习惯。好习惯难养，坏习惯难改，这是一条真理。不要养成经常涂、擦、改的习惯，尽可能一次把字写对、写好。

“规范、端正、整洁地书写汉字，是学生终身学习能力的基础。养成良好的写字习惯，具备熟练的写字技能，具有初步的书法欣赏能力，是现代中国公民应有的基本素养。”无论是从实用的角度，还是从培养综合素质考虑，写好字都大有裨益。写字教育也是素质教育。小学低年级正是打好写字基础的关键时期，我们做老师的必须要运用多种方法，严格要求，加强指导，帮助学生养成良好的写字习惯，写出一手好字，受益终身。

参考文献：

[1] 教育部.义务教育语文课程标准（2011年版）[M]. 北京：北京师范大学出版社，2011.

[2] 李龙文，武素华，冯勉.多读书 勤练笔 重写字[M].北京：北京教育出版社，1998.

◇ **作者信息**

王雪莲

中学高级教师，北京市骨干教师，北京市大兴区教师进修学校小学语文教研员。承担中国教育学会、北京市科研规划办、大兴区科研规划办等多项课题研究。多篇文章获国家级、市级奖励或在刊物上发表。

浅谈阅读教学中的识字教学策略

北京市房山区北京小学长阳分校　王淑芳

《义务教育语文课程标准（2011年版）》在第一学段“识字与写字”方面提出的要求是“喜欢学习汉字，有主动识字、写字的愿望”。汉字是学生学习语文的基础。当某些教师抱怨学生基础提不上去的时候，识字教学应该值得我们反思。一字一词，教学中都应该是扎扎实实地进行，来不得半点马虎和想当然。识字教学，不能为了识字而识字，而是应该以一定的策略贯穿整个语文教学的全过程。小学一至六年级每一课，识字学习都是重点。当然，由于各年级教学侧重点不同，低中高年级阅读教学的识字教学方式也会有差异。但无论哪个学段的语文老师都有一个重要职责，就是带领学生“沉入汉字的感性世界”，和学生一起在“汉字教育中搏击长空”。

一、充分利用字理，扎实有效地提高识字质量，让汉字成为学生言语表现的鲜活元素

在对我校2016级一年级学生进行学前识字能力评估时，我们发现约87%的学生在生活中认识了部分汉字（包括汉语拼音字母）。在音、形、义三方面，69%以上的一年级学生对字形的记忆、区分是难点。可见，在低年级语文教学中既要重视识字教学，又要注意听、说、读、写能力的培养。解决了这个问题就为提前读写创造了条件。因此，关于字形教学需要进行改革。突破难点，要运用多种方法，放手让学生自学，了解和掌握字形特点，从中摸索规律，正确书写和运用，这样会终身受益。

（一）巧用字理——引导学生科学认识汉字的构字规律

汉字文化博大精深，每个汉字，都可以说是一幅美丽的画。只要合理挖掘，恰当运用，就可以扎实地提高识字教学效率。例如，《语文》（北京版）第四册第20课《我是什么》的教学中，教师创设学生与小水滴一起旅行的情境，带领学生走进小水滴的生活，感受变的奇妙，在多种形式朗读的基础上，落实会写

“奔、器、雹”三个字的识字写字任务。这三个字，笔画较多，字形较复杂。如果学生机械记忆，很难把字形记忆牢固。为了破解字形记忆、书写的难点，教师采用了以下方法：

出示生字：

老师出示“器”“奔”“雹”三个字的字理图片，引导学生猜一猜是哪个生字。这一过程充分利用字理，帮助学生准确把握汉字的音、形、义。

以“器”字为例，利用图片演示“器”的本意，帮助学生从字理上理解这个字。

器字由“犬”和四个“口”组成。从图中可以看出这里的“口”指的是可以装东西的器皿，表示许多器皿集中堆放在一起，有狗（犬）在中间看守。“器”字最初的本义可能指陶器，后泛指一般的器具、工具。

融入汉字知识的讲解，充盈的文化底蕴，不仅丰富了学生的语文知识，更激发了学生对传统文化的热爱。

（二）探索规律——引导学生在发现中掌握汉字的构字规律

《义务教育语文课程标准（2011年版）》明确指出，小学阶段学生要认识3000个左右常用汉字。因此激发学生的识字兴趣，引导学生发现汉字的构字规律，培养独立识字能力，就显得格外重要。我认为喜欢就会主动，而识字能力的发展，识字效率的提高是学生识字兴趣产生的催化剂。例如，《语文》（北京版）第三册第三单元《方字歌》一课，作为按字族编写的儿歌，本课需要掌握“芳、纺、防、访、妨”五个生字。用字族法学习新字，《语文》第二册曾经涉及过，方法是先运用叙述性语言说字的结构和读音，然后再把这个字运用在一个短语中，以显示字义。本课是在此基础上升级为利用儿歌表现的语言环境，拼读掌握字音，了解字义，同时进一步渗透汉字形旁表意的构字规律。通过本课的学习将为学生后续学习《尧字歌》拓展思路，奠定思维基础，帮助学生建立规律识字的意识，提高识字效率。在本课生字的教学中，教师应注重字族构字规律的渗透，激发学生的识字兴趣。

首先激发兴趣，构建方法上的关联。开课伊始，教师利用“汉字宝宝找妈妈”的有效情境策略，搭建“青字族”与“方字族”生字在构字方法上的联系。以青字一族带方字一族。复习“青字族”生字，启发学生总结构字规律。进而充分发挥学生的主体作用，自主圈画“方字族”，结合已有的知识经验判定圈画的结果是否正确，同时结合语境多种方式巩固字音。此环节通过有效情境的策略，以旧带新，不仅带字更带识字方法，引导学生利用已有知识去发现，去思考，逐步掌握识字的规律，极大地激发学生的识字兴趣。

其次，巧呈现，构建韵文与汉字之间的关联。本课在朗朗上口的儿歌中把“方字族”的一些同音形近易混字编排在一起，组成一类加以区分，教师充分利用教材的编排特点，组合内容，巧妙呈现。在检查巩固生字读音环节，将同音形近字利用多媒体在不同行中依次出现，鼓励学生仔细观察，去发现，帮助学生依据规律识字。低年级学生好奇心强，多让学生去发现，发现中去判断，判断时去辨析，给学生一个发现、经历的过程，有力地激发了学生的识字兴趣。另外，利用韵文给生字提供理解的平台，促使学生在语境中认识字的同时了解意思与部首的关系，帮助学生识字。例如，学生对于左耳旁的认识，大部分学生认为与耳朵有关系，为了突破难点，教师采用课件演示的策略，用溯源法挖掘左耳旁的本义，引导学生说一说生活中自己认识的带左耳旁的生字，帮助学生认识到带左耳的生字大都与壁垒、防御、防守有关系。挖掘汉字字形与字义之间存在关联的过程，不仅突破了难点而且使得识字教学的底蕴也逐渐厚实起来，这样结合学生的生活经验，实现着从生活向文字，从文字向生活不断地相互迁移，从而使得文字富于色彩，学生能结合自己的所见、所感，联系自己的世界来认识文字。正如“新课标”所建议的：识字教学要注意儿童的心理特点，将学生熟识的语言因素作为主要材料，结合学生的生活经验，引导他们利用各种机会主动识字，力求识用结合。

通过识字策略的实施，学生建立独立识字的思维程序，一方面做到了识说结合，学生在游戏中说说字形结构，增强对汉字规律的科学认识。其次做到了识用结合，在发现中提高了学生语言文字的运用能力，体会汉字在语言表达中不可替代的作用，培育学生热爱祖国语言文字的感情；更重要的是做到了识写结合，渗透汉字的构字规律，感受汉字的形体美，引导学生在交流、评述、欣赏中受到美的熏陶。

二、识字与词句结合，发挥想象，让汉字在学生头脑中构建起清晰形象

一篇篇文质兼美的课文，离不开好的词语。在词语教学中，老师要重视让学生通过想象、品读来“复活”词语的本来面目。而识字就是复活词语，建立表象的抓手，当识字与词句教学结合，就会在主体头脑中构建清晰表象，使识

字教学获得持久的生命活力。

▲案例:《语文》(北京版)一年级《一粒种子》片段:

师：轻声读课文，你发现文中种子挺了几次，圈出有关的词语。

生：在文中种子一共挺了四次。我圈出了四个“挺一挺”。

“他醒过来，觉得很暖和，就把身子挺一挺。”

“他有点渴，喝了一口水，觉得很舒服，又把身子挺一挺。”

“种子听了很高兴，又把身子挺一挺。”

“种子又把身子挺一挺，眼前忽然一亮……”

师：我们具体看一看是谁帮助种子不断地挺一挺的呢？

生1:(第一次“挺一挺”)种子觉得暖和就直了直身子。

生2：是太阳帮助种子挺一挺的，它觉得暖和就长大了一点。(老师顺势板书：温度，并贴出大了一点的种子图)

生3:(第二次“挺一挺”)种子喝饱了水，就想伸个懒腰。

生4：是水帮助种子挺一挺。(老师板书：水分，并贴出又大了一点的种子图)

生5:(第三次“挺一挺”)蚯蚓帮助种子挺一挺。

师：蚯蚓帮助种子松土，让更多的空气进入到泥土里，种子长得更快了。(老师板书：空气，并贴出更大了一点的种子图)

师：就这样，有了适合的温度、水分、空气，小种子不断地挺呀挺，我们一起来读一读。(生齐读四次挺一挺的句子)

师：你们刚才在朗读时为什么头使劲往上仰，两眼一直向上看？

生：我使劲向上望，就是种子在长。

师：很好，这个“挺”到底什么意思呢？

生:“挺”左边提手旁，表示跟动作有关系，就是种子在伸直胳膊往上长。

师：你说得真好。读词语不但要正确，而且要通过想象让情景再现眼前，你如果在读时加上小种子的动作，会读得更好。(生读，创编动作)

师：种子长得可真快，再读。(生读)

师:“挺”在不同的句子中会是同一种意思吗？我们来试试看。

出示句子：

老师表扬了我，我心里挺高兴。

上操铃声响了，小朋友们挺起胸，排着整齐的队伍走向操场。

生:“挺高兴”就是特高兴，很高兴的意思。

生：挺胸，就是这样（学生做了个动作表示意思）。

师：同一个字，在不同的语言环境中，就有了不同的意思，这就是汉语的博大精深。我们再来一起做着动作美美地读出种子的成长吧！（学生齐读）

反思：

在这个识字教学片段中，我们可以很清楚地看到，老师紧紧抓住识字与词义、句子的联系，引导学生精细品读，深切感悟、想象；老师又注重朗读的指导，不但要读正确，还要想象画面、读出形象，要求学生把自己对词语的理解读在脸上，读在动作中。学生在这样的朗读指导下，不需要怎样的朗读技巧的处理，而用想象带动朗读，读得一遍比一遍好，而且对种子的成长有了形象的感知。

三、识字与文章结合，融会贯通，让汉字在学生内心深处形成立体的闭环式感悟

在小学高年级，随着阅读任务的加重，往往一部分教师会忽略识字教学，认为识字教学是低年级教学的重点任务，到了高年级，识字的学习完全可以放给学生自主完成了。课堂上教师或者避过识字直奔课文内容，或者简单地让学生读一读、认一认、写一写。其实，借助文本，促进学生言语思维的发展，应当是识字教学的一项重要任务。在高年级的识字教学中，教师要善于借助文本，与课文内容相结合，相互照应，从而，使学生对重点词语的理解与课文融会贯通。

▲案例——《语文》（北京版）五年级《圆明园的毁灭》教学片段：听写词语

师：不可估量　金碧辉煌　玲珑剔透　化为灰烬

结合预习，这组词语在你的脑海里出现了怎样的画面？

生1：我的脑海中浮现出一个辉煌的圆明园画面，里面的奇珍异宝数不清，建筑也是别具一格的，价值无法定论。

生2：我的脑海里是圆明园被侵略者一把大火烧为灰烬的惨状，到处断壁残垣，损失无法估计。

师：如果让你给这些词语组合成朋友，你觉得可以怎样组合？

生3："金碧辉煌、玲珑剔透"都是写圆明园的建筑宏伟。

生4："化为灰烬、不可估量"都是写圆明园的损失惨重。

生5：我认为"不可估量"可以和上面两组任意搭配，价值不可估量，损失也是无法估量。

师：大家同意哪种说法？

学生们纷纷表示同意最后一名同学的观点。

师：结合题目，你们有什么疑问吗？

生："圆明园的毁灭"为什么大量笔墨在写它的辉煌，价值不可估量？

师：对！同学们对这四个词语有了自己初步的理解和体会。的确，这四个词语刻画了两幅截然不同却有着内在关联的画面。价值——不可估量！损失——不可估量！那么圆明园的价值到底有多大？侵略者又做了什么令人发指的事？损失不可估量？请大家认真读一读课文，为2—4自然段列出小标题。（生自由地朗读课文，并结合课文内容练习列小标题）

反思：

在《圆明园的毁灭》一文的词语教学中，让我们感受到"整体感悟"的课堂，词语教学是桥梁，加强对词语的理解可以帮助学生理解课文的内容，帮助学生完善情感的体验。老师对"不可估量、金碧辉煌、玲珑剔透、化为灰烬"四个词语处理得非常好，不是停留在让学生从课文中找到这四个词语，阐释其意义的层面上，而是以"想象画面，给词语组合成朋友，结合课题进行质疑"等问题为凭借，引导学生对课文脉络、写法有更深入的认识。借助课文中的具体描述，将"不可估量、金碧辉煌、玲珑剔透、化为灰烬"这四个词语深深印在了学生头脑中。这样的学习，不但教会学生学习语文的方法，而且给他们留下了难以磨灭的情感烙印。而此时，学生对课文的主要内容也有了了解，达到了以词串文的目的。

识字教学的最高境界是"会用"。使用，是人固有的言语生命的欲求，作为教师，要唤醒、顺应和养护这种欲求。学生学习汉字，不能只停留在"理解"的层面，更重要的目标是指向于"言语表现"，缺乏表现力度的汉字，是没有生命力的僵死符号。因此，教学汉字，要结合课文内容，创设"语用"情境，让学生在情境中写话说话，在说和写的训练中，达到立体式汉字学习。

总之，不同学段的阅读教学中涉及的识字教学，要因字而异、因词而异、因文而异，在汉字的音、形、义上各有所侧重，不平均用力，要走出正音、记形、释义这种单一的平面推移式的僵化模式，融字音、句段、体验、情境、课文内容于一体，让识字教学变成一张纵横交错的立体网，服务于学生语文综合素养的提升。

参考文献：

[1] 教育部．义务教育语文课程标准（2011年版）[M]．北京：北京师范大学出版社，2011.
[2] 顾建平．汉字图解字典[M]．北京：中国出版集团东方出版中心，2008.

◇ 作者信息

王淑芳

一级教师，曾荣获“北京市优秀教师”“人民满意教师标兵”等荣誉称号。教学中，秉承“帮助和支持”的理念，以敏锐地捕捉、智慧地引导、独具的匠心，促进学生语文学习能力的提升，“和谐、高效”是其课堂追求。

在横纵联系对比中，促低年级识字与写字比翼齐飞

北京市丰台区丰台第一小学　李建敏

《义务教育语文课程标准（2011 年版）》中明确指出“识字、写字是阅读和写作的基础，是第一学段的教学重点”。不仅要求低年级“识字写字”应引导学生：“喜欢学习汉字，有主动识字、写字的愿望”，“掌握汉字的基本笔画和常用的偏旁部首，能按笔顺规则用硬笔写字，注意间架结构。初步感受汉字的形体美。”同时从语文课程的角度特别提出“还应考虑汉语言文字的特点对识字写字、阅读、写作、口语交际和学生思维发展等方面的影响，在教学中尤其要重视培养整体把握的能力”。由此可见，新课程的识字教学定位已经不是为识字而识字，而是激发学生热爱祖国文字的情感，掌握识、写汉字的方法，与发展思维相结合。同时也说明低年级语文教学承载着这一重任，并且要为学生进一步独立学习打下坚实的基础。

在这一纲要的引领下，低年级识字教学部分主要以象形字、会意字、形声字为主。教材内容的编排为更好地激发低年级学生学习汉字的兴趣奠定了基础。而近些年来识字教学方法的相互沟通、相互学习，使得识字教学的方法更趋于综合化，为学生较好地形成识字能力提供了条件与可能，有越来越多的学生掌握了识字的方法，并具备了对照范字进行书写的能力。因此，教师在进行识字教学时除常态的教学外，更应该关注汉字自身的特点，以及在横向、纵向联系对比中，培养学生的识字、写字能力，发展学生的思维。

一、关注学情起点，对比点拨明差异

随着现代生活文化含量的大大提升，现在的学生已经自觉不自觉地每天都在跟文字打交道，学生积累了许多无意识字（不是老师或家长有意识教的），也就是说学生的识字并非零起点。因此，教师的教学设计就要关注学生的起点，弄清所教授的生字在音、形、义上哪方面是学生已经掌握或者容易掌握的，哪方面又是老师需要引导学生特别关注的注意点。学情的把握是教学的基础，是

学生主动参与、积极思维的保证，更是教学具有针对性、实效性的有力保障。

如，在学习《语文》（人教版）一年级《识字6》一课时，通过创设“小助手”的情境，让学生在课前将认识的生字进行涂色，在趣味动手活动中完成课前测。教学过程中将多数学生认识的生字涂红色，通过小助手领读巩固的方式为学生提供展示的机会，激发学习的成就感。同时达成有效分层教学的目的。接着进入学习的第二层次：学习带有“氵”“禾”旁生字。最后，最难的4个字由认识的学生教给大家。充分调动学生的已有认知和积极性，让不同层次的学生在课堂中都有展示的机会。之后在完成“葵花涂色”的过程中，采用生生互帮的形式发挥已会学生的主观能动性，将方法的习得逐渐转化为一种能力。

关注学情起点，适时引导点拨、分层教学，不仅顺应了学生原有的自身差异性，同时也为不同层次的学生搭设了平台，调动起学生参与的主动性。在其产生学习需求的同时，进而引导学生运用比较的思想“同中找异”，进而聚焦难点或细节关键处，不仅为如何自主合作识字、写好一类字打开了一扇窗，同时也较好地保护了学生学习的欲望，保证了教学的实效性。

二、关注汉字特点，学思结合寻规律

（一）关注造字特点，追根溯源习方法

汉字被称为“智慧和想象力的宝库”。我们从汉字中不仅能看到一件件事物的意象：如高山、弯月、水流；还能看到一幅幅会表达意思的画：如太阳从地平线上升起（旦），人靠在树上歇息（休）；更能从中看到古人造字的智慧。

形声字在汉字中数量最庞大，据统计形声字达到了现有汉字总量的70%以上。形声字最主要的特点是形旁表意、声旁表音，便于识记字形了解字义。虽然历经时代的变迁，许多形声字已经不能完全完成形旁表意、声旁表音的任务，但形声字的构成还是大大提高了后人利用已学会的汉字学习、识记生字的能力。

正如汉字学家王宁教授所说：“汉字教育的目的，最重要的是通过教学过程让学生产生对表意汉字构造特点和使用规则的感受。”因此引导学生发现、了解、掌握汉字的构字特点，是学好汉字的一个捷径。

以形声字为例，在学习完《语文》（北京版）第三册“字族识字”《方字歌》后，进行拓展探究课——《“羊”字的秘密》，本节课探究的重点是引导学生感悟“羊”字作为偏旁所组成的汉字音、形、义的特点，将汉字文化与身边生活相结合，科学性和趣味性融为一体，使学生在愉快的汉字探究中，感悟到与“羊”字有关的汉字和知识。

【课堂实录】

师：我们中国人自古以来都很喜欢羊的温顺、善良，还用“羊”字造了许多有趣的字。这节课我们一起去找找“羊”字有什么秘密。你们看，这两个字你一定认识：样、美。看，“样”这个字，再读读右边的部分，你有什么发现？

生：“样”和“羊”的发音一样。

小结：“羊”提示了读音，是“样”的声旁。我们管它叫声符。再看看“美”字，“羊”提示“美”的读音了吗？（学生会发现没有）那么“美”是什么意思？

生：是好看、美丽的意思。

师：在几千年前的甲骨文中“美”字是这样写的“”。“美”字下部的“大”，表示一个大人。看看“大”的上面是羊角，古代的大人为什么要把羊角戴在头上呢？ 是因为古人觉得羊角很美。所以“羊”和“大”组成了“美”，“羊”表示了“美”的意思，因此这个“羊”在“美”字里是意符 。

了解了羊字旁既可以作声符（即声旁）和意符（即形旁）后，进一步结合生活分辨字义。如：在探究“羊”作声符字的时候这样处理。

“羊”作声符的字有很多，读一读这些字：样、洋、痒、氧、祥、翔、详，找一找“羊”在这些字里的读音有什么不同？

学生就会发现，有的如海洋的“洋”，和“羊”字的读音完全一样；有的如“氧”，和“羊”读音一样声调不同；而“祥、翔、详”和“羊”的韵母一样，声母不同，但是读音很像。那么怎么区分它们的字义呢？我们可以根据意符的意思来辨别它们的字义。

选一选，填一填。

① 样 ②洋 ③翔 ④痒 ⑤氧 ⑥祥

（1）这是一片蓝色的海（ 洋 ）。

（2）人们每天都需要大量的（ 氧 ）气。

（3）我被蚊子叮了，好（ 痒 ）啊！

（4）鸟儿在天空中飞（ 翔 ）。

（5）我和姐姐的书包是一（ 样 ）的。

（6）我祝大家羊年吉（ 祥 ）如意。

在引导学生分析原因的过程中来辨别字义，这里，学生一般会对“祥”的意符说不清，这时候需要老师来帮助。它左边的“礻”是“示”字的变形,“示”是象形字，是人们祭拜祖先的供桌，上面的短横表示贡品。人们会向上天祈求什么呢？比如健康平安、风调雨顺、学业有成等，这都是人们美好的愿望，都希望吉祥如意呢。

这样设计的意图就是要弄清楚“羊”作声符的几种现象，引导学生用已有的拼音知识去观察和分析，巧妙地将拼音运用与识字学习融为一体，培养孩子形、音、义统一识字的意识。对同音字、音近字，重点引导学生分析意符来辨明其形义关系，既预防了这些字的误用，也使学生进一步领会到形声字的特点。

借助汉字自身造字的特点，追根溯源，不仅便于学生识记生字，在不断积累中发现汉字的造字特点、掌握识记方法，同时潜移默化地了解中国汉字的文化内涵，感受中华文字的奇妙。

（二）关注结构特点，学思结合寻规律

汉字根据间架结构可以分为左右结构、上下结构、包围结构的字。识字教学过程中注重指导学生掌握同一类结构汉字书写的特点，便于学生独立写字能力的养成。因此，找寻规律并借助规律指导写字显得尤为重要。

在学生能够较熟练运用“左旁右侧齐一线，右旁画写舒展”的写字歌诀指导写好“左右结构”的字基础上，二年级后半段，学习《语文》（北京版）第20课《骆驼和羊》中“骆、驼、证和俩”四个形声字时，先引导学生“整体观察，分类别”：

师：我们今天重点把左右结构的字写好。写之前你能不能先分类观察。说说你是怎么想的？

学生不难发现：虽然同是左右结构的字，宽窄变化有不同。因为“骆驼”这两个字左右宽窄差不多，所以各占田字格的一半，而“证和俩”偏旁又瘦又长，所以右边的部分要占到左半格去。

之后进一步引导学生“细致观察，找规律”：

师：好，我们先观察“骆驼”这两个字，马字旁是我们今天学习的新偏旁，你想提醒大家什么？

生：马字旁要写瘦、横改成提。

出示：马旁瘦，横改提。（随着学生的回答，归纳概括）

师：如果让你补充上一句，改编成一句写字歌诀，你想补充哪句？

出示：左旁右，齐一线，马旁瘦，横改提。

小结：你们真能干！能够抓住特点，改编歌诀。

师：关注了左偏旁，那右旁画写舒展，观察骆驼这两个字哪笔要写舒展。

预设："骆"的"捺"写舒展，靠近边线再收笔。"驼"的"竖弯钩"要写舒展，比"宀"的宽度略大些。

师：除了观察左右宽窄、关键笔画，下笔前还要注意偏旁左右相对的位置，看看你发现什么了？把你的发现跟组里的同学说说，你们能像刚才那样，试着编句歌诀吗？

出示：长偏旁，不一样，________。

学生发现左右结构的字如果左边是长偏旁，它右边的部分会站位略高，从而显得左边低了。于是学生总结出不同的歌诀：长偏旁，不一样，左边低、右边高。（或左边降，右边升）

师：也就是说我们同学都发现长偏旁的字是左低右高。对应着"短偏旁，不一样，左边升，右边降"，我们把长偏旁的改为"长偏旁，不一样，左边降，右边升"。

师（适时小结）：你们真能干，通过观察找到了汉字书写的规律，还编成了歌诀。运用歌诀帮助我们记住书写规律，写好汉字就更容易了。

学生通过"异中找同"，发现了一类汉字在构字、结构方面的特点；在"同中找异"的过程中，进一步发现了同一类字在书写方面的变化，初步感受到汉字书写的精妙之处。唯有细心善观察、动脑善思考，才能写好字。因此学习汉字的过程，就是培训学生思维发展的过程。

三、关注共性问题，学法指导有针对

由于低年级学生年龄特征的限制，虽然老师采用了多种方法进行教学，但学生在识记、书写过程中总会出现一些共性的问题，例如：形近字辨析与使用，同音字的选择，某一类字的书写。关注识字教学中的共性问题，归类处理，既能在对比中发现相对集中的问题，又能集中发力攻克，起到事半功倍的效果，省时高效地提高学生的观察分析水平及书写能力。

例如，学完第四单元后，出示学生的典型错例——第四单元中写得不好的字——上下结构字。

引导学生发现这些字书写上共同的优点都是做到“间距同，形异样”，但聚焦问题都是：不注意整体，字写得细长。通过观察讨论，学生发现改进的关键是处理好部件间的比例关系，即综合使用写字歌诀：“间距同，形异样”；“横画密，竖画短”（位置关系）；“不过长，一处宽”（比例关系）。此时进一步引导学生总结发现，问：“那写好这类字，你有什么新的启示、新的收获吗？”在循循善诱下学生注意到：不仅要把写字歌诀用准确，同时还要综合运用——既要关注一类汉字的位置关系即间架结构，又要关注比例关系即重点笔画的写法，字才写得规范。此时再次的书写就不易忽略整体结构和关键笔画，整体的问题得到整体的纠正与改进。

所谓能力就是将知识和技能有机地融合，构成个体经验的体系网络。而识字教学过程中横纵交织的对比活动就是为了培养学生用联系比较的眼光、对比的思维构架起汉字知识与识字、写字技能间的联系，有效促进学生思维的发展，通过学生主动地参与、互动，进而形成属于自己的个体经验网络，从而达成促进低年级识字与写字能力比翼齐飞的目的。

◇ 作者信息

李建敏

高级教师，“紫禁杯”优秀班主任、丰台区优秀青年教师先进个人、丰台区语文学科骨干教师。曾多次参与全国、市区级课题的研究，撰写的二十余篇论文分获全国、市区级奖项，并多次参与全国继教网的课程录制。

谈低年级识字学词为中心的阅读教学策略

北京石油学院附属小学　侯杰颖

汉字，具有集形象、声音和词义三者于一体的特性。也正是汉字的表意性，使它成为世界上单位字符信息量最大的文字，容易辨识，形义互见，利于联想，为阅读带来极大的便利。识字与写字是阅读和写作的基础，是语文学习的一项重要任务。词语作为汉语的语言单位，是语文学习的基本核心。《义务教育语文课程标准（2011 年版）》基于学段特点，提出了具体的识字、学词要求。其中在“第一学段”中明确指出，喜欢学习汉字，有主动识字、写字的愿望；初步感受汉字的形体美；结合上下文和生活实际了解课文中词句的意思，在阅读中积累词语。

在低年级，如何将识字学词与阅读教学有机结合，从而提高教学的实效性呢？带着这样的思考，我开始了《狮子和兔子》一课的教学研究与实践。

《狮子和兔子》是《语文》（北师大版）二年级下册第十单元“动脑筋”中的第二篇课文。这是一篇童话故事。自认为是百兽之王的狮子被一群红蚂蚁叮咬，它试图凭借力气和发脾气赶走身上的红蚂蚁，可是无果。最终在兔子的提醒下，跳进水里，河水把红蚂蚁冲走了。作者凡夫通过这个有趣的故事告诉我们，解决问题不能光凭力气和发脾气，而应动脑筋想办法。

课前对教学班 38 名学生进行了学情调研，调研结果显示：96% 的学生能够通过查阅生字表、工具书等方法认识生字，读通课文，大致了解课文讲了一件什么事；63% 的学生能够说出解决问题要动脑筋想办法。但是，有 35% 的学生不明白“恼羞成怒”一词是什么意思；17% 的学生不明白“筋疲力尽”一词的意思；44% 的学生提出狮子为什么会“恼羞成怒”。

识字学词是低年级语文教学的重点，在教学中应力求字不离词、词不离句、句不离文的原则。根据对教材的把握和学情分析，我设计了这样的教学策略：

一、了解构词特点，学习“又疼又痒”，助力积累运用

从汉字特点的角度来看“又疼又痒”这个词语：“疼”与“痒”两个字都带有“病字头”，表现的是身体两种完全不同的感受，用表示并列关系的词语“又”连接，说明两种难受的感觉同时存在。

师：书中用了什么词形容狮子当时的感受？

生：又疼又痒。

师：我们一起读读这个词。

（生齐读词语）

师：你发现这个词语有什么特点吗？

生 1：“疼”和“痒”这两个字都有病字头。

生 2：对，我也发现了，因为身体不舒服，所以这两个字都有病字头。

师：你补充得很好。还有其他发现吗？

生 1：这个词语中有两个“又”字。

生 2：第一个和第三个字是“又”。

师：你们很会观察。此时狮子被一群红蚂蚁叮咬，身上不仅疼，而且很痒，两种感受同时存在，所以用“又”字连接。想想狮子当时的感受，再来读读这个词。

生 1：又疼又痒。

生 2：又疼又痒。

师：词语回到句子中，再来读读这句话吧！

（生有感情朗读句子）

对于二年级学生来说，理解这种“又……又……”形式的表示并列关系的词语是学习难点。为了突破这一难点，首先引导学生自主发现词语构词特点：一是关注“疼”和“痒”都是病字头的字，结合生活体验体会这两个字表现的是身体难受；二是了解“疼和痒”是由两个表示并列关系的“又”字连接，从而认识到疼和痒是同时存在的两种感受。之后将感受到的通过朗读表现出来，此时的读已由理性的“发现读”上升为感性的“动情读”。

教学到此并没有止步，只是埋下了一个伏笔。待读到狮子使尽浑身解数，想赶走红蚂蚁时，又请学生结合课文内容，展开想象，用刚刚积累的“又……又……”的词语形式说一说狮子是怎样做的。一石激起千层浪，学生的思维被打开了，“又吼又叫”“又蹦又跳”“又翻又滚”等词语纷纷出自学生之口。此环节的设计不仅引导学生感受到了狮子用蛮力解决问题的方式，更是实现了词语的

理解与运用，从而完成“了解词义——积累语言——运用语言”的过程，即词语学习的完整过程。

二、展开联想想象，学习“筋疲力尽”，注重学生体验

“筋疲力尽”描绘的也是两种感受。“力尽”的程度要比“疲劳”更深，有语义上的轻重区别，呈现出强弱的变化，程度逐级加深。如此一只“力气大，脾气也很大”的狮子怎么会累得筋疲力尽？他又为什么会选择这样费力且没有成效的方式解决问题呢？受认知水平限制，这往往是学生顾及不到的问题，但这样的问题又直指文本的主旨，所以在此处便要发挥教师的主导作用了。

师：面对小小的红蚂蚁的叮咬，狮子会怎么想？

（生思考，沉默）

师：我们回忆一下这是一只怎样的狮子？再来读读第一自然段，结合前面的内容思考这个问题。

（生自由读第一自然段）

师：谁愿意和同学们交流你的想法。

生 1：狮子想：我有这么大的力气，一定能把蚂蚁赶走。于是他吼着、蹦着、翻滚着，想把红蚂蚁赶走。

生 2：狮子想：我是百兽之王，你们不就是小小的蚂蚁吗？我一定能把你们赶走。于是他吼着、蹦着、翻滚着，想把红蚂蚁赶走。

生 3：狮子想：你们小小的红蚂蚁竟敢咬我，瞧我怎么收拾你们。于是他吼着、蹦着、翻滚着，想把红蚂蚁赶走。

师：狮子是这么想的，也是这样做的。他一次又一次试图凭力气赶走红蚂蚁。折腾了半天的狮子，现在什么感觉？

生 1：累死了！

生 2：没劲儿了！

师：书中用了什么词形容狮子的感受？

生（齐）：筋疲力尽。

师：一群小小的蚂蚁把狮子折磨得痛苦不堪。读读第三自然段，想想应该怎样读。

（生自由朗读第三自然段）

教学中，当学生的思维受阻时，教师及时引导学生结合课文内容，联系生活实际，展开丰富的想象，利用文本的空白点，补充狮子的心理活动，使狮子

的形象立体、鲜活起来。学生通过这样的语言训练，走入故事角色，了解到狮子的所思所想，知道他为何会采取如此蠢笨的方法，这样的教育不是一味说教，而是入情入心。

三、联系上下文，学习“恼羞成怒”，突破教学难点

学前调研显示，多数学生的学习难点指向“恼羞成怒”这一词语。“恼羞成怒”传达了三种不同的情绪——恼、羞、怒。这三者并非同时产生，而是有先后顺序。就本篇课文而言，狮子恼什么？羞什么？狮子恼的是一群红蚂蚁咬得它又疼又痒，可是使出了浑身力气，累得筋疲力尽，还是赶不走身上的蚂蚁。羞的是自认为百兽之王的不光彩一幕恰恰被小兔子看到了，兔子还在一边哧哧地笑。这一切使得狮子心中的怒火爆发了！

以“恼羞成怒”这一词语的学习为基点延伸开去，学生通过联系上下文，不仅理解了词语的意思，更是探究狮子“恼羞成怒”的原因。如同剥笋，层层深入，有了之前的阅读理解作铺垫，此时学生的认识水到渠成。文字是思维的外衣，学生的表达正是他们对于文本的理解与感悟，对这个词语的体会，已经不仅仅停留在表面了。

当然，故事的另外一个人物——兔子，也很重要。虽然对于兔子的描写寥寥三句话，但兔子的形象鲜明且深入人心——“哧哧地笑”“笑嘻嘻”，与狮子的“怒”形成对比，兔子的“笑”则是它智慧的体现。

纵观整节课，根据学生的认知难点，紧紧抓住描写狮子的三个词语——“又疼又痒、筋疲力尽、恼羞成怒”展开教学。以识字学词为支点，撬动学生的阅读理解。再读《义务教育语文课程标准（2011 年版）》，发现词语学习内容出现在“阅读”部分，这意味着词语学习不是孤立的教学内容，而是阅读教学的重要组成部分。对于低年级的识字学词来说，它不仅仅是认认、读读、写写那么简单，而应在阅读中巩固识字，在语言环境中学习词语。

汉语是中华民族文化的根，低年级的学生正处于学习语言的黄金时期，教师要充分利用教材的文本资源，适时适度地引导学生体会语言，学习语言，从小开始培养学生喜欢汉语的情感与态度，让学生在识字学词、阅读文本的过程中，感受中国汉语的精妙和传统文化的魅力。当我们的汉语教学丰富多彩、有滋有味时，这片肥沃的土地一定能培育出更美的花儿。

◇ 作者信息

侯杰颖

北京市骨干教师，海淀区语文学科兼职教研员，海淀区名师工作站成员，曾获全国“创新杯”教学艺术大赛一等奖，北京市小学教师基本功大赛一等奖，教育部“国培计划”授课教师，北京市 BDS 授课教师。

穿越资源边界 扎实识字教学

北京市怀柔区第三小学 李春萍

汉语言文字是中华民族文化的精华，识字与写字更是语文教学中的一项首要任务与奠基工程。因此，小学教育责无旁贷地致力于培养学生热爱汉字的情感与态度。“只有意识到学习汉字的价值和意义，才能促进学生主动学习汉字的愿望。”在教学过程中，教师需要巧妙引导，探索与生活对接的教学策略，将识字与写字的目标不仅仅局限在重视识字写字的知识目标上，而是着眼于探究识字的方法并努力激发学生学习汉字的动力上。

那么，如何将识字教学对接学生的现实生活呢？笔者在教学实践中，针对这个问题开展了行动研究，以期不断改进识字教学，逐渐提高学生的语文素养。

一、从生活经验出发，重视识字的初期积累

《义务教育语文课程标准（2011 年版）》对小学生的识字量有了更高的要求，相比之前的《义务教育语文课程标准（实验稿）》，要求识字多了，写字少了，同时也强调了识字的质量。低年级语文教师的担子变重了，为了能够完成教学目标，教师常常急于让学生多认字，快认字，强调认字的速度和数量，而忽视了认字的质量和学生识字的起点。

事实上，襁褓中的婴孩便有了对语言文字的初步感知，无论是故事、儿歌，都在孩子的认知中埋下了学习语言文字的种子，生活中的广告牌、产品包装、绘本读物……孩子眼中所见到的一切都已经成为生活中识字的丰厚资源。

因此，我们尝试在新学期初，将本册语文书中的生字按照单元顺序，做一个教学前测。前测发现，教材中的 10.8% 是学生已经能读准字音的，21.2% 是学生见过但读不准的，还有一部分是学生识写都有困难的。接着，老师出示没有拼音的几组儿歌，大部分学生能够准确呼出，为了检验学生呼出儿歌是否认识生字，老师随机抽查，发现学生大多能够读得准确。

我们可以这样理解，在学生已有阅读、生活经验中，是有一定的识字基础

的。低年级语文教学要从学生的已有认知水平出发发掘身边的资源。为此，我们设计了一些主题实践活动：广告牌中的汉字、包装皮上的汉字、我的玩具与汉字、身边汉字识多少……一些从学生生活中呈现的资源，转化为学生学习的材料，不但激发了学生识字的兴趣，更让学生感受到汉字无处不在，可以信手拈来；同时，我们重视识字教学与学生前期阅读的关联性，为学生提供语言实践运用的展示平台。每周一下午，学校安排了 15 分钟的读书交流会时间。老师们充分利用这宝贵的时段，引导学生把喜欢的小文章读给同学听，还在班级中开展我给同学读故事、绘声绘色讲故事、我是小小演说家、我是读书小状元等活动，鼓励学生自己读书，并乐于分享自己的收获，并将学生展示的短小的诗歌、韵文拓展为识字教学的素材。这样，密切联系学生的学习与生活便会收到事半功倍的效果。

二、以注音识字为阶梯，培养良好的识写习惯

（一）教好汉语拼音，为独立识字奠定基础

汉语拼音是识字的必备工具。学生如果掌握了汉语拼音，那么在独立识字时，就可以利用汉语拼音读出正确的字音，也可以订正标注不正确的读音。字典中的音序查字法，就是按字母表的顺序去查找字词的。学生掌握了音序查字法，就可以自己解决一部分疑难字词的读音和意思，逐渐提高识字的效率，这对培养学生识字能力具有奠基性意义。

同时，汉语拼音的书写比较形象，正符合低年级孩子形象思维极其活跃，具有丰富想象力的特点。学生能够很快地将拼音字母对接生活中的某种事物的形状，从而建立联系。因此，教好汉语拼音，是需要与识字教学同步进行的必要内容。我们可以形象地把汉语拼音比作识字的拐杖，或者儿童学步车，在学生还没有足够识字量的时候，汉语拼音就成为识字的必备工具。

（二）扎实笔画笔顺，为规范写字养成习惯

现代社会，人们越来越多地使用电脑打字，语音转换汉字软件的出现，为每个人带来更多的便利、快捷的同时，也为写字教学带来了挑战。郭沫若曾经提出："培养中小学生写好字，不一定要人人都成为书法家，总要把字写得合乎规格，比较端正、干净、容易认。这样养成习惯有好处，能够使人细心，容易集中意志，善于体贴人。草草了事，粗枝大叶，独断专行，是容易误事的。"由此可见，培养学生良好的书写习惯，意义不仅仅在于知识和技能的掌握，更是

人的品格的一种修炼。

1. 重视笔画教学，练习中提高审美能力。

写好基本笔画是写好汉字的基础。构成汉字的基本笔画是横、竖、撇、捺、点、钩、提、折，由这八种基本笔画衍变而成的复合笔画有五十种左右。因此，为了避免单独进行笔画练习的单调、枯燥，教师在教学过程中应以笔画教学为重点，兼顾练字，要教给学生书写的方法，也要明示评价一个字是否写好的基本标准。

同时，老师的示范很重要，只要是出现在学生面前的字，每一笔每一画都要写规范。在日常听课中，我们也会看到有些板书实在是不尽如人意，对学生没有起到示范的作用。因此，学校作为教师队伍的直接管理者，要落实教师粉笔字过关、基本功提升等实践性的培训活动，不断提高教师的专业素养，以期在写字教学中同步提高学生对汉字的审美能力。

2. 指导关键笔画，比较中培养书写能力。

《义务教育语文课程标准（2011 年版）》中明确指出，关于写字的评价要“重视书写的正确、端正、整洁，在此基础上，逐步要求书写流利”。因此，低年级学生在练习基本笔画的基础上，要写一手漂亮的汉字，还要抓住汉字中的关键笔画，也就是对字的结构舒展，平衡重心起着决定性作用的笔画。

例如，指导学生书写“少、云、心”这些笔画看起来比较少的字，写好它们却很不容易。因此，要培养学生一看、二写、三比较的步骤，先要求学生认真观察田字格里范字的笔画和结构特点，再看老师板书范字（学生通常是手指书空），然后通过比较，得出要写好这些字，关键要写好每个字的重点笔画，即“少”的撇，“云”的撇折，“心”的卧钩。在书空时，我们发现孩子在空中的笔画很随意，因此设计了师生对话的小口令：小手指——伸出来！跟我写——稳稳地！这样，帮助学生经历整体观察到书空笔顺，再书写汉字，既关注学生良好的书写习惯，也为独立识写能力的培养打下坚实的基础。

教师的范写的确重要，但是仅仅范写还远远不够。由于受到观察能力的限制，学生的临摹并不能一步到位，此时，可以指导学生比较运笔方法。以“捺”为例，教学其笔画变化时，举出多个带“捺”又变“点”的字进行比较，“木、林、休、树”，学生发现多数带有笔画“捺”的字做偏旁时，如果在左边，就会为了避让右边，“捺”变成“点”，但是如果在右边，那么捺可以写得很舒展。掌握了这个规律，学生就能更好地把握字的笔画和结构。

3. 端正写字姿势，实践中培养书写习惯。

"墨磨偏，心不端，字不敬，心先病。"《弟子规》中对书写态度和书写效果的关系作了言简意赅的评述，也启发我们关注学生的读写姿势。正确的写字姿势和正确的执笔方法是规范美观的汉字书写的前提。因此，我们在学生"课堂三姿"（读姿、说姿、写姿）中，必须明确书写时"一拳、一尺、一寸"的科学而具体的要求。

（三）强化识记常用字，增强识字成就感

有研究表明，低年级的学生普遍具有的心理特征——好动、好玩、记忆力强，不能长时间集中注意力在一件事情上。同时，"孩子的记忆容量接近成人水平"。也就是说，教师在教学的过程中，要尽量发挥学生的学习优势，注重开发学生的记忆力，同时增强学生的成就感。

因此，教师要关注识字方法的累加。其中，"加减笔画变新字"就是一个很有效的游戏促学的实例：教师先在黑板上写一个"日"，然后让学生添一笔或者减一笔使之变成另一个汉字，把自己知道的都写出来。这种教学方式既减轻学生的负担，又让学生可以在无形中识字，提高识字的效率。像这样，用加一加、减一减、换一换、数一数等方法，有效利用学过的熟字和偏旁学习新字的方法引导，不但强化识记了常用字，也增强学生累加识字的成就感。

三、以联想思维为引线，贯通识写的现实通道

（一）课内识写源于教材和生活

《义务教育语文课程标准（2011年版）》指出："语文教师应高度重视课程资源的开发与利用，创造性地开展各类活动，增强学生在各种场合学语文、用语文的意识。"的确，在语文教育的广阔天地里，蕴藏着丰富的课程资源。其中，日常生活更是学生识字的广阔空间。

学生作为社会生活中的一员，他们学习的渠道是多种多样的。刚入学的一年级小学生大都认识"动、画、片、汽、车、手、机、牛、奶"这些字；孩子爱看动画片，对"熊、大、二、小、公、主、苏、菲、亚、葫、芦、娃、喜、洋"等字都能无师自通。这些都说明，日常生活是一个广阔而充满活力的学习汉字的天地，让学生养成留意周围事物，对学习生字大有帮助。因此，我们提倡识字与生活相结合，不仅是识字本身的需要，也是充分利用生活资源拓宽识字渠道的有效策略。

因而，在识字教学中，我经常启发学生"用智慧的眼睛观察生活，用勤奋的头脑多识多记"。同时，在低年级的课堂教学和语文学科实践活动中，我常常

设计这样的活动：读一段你最喜欢的图画书，写一句你最想对妈妈说的话，你能叫出你家冰箱里的食物名字吗？读一读牛奶包装盒上的文字，你都知道了什么？你的文具上都有哪些汉字？观察路边的广告牌……学生在实践活动中，每个人都大有收获，也体验了识字的快乐。从而，努力实现教学过程打破课程资源边界，密切联系教材与学生的生活，充分利用周围的环境学习语文，引导学生在日常生活中主动识字，建立一个识字教学的开放系统，努力实践“在各种场合学语文、用语文”的新理念。

（二）累加运用走向生活和情趣

识字教学具有很大的开放性。拓宽学生识字面，不仅可以增加识字量，更重要的是把识字活动放在真实的生活之中，使学生的学习活动与生活行为融为一体，培养他们观察生活、认识生活的习惯，并能体验到识字的乐趣。

教学中，如何把学生的识字成果累加起来，学以致用呢？我指导学生记录“采蜜集”。每当学生积累了一个或者一组词语，便指导孩子将这些字词用来描述自己熟悉的事物以及自己的感受。这样的说话、写话练习让学生意识到识字不单是有用，更是充满着生活的情趣与味道。通过营造积累运用的氛围，给学生展示识字积累的机会，让学生不断地交流自主识字的成果。如此不断累加，不仅能激发学生识字的兴趣，还能培养学生的创新精神和语言实践能力。

（三）发散思维激发识字的兴趣

汉字是世界上历史最悠久的文字，之所以能够历久不衰，是因为汉字具有与汉语特点相适应的优点。汉字记录汉语是用整个字形跟语音相联系的，有一定的画面感，更具有一定的超时空性。那么，除了低年级时我们常用的结合画面指导识字的方法外，对于中高年级的学生，我们要从学生逻辑思维发展相对活跃的特点出发，发散学生思维，适当使用推想思维高效识字的策略。

例如，在教学《刻舟求剑》一课时，有学会本课 6 个生字的教学目标。因为是一篇文言文，距离学生的生活实际较远，学生对文言文的语言形式比较陌生，其中的生字不太常用，又多是一个字表示一个词的意义。因此，教师在学生独立阅读的基础上进行识字方法的指导，发散思维的训练，设计了“整体感知，推想思维高效识字”的环节：

1. 自读课文，把字音读正确。

2. 出示生字：涉、遽、契、坠、吾、亦

（1）生：自读、齐读。读通含有生字的句子。（复现生字）

（2）结合注释和工具书，了解字义。（独立识字）

（3）多个角度推想识字，重实效及时巩固。（推想思维）

师：同学们，在古代汉语中，一个字有时表示一个词语、一幅画面，看到这儿，你能推想到哪个相关的生字呢？

①根据图示，了解本义记字形　②根据词语推想生字，了解本义指导书写

涉

赶快
马上

遽

③根据本义，推想生字介绍引申义　④运用生活中的资源，了解构字特点

刻

契

坠

这个环节的设计，体现了教学中注重指导学生结合注释和工具书自学生字。但是，本文中的生字距离学生的日常生活和阅读经历较远，需要将其与学生的生活建立联系，从字的音、形、义、用等多个角度来指导学生识字，既落实了学会生字的目标，又为理解句意搭建一个台阶，同时引导学生发散思维，将已有认知迁移运用到新知识的学习中来，努力使一个环节的设计实现多个教学功能。对于中高年级的学生，正是顺应了学生逻辑思维发展活跃的特点，重视思维品质的培养，将识字与学生的生活关联起来。

四、以阅读实践为突破，让识字的快乐无限蔓延

识字，是另一种阅读。识字教学和阅读教学有着紧密的联系，它们和习作教学共同构成了小学语文教学活动。余光中说：“不熟读古典诗文，就不会见识到中文美到什么程度。”字词的累加丰盈、语言的感受力、感悟力的培养就在这种涵咏的过程之中。因此，教师要有意识地引导学生在阅读中识字，让语感因阅读而丰富，让学生的识字能力的提高伴随着情感的浸润与丰盈。

低年级学生的思维特点是具体形象，模仿也是这一阶段儿童主要的心理特征。因此，在低年级语文教学中，要把观察、阅读、说话相结合，让学生从模仿开始，用语言文字把所见所闻所思表达出来，并使语言在运用中加深理解和积累，不仅是语文学科的需要，也顺应了学生思维、心理发展的规律。

在学习《共同的家》一课时，学生掌握了“（　）是（　）的家”这个句式，教师启发学生运用这样的句式说话。学生说，大地是小草的家；蓝天是小鸟的家；云朵是水滴的家……通过句式的训练展示了语言积累，训练了逻辑思维能力；接着，教师用“变魔术”的形式，激发学生的好奇心，进行句式的转换——（　）的家在（　）。如此一来，学生的阅读价值有所提高，运用语言的能力得到提升，学生想到了：小草的家在泥土，鱼儿的家在大海……同时感受到语言的神奇美妙，对其中的生字“云、子、个”能够恰当运用，对学习语言文字产生了更加浓厚的兴趣。

总之，识字写字是学生学会阅读与独立习作的基础，是第一学段的教学重点，也是贯串整个义务教育阶段的重要教学内容。那么作为教师，要努力穿越资源边界，将识字教学对接学生的现实生活，重视识字的初期积累，培养写字的良好习惯，重视阅读实践让识字的快乐无限蔓延……充分发掘和利用一切有效资源，不断探索实践识字教学的有效途径，逐渐提高学生的语文素养。

◇ 作者信息

李春萍

怀柔区语文骨干教师。曾连续三年获区小学语文教师基本功竞赛一等奖，并获最佳选手奖；多次被评为区先进教育工作者、教学质量标兵，在学校校本课程建设中引领示范，并致力于学校课程建设的研究与探索。

让一手好字陪伴孩子一生

北京市石景山区爱乐实验小学　刘晓群

叶圣陶老先生曾说过："咱们天天为了实际需要而写字，其实天天在练字。"写字是一项重要的语文基本功。规范、端正、整洁地书写汉字，是学生终身学习能力的基础。养成良好的写字习惯、掌握熟练的写字技能、具备写一手好字的水平是每个人应具备的基本素养。

在小学，尤其是低年级阶段正是习惯的养成和能力的培养阶段，让学生养成踏实写好每个字的良好习惯是打好语文基本功的一个重要方面。低年级写字教学要求学生会正确、端正、整洁写好铅笔字，这既是小学语文教学的重要内容，也是实施语文素质教育的重要方面。但写字对低年级学生来说是枯燥乏味的，因此应根据学生的年龄特点有效进行写字教学。

一、培养正确的写字姿势是基础

正确的写字姿势是写好字的基础。学生在低年级，平时就要熟记写字姿势要领，如："写字时，坐正直。三个一，要做到。"这样，每当学生写字时，学生都努力自觉地照着要求做，久而久之，学生养成了良好的写字习惯，也促进了身体健康。

（一）正确的坐姿和执笔姿势

平时"三个一"（手离笔尖一寸；胸离桌边一拳；眼离书本一尺）的要求学生已经烂熟于心，但真正能够坚持是很难的。因此，我在班级里不但张贴了正确坐姿和执笔姿势的导向图，而且常常要求学生在写字时背一背这句朗朗上口的儿歌。

写字时，学生执笔经常用大拇指压住食指，把笔握得紧紧的，就是纠正不过来。于是，我给学生讲了一个自编的小故事，主人公就是"老大"和"老二"（大拇指和食指），它们都来抢着攥住笔，让小主人把字写漂亮。"老大"和"老二"都很卖力气，很用劲儿，最后小主人的字写得又黑又重。由于"老大"总是压着“老二”，小主人只能歪着看字，结果得了“斜视”；由于“老二”执笔太使劲儿，结果自己磨出了茧子，小主人很伤心。从此，“老大”和“老二”再也不挤在一起了，它们虽然执笔时不再见面了，但齐心合力用拇指肚按住笔杆儿，“老三”（中指）也来帮忙，它用指尖和关节中间的部位抵住笔杆儿……学生们开心地笑了，从此对大拇指和食指的执笔很注意。我也常提醒学生：别忘了“老大”“老二”不见面！

为了让学生们养成良好的坐姿、执笔姿势习惯，我把学生写字时的情景用数码相机照了下来，将坐姿、执笔姿势正确的照片保存在班级的电脑里并设为背景图案。每次用到电脑，学生通过液晶投影都会看到写字坐姿标准的照片，这周是你，下周就是他。每每拉开投影幕布，学生们都会对“电视”里的同学投来羡慕的目光。

（二）正确的运笔姿势

低年级学生是用铅笔来写字，手腕不像写书法那样可以悬腕，而是放在桌上。我常常是一边说一边在黑板上板书示范，告诉学生运笔讲究一气呵成，特别是在起、行、收的过程中完成连续性的动作，尽量不在过程中有犹豫和停顿。学生虽不太理解这些名词术语，但久而久之也能够感悟到运笔的方法与技巧了。学生在学习写字的过程中悟“法”是十分重要的。

二、摆好结构、抓住关键笔画指导是重点

汉字是方块字，每个字都是由一定的点、横、竖等笔画构成，自成规律，其中有些笔画，对汉字的重心平稳，结构得当，起着关键性作用。因此，应根据汉字的构字特点和美学原则，通过抓关键笔画来指导低年级学生写字。关键笔画，即主笔，是在字中处于显要位置、直接影响字形好坏的笔画。如：“艺”字，最后一笔“乙”是这个字中最关键的一笔。写好这一笔，这个字基本上就比较漂亮了。于是，我先让学生自己尝试写一个“艺”字，说说有什么问题，几乎全体学生都感觉最后一笔“乙”写不好。于是，我引导学生思考：为什么这一笔写得好坏就决定了这个字的美观与否了呢？因为它是关键笔画。那写好这一笔，对字的结构、重心有什么重要作用呢？继续引导学生进一步去观察、去思考、去感悟。学生仔细观察“乙”的特点，感悟书写的技巧。学生们发挥想象，有的说：“这一笔拐了三次弯，第一个弯是尖的，第二个弯是光滑的，最后一个弯就是冲上的钩儿。”有的说：“这一笔很像我们家沏咖啡的咖啡壶，只不过右边没有封上口儿。”孩子们都觉得很有趣，于是我请他把咖啡壶的样子画

下来，这下大家一目了然，不用言传，孩子们一下子就掌握了关键的这一笔的特点。接下来，我在黑板的田字格里板演这一笔，学生练习一两次后再完整地书写这个字。最后全班 75% 的人能够很好地书写这个字。

平时，我要求学生要写大字、写满格子。这样写的好处有两个：一是从整体布局上可以纠正学生大多偏右下方的毛病；二是学生小时习惯写大字，指关节、腕关节运动幅度大，能增强手指、手腕的灵活性。

三、加强针对性，运用积极有效的评价方式来激励学生写好汉字

及时评价是提高课堂教学效率的重要手段，是激发学生兴趣，鼓励学生进取的方法，写字教学更应如此。批改作业不能笼统地说“写得好”“写得干净”“写得正确”，而要根据每节课的学习重点，每节课的不同要求，结合学生本人的特点，进行恰如其分的表扬、鼓励。我们还发挥学生间互评的作用，让学生根据结构、占格、穿插避让的要求去评价，既发挥了学生评价主体的作用，同时也培养了学生的审美情趣，在过程之中学习把字写规范、写美观。这样从大处着眼，从小处着手，方向明确，扎扎实实地教，认认真真地学，切实提高写字课堂教学质量，帮助学生从小练出一手好字，从而终身受益。

四、科学安排练习时间，增强写字教学实效性

心理学研究表明，儿童的注意力集中时间不超过二十分钟，时间过长便会注意力下降，烦躁不安，而且长时间进行同一方式操作更会引起大脑疲劳，因此，要合理控制习字时间，做到“少时多练”。为更好培养、强化学生习字兴趣，我们班开展了丰富多彩的实践活动。如：写字比赛、习字作品展览、评选优质作业等活动，活动中学生们真正体会到习字是常练常新，百练不厌，其乐无穷的。

总之，写字教学可以陶冶学生情感、培养审美能力，增进学识修养，增强他们对祖国语言文字的热爱和文化的理解。坚持正确的写字姿势，书写认真仔细、规范整洁，能够促进学生良好品格和意志力的发展。最重要的是踏实写好每个字是扎实打好语文基本功的重要内容。在指导学生写字的同时，教师要以正确、认真的书写做学生的表率，在潜移默化中促进学生良好书写习惯的养成。

◇ 作者信息

刘晓群

北京市石景山区爱乐实验小学校长，中学高级教师，北京市语文学科骨干教师。从教 28 年，一直专注于语文教学研究工作。曾经参与北京市地方课程《诵读》《中华优秀传统文化》的编写工作。七次参加市、区语文学科教学比赛，均获得一等奖。

汉字浸润文化　书写提高素养

北京市延庆区第三小学　朱海明

写字是小学语文教育第一学段的一个重点，是一项重要的语文基本功。《义务教育语文课程标准（2011 年版）》在总体目标中提出：培育热爱祖国语言文字的情感。因此写好汉字更是传承传统文化的一部分，书写汉字的能力可谓是学生们将来展示自己的一面镜子。然而实际教学中却又发现，书写能力恰恰是学生的薄弱之处，这一现象累积到高年级，学生在书写方面的问题愈发突出。比如说，结构上缺乏框架美；笔画中缺少舒展美；汉字干瘪、单调、潦草等。基于这种困惑，我试图以教材内的汉字为本，从结构、笔画、书写规律等不同角度，立足课内，讲究方法，激发兴趣，培养习惯，巧用评价，探讨提升低年级小学生汉字书写能力的具体且有效的策略。

一、读准结构把握字形美，提高书写能力

汉字是美的，美在线条的长短、粗细、弯直；美在结构的宽窄、松紧、长短；美在意境的流畅、缓急、和谐。写字教学即是发现美，展现美的过程。

对于低年级写字课，教师应充分做好课前准备，引导学生认真观察汉字，感受汉字的结构美。如要写“要、亮”两个字，就要把字规范地写在小黑板的田字格中。让学生认读后，指导其仔细观察每个字的构字特点及在田字格中的位置，并指导认识字形结构。首先，整体观察结构特点，“要”，上下结构，下面的“女”的“一”要写得长长的，才能托住上面，做到下托上；“亮”，上中下结构，中间部分的“冖”要写得宽一些，才能托住上边盖住下边。显出汉字结构上的美。其次，重点笔画的观察也很重要。学生发现汉字的结构特点后，还要说出重点笔画是什么，横中线、竖中线上的笔画尤为重要，是展现汉字美感的关键；上下结构的字要注意横中线，是下部托上部，还是上部盖住下部；左右结构要注意竖中线的重要作用，要使汉字左右结合紧密还要注意穿插、避让原则。写字前教给学生正确的观察方法，让学生先整体后局部，掌握汉字的

书写规则，做到心中有数。如在教学“找、许”时，教师引导学生观察“找、许”这两个字的整体结构，学生会发现它们是左右结构，左窄右宽。教师继续引导学生找到重点笔画，哪一笔让你知道右边宽的？为了写好这两个字，继续观察：“找”的横伸到了“扌”的横和提之间，“丿”伸到了提的下边，他们左右拉起手，使左右两部分更紧凑了，这就是穿插。再找找“许”的哪一笔也有这样的穿插。一些合体字的穿插迎让、错落倚从、疏密收放及笔画变化，都要指导学生认真观察，仔细领会，悉心模仿笔画运笔，熟练掌握笔顺规则，体会汉字的造型美，最终将字写得漂漂亮亮。这样从整体到细节，发现写好汉字的规律，使学生掌握汉字的结构美，从而提高书写能力。

二、示范演示指导运笔美，提高书写能力

示范是写字教学的先导。低年级学生的思维还处于形象思维阶段，因此，教师形象直观的示范引领尤为重要。在指导学生整体结构认知之后，教师要在田字格中示范，向学生展示书写运笔的全过程。教师要边演示边讲述：这个字是什么结构，第一笔名称是什么，它在田字格中从哪儿起笔，落在哪里，不仅要给学生讲解清楚，还要说得有趣，使学生对要写的字有一个清晰可临摹仿写的感性认识。如教写“人”字，“人”是一个独体字，第一笔画是“撇”，应在田字格竖中线上中部起笔，向右按，然后向左下格中部撇出尖儿；第二笔是“捺”，在田字格的横中线上部靠撇的地方起笔，向右下格中部运笔，稍停顿，然后向右平捺出锋，做到“撇”有尖，“捺”有角，点画分轻重。对于较复杂的笔画，如“辶”，要指导转折和笔的走向变化。教师边示范边讲解，再对每个字重点笔画进行彩笔标注，做具体指导。如横、竖的长短与直、斜，最起码要做到横平竖直；撇、捺的长短与平斜，注意有一定的弧度；点的大小与向背等都要给学生详细指导示范。并用彩色笔突出，以便学生临摹得更好，降低学生写好汉字的难度，从而兴趣盎然。

示范书写，使学生有章可循，做到轻松临摹，从而提高学生的书写能力。

三、矫正姿势促姿态美，提高写字能力

矫正书写姿势是写字教学的关键，也是写字课堂教学的重点。《义务教育语文课程标准（2011 年版）》对第一学段明确提出：“努力养成良好的写字习惯，写字姿势正确。”正确的写字姿势，不仅有利于把字写端正，而且有利于学生身

体的正常发育，有利于保护学生的视力，更保证他们能书写自如，减轻疲劳。

（一）正确的写字姿势是：上身坐正，两肩齐平；头正，稍向前倾；背直，胸挺起，胸口离桌沿一拳左右；两脚平放在地上与肩同宽；左右两臂平放在桌面上，左手按纸，右手执笔。眼睛与纸面的距离应保持在一尺左右。

（二）巧用儿歌，促正确的执笔方法。为了使低年级学生牢记握笔要领，我编了这样的小儿歌：“食指拇指捏着，中指紧紧托着，小指无名挨着，写字做到三个一，一尺一拳一寸。”学生熟记儿歌，每每写字之前边背儿歌边检查握笔姿势，姿势正确才能开始书写汉字。只有让学生掌握了正确的执笔方法，学会了正确的写字姿势，他们在进行书写时才会享受到写字的乐趣所在，才会写出一手好字。写字时要提醒学生，对不正确的姿势和方法要随时给予纠正。学生书写时，教师要适时巡回指导，发现姿势正确，并能坚持始终如一的学生，及时对他们进行肯定和表扬，这样对学生写好字起到非常重要的作用。后进生要手把手地教，手把手地写。教师在课堂上要反复指导，随时检查学生的写字姿势，学生在练习中要认真书写，循序渐进，逐步形成写字能力，养成良好的写字习惯。

四、多元评价获得成功美，促写字能力的提高

一位教育家说过，教学的艺术不在于传授本领，而在善于激励唤醒和鼓舞。教师采用多元评价是提高课堂教学效率的重要手段，是激发学生兴趣，鼓励学生持续进步的有效方法，写字教学的过程中更应如此。

（一）自评——肯定自我

教学时我经常引领学生认真书写后及时地进行自评，找出和字帖最像的那个字，并用笔在下面画上“☆”。我在巡视指导中发现，由于学生年龄还小，所以他们对老师的要求会格外认真地完成，学生自评时不是随便画“☆”，而是写好这些字后，先把这些字同范字一个一个地认真对照，然后找出写得同范字最接近的一个，最后作出决定，在下面郑重地画上“☆”。孩子们在自我欣赏中特别地满足和高兴，有的还小声地向其他同学炫耀，别提多有成就感了。

（二）师评——典型引领

课堂上，对小学生的微小进步都要适时给予鼓励，以树立他们写好字的信心。对写字好的学生要树立典型，告诉他，你就是“小书法家”，使他们成为其他学生学习的榜样。同时，在对学生表扬时，要有导向性，如学习写“讠”时，指导书写“说、语、话”，重点评价“讠”的规范与否，对写得好的学生，我

会说:“大家看他的‘讠’和字帖仿佛一模一样，横平竖直提尖尖，真了不起！”在书写小榜样的引领下，学生积极地临摹书写，争做书写小榜样。

（三）展示——彰显自我

课堂上，我经常用实物投影仪展示学生的书写作品。课后，教室的墙壁成了学生作业专栏，将他们的作品上墙“公开发表”，比比谁上榜次数多。这样学生就可以经常了解自己的进步情况，而且还能听听同学们对自己的评价。另外，我还用“小小书法家”“字美人更美”“写字小能手”等表扬信来激励孩子。

（四）家长评——共育好习惯

在评价中，我还调动家长参与孩子的书写评价，引导家长观察学生在家的写字情况，发现孩子写字结构准确，笔画规范，干净漂亮，一定要大力表扬，摸摸头、点个赞，做到家校一致，共同培养良好的书写习惯，传承悠久的汉字文化。

在教学中，全方位、多元化评价有效地提高学生的书写能力，使规范漂亮的书写成为一种自然，使个性潇洒的汉字成为自己闪耀的名片。

良好书写习惯的培养是持之以恒的，不是一朝一夕能完成的，整个过程充满着对意志的磨炼。作为教师，我从汉字的结构特点，到笔画的交叉避让、疏密收放，引领孩子徜徉在寓意深刻的传统汉字中，提高汉字的书写能力。让规范书写成为一种习惯，让学生的字迹成为一道悦目的风景，让富含文化的汉字在学生心中深深地扎下根，让传统不再是飘浮的云，而是庞大的根系牢牢地扎在一代又一代孩子的心中。

◇ 作者信息

朱海明

始终致力于小学低年级语文教学研究，她引领学生浸润书香，体会语文之美，和学生徜徉在语文学习的快乐之中。曾被评为“北京市小学语文骨干教师”“北京市创新工作标兵”“课程改革优秀教师”。

扎实推进写字教学　让美溢满写字课堂

北京市延庆区第三小学　武青文

《义务教育语文课程标准（2011 年版）》要求："在语文学习过程中，培养爱国主义、集体主义、社会主义思想道德和健康的审美情趣，发展个性，培养创新精神和合作精神，逐步形成积极的人生态度和正确的世界观、价值观。""提高学生的文化品位和审美情趣。"同时《义务教育语文课程标准（2011 年版）》强调：第一学段要求用硬笔写字，能"初步感受汉字的形体美"。汉字是用线条组成的具有审美价值的方块结构。写字实际上是以结构的疏密、点画的轻重、行笔的疾徐来抒发情感和描写意境的。在学生练习写字的过程中，知识的运用、技能的训练、情感的体验是融合一体的。教师指导学生运用田字格安排笔画，按照笔顺去写，注意掌握汉字的笔顺规则和间架结构，注意笔画之间的呼应、避让，本身就是一种美的熏陶，实际上就是力求运用有关知识将字写得端正、整洁、美观，在写字的实践活动中历练写字的技能，获得美感体验。因此在写字教学中注重培养学生的美感，能提高写字教学的效果。

作为语文学习基础的，在小学低年级语文教学中处于至关重要地位的识字写字教学，教师在教学的过程中如何去挖掘其中的美育和德育因素，在教会学生识字写字的同时，培养学生的审美情趣、发展学生的审美能力呢？

一、观察联想活化字形感知美

观察是认识事物的基础。写字教学首先要指导学生观察字形，弄清汉字在田字格中的位置。在指导观察时，引导学生对抽象的汉字加以联想，活化汉字字形，汉字字形就会深深扎根于学生的心中。

兴趣是最好的老师。《义务教育语文课程标准（2011 年版）》在总体目标中提出：培育热爱祖国语言文字的情感。汉字由抽象的笔画组成，如何让学生对祖国文字的字形产生兴趣，如何让学生对写字感兴趣呢？课上我除了讲故事、编儿歌以外，还经常把抽象的笔画和生活中的事物联系起来。让学生说说像什么？如：“撇”像尾巴比较尖；“斜捺”像滑梯，“平捺”像波浪；“点”像雨滴最淘气。“横”像蚕宝宝两头饱满藏着点……还可以把字和生活中的事联系起来，如“伞”，像蘑菇，像大树；“瓜”像藤蔓；“册”是竹签串起来……想象生动的比喻，再加上形象的电脑画面的显示，不仅让学生感受到了汉字的形体美，而且让学生对抽象的汉字字形顿生兴趣，产生了写字的欲望。我把这种方法叫作观察联想法。也就是把某个字的形态和一定的事物相联系起来。根据这一教学方法，我进行了实践，形象性很强，教学效果不错。

例如，在教学合体字时，根据字的结构特点，我把平时搜集的学生写的典型例字展示在屏幕上，让学生根据字的结构特点联想生活中的事物，发现问题从而把握结构美。如“这、超、题”左下包右上的字。如果把这几个字的偏旁看成一辆大卡车，其余部分看成货物，那怎样才能让车走得平稳呢？学生们一下子就讨论开了，有的说：“货物要放在车的中间位置不能太靠右，也不能太靠左。”有的说：“货物不能太高，这样不安全。”还有的说：“如果写得太靠左，车的前面就太挤了。”……我总结道：“大家真会联想。所以，我们在写这类字时，一定要把里面的字位置放恰当，让车能平稳地开。”

这样形象的字形赏析让学生愉快地接受和形象地理解，掌握了这类字的形态特点，在书写时他们也能自如地运用了。

二、字理识字了解文化体会美

在写字过程中，我把字理识字融在其中，通过对汉字的字理分析，不仅提高了识字效率，而且在了解汉字负载的文化知识的同时，潜移默化地受到了汉字文化的熏陶，感受到汉字内蕴的博大精深，逐渐认识到汉字是我们祖先智慧的结晶。如教学“燕”字，我依次出示燕子飞翔的图片，甲骨文“”字，篆体“”字和楷书“燕”字，并一一为学生讲解“燕”字的象形意义及演变过程。学生听得津津有味，还不时发出惊叹。我知道那是学生们理解字理的同时，从心底由衷地钦佩华夏民族的聪明才智。此时，一股对祖国文字和民族文化的热爱之情从我们师生心底油然而生。

通过字理识字，更能让学生清楚地了解我们中华民族丰蕴的文化，这样就能强化学生的学习动力，更好地去掌握祖国的语言文字，培植热爱祖国的情感。

三、书写示范把握规律熏陶美

书法艺术是中华文化瑰宝，它本身就是一种美。所谓的“书法味道”，需经过长期的一系列的练习才能领悟达到的境界。真正的汉字之美，只有通过书写，才能够表现出来；只有通过示范，才能把这“美”传承下去，而非电脑所能代替的。

（一）姿势美

写字的姿势美是基础中的基础。可是现在很多学生的写字姿势各式各样，感觉怎么舒服就怎么写。归根到底是学生没有体会到写字美的重要性。如何培养学生美的写字姿势，我们可以从以下几个方面入手：

1. 用直观形象引导学生认识姿势的美。

让刚入学的儿童认识写字姿势的美是关键。第一次教学写字时，我引导学生观察图上的学生哪些地方做得很美？你也跟他学一学，看看谁的姿势最美！学生说完坐好后，我赶紧夸奖他们：头正肩放平，腰板挺得直，双脚放得稳；拇指食指紧挨着，中指抵住小笔杆，笔杆向前斜着，小姿势多美啊！学生在头脑中深深留下了姿势美的印象，得到了愉悦的感受，激发了学生的写字兴趣。

2. 在美的环境中指导学生学习美的姿势。

学生的模仿性与可塑性都极强，在他们感受了美的姿势后，因势利导，鼓励他们和图上的同学比姿势美，跟同桌比，使学生在比中受到美的启发。可是，低年级学生经常在认识到怎样是正确的写字姿势后，做起来往往坚持的时间不长。为了让他们意识到这一点，我把写字姿势的要求编成歌谣，让学生背一背，如：“小朋友，要记牢，读写姿势很重要：脚放平，身坐直，深呼吸，握好笔，三个一，要做到。”课上用小奖章“你真棒”鼓励他们谁坚持得最好！用数码相机把学生写字的姿势拍下来（以拍优美的为主），每节写字课前大家一起来欣赏，并发到家长群里，让家长一起鼓励孩子，效果非常好，他们都期待让相机捕捉到自己美丽的一面。慢慢地学生也自觉地注意自己的写字姿势了。

（二）笔画美

笔画美构成写字美的基础。汉字是由点、横、竖、撇、捺、钩、挑、折等基本笔画构成，所以无笔画美就谈不上字美，汉字一直都追求点画、线条之美。在教学中，我发现不少学生能认真书写，字迹很工整。但是，由于缺乏基本笔画的练习，整个字缺少美感。要知道，基本笔画是写好一切书体的立足点。所以教师要详细指导基本笔画的运笔方法：一横，一竖，一撇，一捺……教师都要笔笔指导到位。示范是写字教学的先导，教师的范写很重要，要边演示边强调运笔过程。我经常用小儿歌边示范边告诉学生。如教学“横”时，我强调：起笔稍顿，行笔均匀，收笔稍顿，左低右高。示范时我这样说：“按一下，慢慢走，稳一点，顿一下。”教写“竖”时，我这样说：“悬针竖，起笔轻，行笔重到轻，收笔快而轻。垂露竖，起笔重，行笔快，收笔要回锋。”教写“捺”时，我这样说：“斜捺滑梯样，平捺像波浪，轻起右下行，捺脚像大刀。”教写“点”时，我这样说：“写点画，要记清。先轻后重再回锋。”通过这样的语言，孩子们很容易记住和理解。抓住“落”“行”“收”三个运笔环节，同时引导学生发现和掌握基本笔画的特点：横要稳，两头要饱满；竖要直，悬针垂露要分清；撇有锋，捺出脚等等。有了这些规律，学生遇到同样的笔画就知道如何才能写得漂亮美观。

（三）结构美

汉字的结构多而复杂，每个字都体现着不同的美，有上下平稳之美，有左右对称之美，还有整齐平正之美等等。教师可以通过深入浅出的讲解，引领学生观察字的结构，感知每个汉字独特的美学特征。为了培养学生在书写时把握好汉字形体结构。我采用以下办法：

1. 通过媒体展示字的结构，并通过图形展示结构特点，从字的整体入手让学生欣赏，感受字的结构美，从而能模仿书写，达到书写美观的目的。

2. 由于低年级学生认知水平有限，不能很好把握字的结构规律，我还通过教学生比较间架结构指导写字。例如，教学“鸟”，在观察“鸟”后，我让学生临摹，学生写出来的“鸟”字，五花八门。有的把下面的写得太窄，有的把上面写得太宽成了“大脑袋”，有的上下一样宽……这时我将他们这些字在黑板上“公开亮相”，和书上的范字进行比较，并逐一帮助他们找到“病因”，指出“治病良方”。欣赏着自己的“杰作”，孩子们也不好意思地笑了起来。比较之后的书写，效果令人满意。我教学生用田字格来辅助自己把握字的结构。我让学生仿照例字，把字的每一部分写到相应的田字格的位置上。

3. 引导学生对字的结构进行归类。如，练习全包围、半包围字，归纳这类字要写出方正之美；练习左（中）右结构的字，归纳这类字要写出错落之美；练习笔画多的字，归纳这类字要写出疏密有致的美。

四、评价展示感受快乐欣赏美

同其他事情一样，学生的审美能力也不是与生俱来的，也是在生活实践中逐渐形成的。要想让学生感受到书法艺术的美，就需要教给学生一些审美的方法，从而来欣赏美，鉴赏美。

（一）自我评价

学生平时习惯于老师来评价他们写的字。如果能让他们评价自己写的字，他们自然会有一份欣喜。但由于他们审美水平有限，教师还要对学生进行审美指导。我从书写姿势和执笔方法，字的整洁、正确、匀称、有笔锋等几个方面指导学生自评。有了评价的标准和评价依据，学生进行评价时就好操作了。学生在自评中学会了认真审视自己的学习成果，在反思中培养了对汉字的审美能力。他们在自我评价中不时感受到了成功的愉悦："我也能评自己的字！"有的学生模仿老师的样子，点点画画，还写上评语"有进步！""继续努力！""真漂亮！"……

（二）互动点评

新课程倡导师生、生生之间的平等对话，评价应建立在互动的基础上。小学生往往能很快发现他人的不足，而忽视自己的缺陷。在写字教学中，互动性评价不但能有意识地培养学生以欣赏的眼光看待他人，而且从中学习审美的方法。

一次写字课，我让学生练字，不少学生没有什么兴趣，有的着急写后面的字。看到学生的这个样子，我灵机一动，对学生说："请大家看大屏幕，评一评老师哪个字写得好，请你为我打☆，好吗？"顿时，全体学生精神抖擞起来，坐得端正了，手中的笔也放下了，大家纷纷举手……不一会儿，黑板上的字都被打上了☆。还有学生对一些字的书写提出了改进意见。有时我还故作不服地说："我觉得还可以啊！你认为该怎么写，能写给大家看吗？"学生理直气壮地说出自己的意见，并到实物展示台上书写给大家看。根据学生的回答，我当即做了改正。几分钟后，黑板上的字不仅工整，而且得体了。我及时做了总结，并鼓励大家："今天的字谁写得好，老师也送你☆。而且还要请你来评评其他同学写的字呢！"这下，大家兴致勃勃地又继续写字了。巡视一圈，我发现学生比刚才认真多了。

我还经常让学生同桌互评，人人动脑，互帮互学，逐步提高他们的观察力和鉴别力。评议后，学生自己再纠正，加深体会，提高练写质量。有的学生还写一段话，告诉他该怎样写，说出自己在写字上的审美观点。

（三）展示鼓励

表现欲是小学生的特点。我们教师应该让学生充分展示自己的成功，为学生创造展示自己的机会。课堂上，我们采用板演、用实物投影仪等手段展示学生习作。课后，我们在教室办学生作业专栏，将他们的作品上墙“公开发表”，比比谁上榜次数多。每天把好的作品和美的姿势随时拍照下来传到家长微信里，这样的竞赛虽无物质鼓励，但同学们依旧兴致高昂，看到谁上榜了，会流露出羡慕的表情。谁被拍照了，会兴奋地告诉同伴。一个学期的写字教学，效果十分明显。学生不再感到写字是负担，真正感受到了写字的乐趣，许多学生幼小的心里已经立下当书法家的愿望。他们的字真正做到“书写规范、端正、整洁”。看到他们的成绩，心中便又增添了无穷的力量和信心。

汉语言文字独一无二，形神兼具，积淀了中华民族的睿智，中华民族的文化，中华民族的精神。人能写字，字能“写”人。汉语言文字的美能感染熏陶我们的学生，让他们做一个有灵性的人，大写的人。他们在慢慢地成长中将不断地领悟、体验，这其中更需要教师正确引导，长时间的坚持不懈，让学生心中的字活起来。生活中美无处不在，我相信，只要教师心中充满着“爱”和“美”，对学生长期施加美的影响，让学生吸收民族的智慧，培植热爱祖国文字的情感，我们的孩子一定能更健康地成长起来。

◇ 作者信息

武青文

北京市延庆区人，1986年7月参加工作，毕业于延庆师范学校，一级教师。现任延庆区第三小学教学副主任，主抓一二年级教学管理工作并兼任一年级写字教学。

低年级识字教学的有效策略

找准契合点发挥汉字在语文教学中的育人功能

北京市昌平区昌盛园小学　王淑阳

《义务教育语文课程标准（2011 年版）》在课程基本理念中指出："语文课程应特别关注汉语言文字的特点对识字写字、阅读、写作、口语交际和学生思维发展等方面的影响，在教学中尤其要重视良好的语感和整体把握的能力。"那么，汉字理趣对于阅读教学的推动和学生阅读能力的提升能起到何等深远的影响？怎样才能借助汉字字理引导学生进入阅读殿堂，使学生最大限度地受益呢？下面就教学中的一些尝试谈一谈粗浅的认识。

茅盾先生曾说过："文字是经过锤炼的语言的精华。"汉字经过长期发展演变，尽管形体有所变化，但它的表意特点仍然熠熠生辉。可见，在阅读教学中，透视汉字的结构规律进行理趣分析，探寻文字背后的传统文化，找准契合点进行析解渗透，会使阅读教学充盈浓浓的语文味，焕发出厚重而又具有灵性的启德开智的活力。

一、抓主旨，引趣激情，陶冶情操

好的开始是成功的基石。教学时我们可抓住紧扣单元主题的核心词语析解字理，由词入文深入学习。学生不但学起来兴趣盎然，而且主题把握准确、学习思路清晰、内容理解深刻，极大提高阅读效率，滋养学生人文情怀。

例如，《语文》（人教版）二年级上册六单元《识字六》是一首以爱为主题的对子歌。单元主题为：只要人人献出一点爱，世界就会变得更美好。教学时为了引趣激情，从单元主题中"美"的字理故事引入学习。师生共同想象：古时候人们以打猎为生，捕到羊后，把肉吃了，就戴起羊头美美地跳舞，表示欢乐的心情。"美"字上面的部分表示羊头，下面的部分表示一个人，这是最早的美。后来经过不断地演变，从甲骨文到金文、篆书、隶书，最后就成了现在我们学习的楷书。这一环节借助故事溯源及图字对照，形象、直观地再现了"美"的演变过程和意义，丰富了学生对"美"的理解，激发了学生浓厚的学习兴趣，为后面的学习中始终围绕“美”字深入理解韵文，奠定了良好的基础。学生围绕“美”这一核心内容学习韵文，发现美、鉴别美、践行美，从而陶冶美好的情操，培养关爱他人的感情。

二、抓题眼，逐层理解，滋养情怀

在教学中，教师要善于捕捉文章题目中那些能够产生辐射性作用的词语，引领学生探究词语的本源，充分地解读它们。这样，整篇文章的理解都将会被激活，课文的解读与人文滋养也就变得丰满起来。

例如，一年级上册《阳光》一课，齐读课题后可以先出示“阳”字的甲骨文，请学生猜一猜，“阳”的本意是什么呢？接着出示旭日从山巅初升的图片，引导学生观察：太阳从连绵不断的群山后面升起，由红彤彤变成了金灿灿的。通过这样的图字对照，学生很容易就理解了课文的第一自然段：“阳光像金子，洒遍田野、高山和小河。”而后，引导学生读文质疑：为什么文中说“阳光像金子，阳光比金子更宝贵呢？”此时，学生已经了解了“阳”的字理，且在头脑中形成了阳光照耀大地的画面，他们边想象边读文。有的学生说：“阳光和金子一样闪闪发光，但是它还能使小花、小草生长，让小河更漂亮。”有的学生说：“小动物和我们都离不开阳光！”在此基础上，再引导学生思考：没有了阳光，世界会怎样呢？如此，学生感受到了阳光像金子一样漂亮有价值，但是比金子更重要！字理析解和图文对照，使学生增加了对阳光的感性认识，调动学生学习的兴趣，进而深入思考阳光的作用，既激发了学生对大自然的热爱之情，又解决了对于低年级的学生来讲很难理解的问题。

三、抓核心，梳理主线，感悟道理

课文中的核心词是对理解文本含意起到突破性、关键性作用的词。这些词往往起到一词带全文，领全篇的作用。在教学时，应该抓住这类词语，在阅读教学中灵活、随机地渗透字理教学，运用字理析解达到“牵一发而动全身”之效。

例如，二年级上册第五单元第21课《从现在开始》。文章的主要内容是：猫头鹰和袋鼠以自我为中心，不懂得尊重别人的生活习惯和生活方式，招致“民怨沸腾”。而小猴子却让大家按照自己习惯的方式过日子，受到了大家的拥戴。生词“命令”是牵动全篇的核心词语。教学时，首先从生字“令”的字理解析入手。出示令的古字并告诉学生：“令”上面的部分是屋顶的形状，下面的部分表示跪着的人，合起来表示人在屋檐下发号施令。接着告诉学生“命”和“令”是同源字，也表示发号施令。想象着人发号施令的样子读一读这个词语。学生借助字理理解词语后，由词入文。引导学生思考：文中谁向小动物们下命令了呢？你能想象着他们的样子读一读吗？学生有了“命令”一词的字理学习基础，在朗读课文时，猫头鹰和袋鼠下命令时的样子和语气自然就会深入学生心里，从而把他们的样子读得活灵活现，自然也就理解了小动物为什么不选它们而是选小猴子当万兽之王。懂得了只有尊重别人才能得到别人尊重的道理。这样，整节课被一条线给穿了起来，脉络非常清晰，学得不亦乐乎。

四、抓重点，品词炼句，提高素养

阅读教学中，不是每一个字都要讲字理的，要选取那些让学生从汉字的构形特点了解该字音、形、义之间的关系，了解这个字为什么这样写，进而理解文章用此字的准确性，进一步理解文章的内容。例如，在教学二年级上册《雷雨》这篇课文时，学生读到“忽然一阵大风，吹得树枝乱摆。一只蜘蛛从网上垂下来，逃走了”这一句时，提出问题：为什么蜘蛛从网上垂下来而不是落下来、爬下来？当学生思维受到局限时借助“垂”的字理，突破难点。先出示古人写的垂字，请学生猜一猜它的意思。上面的部分像树枝，下面的部分表示树枝上结的果子。后来经过不断地演变，就成了现在的楷书“垂”。通过析解字理学生认识到这个字的本意是树上的果子垂下来。接着引导学生思考果子没有落在地上，有什么东西牵住了它？学生发现枝条上的小柄牵住了它。在此基础上请学生边看动画演示边思考质疑问题：“为什么蜘蛛从网上垂下来而不是掉下来、爬下来呢？”学生一下子就明白因为有蛛丝牵着，如果没有这根丝那就叫“落”。此时，学生在感叹课文用词准确的同时也感受到汉字文化的精妙。这一教例生动地阐明字理析词能加深学生的体验，并且提升学生对语言的敏锐感，感悟作者遣词造句之精妙，在潜移默化中提高学生的语文素养。同时，也让学生深深感受到中华汉字的精妙，产生热爱祖国文化，探求汉字理趣的强烈愿望。

五、抓关键，领会主旨，润泽心灵

有些文章表现主旨与核心内容的关键词非常明朗，这些关键词或尽表情达意之美，或现褒贬喜怒之情，或呈峰回路转之妙，或有点石成金之用。如果通过字理析词，并有针对性地设计问题，便使学生能够深刻地领会文章主旨，真正走进文本。

例如，“奉献”一词是《识字 6》的重点词语，它比较抽象，是学生理解的难点。教学时，首先出示“奉”字，把学生引入字理情境中了解奉献之意。告诉学生古人造字的时候，上半部分表示很精美的玉串，是古人看作最珍贵的物品。下半部分学生根据字理知识猜出是一双手，再引导学生做动作来理解。伸出双手，把最珍贵的东西恭敬地举起就是“奉”，和“献”组词奉献就是满怀情感，无私、恭敬地付出。接着把学生引入生活情境中感受奉献之情。请学生结合生活填词理解，说说生活中奉献爱心的小故事，而后辅以反映汶川地震时，我们捐钱捐物帮助灾区人民重建家园，最美女教师张丽莉在车祸来临时为了保护学生失去了双腿，身患重病的学生无偿地把眼角膜捐献给社会的事迹图片。从这些事例中学生深深地感受到把自己珍贵的东西献给社会、献给最需要的人就是奉献。在此基础上引导学生进入韵文情境，指导朗读，表达奉献之美。这样，将字理与学生生活和阅读理解建立起联系，达到字理识字、字理品读、字理育人的功效。

作为中华民族的文化瑰宝，每一个汉字，都有一张表情奇特的面孔，一段源远流长的故事，一种博大精深的文化。面对奥妙无穷的汉语言文字，我们在教学时巧妙地将字理分析融入课堂，能极大地促进学生对文本的理解和综合素养的提升。将汉字理趣合理运用到阅读教学中并将其传承下去，我们语文教师应首当其冲！

参考文献：

[1] 黄亢美. 字理＋心里＝合理——凸显字理，领悟汉字文化内涵涵 [J]. 小学教学参考，2005，31.

[2] 崔增亮 . 字源识字教学手册 [M]. 武汉：湖北少年儿童出版社，2011.

◇ **作者信息**

王淑阳

北京市骨干教师，从事语文教学工作 22 年。多次承担全国、市区级评优课、示范课、研究课。所撰写的论文、教学设计等多篇获全国、市、区级一、二等奖。在多年的教学实践中，不断地摸索，形成了扎实、细腻、灵动的课堂教学风格。

汉字传承　润物无声

——浅谈小学汉字教学实践中的点滴感受

北京教科院大兴实验小学　纪晶

我国的汉字文化博大精深、源远流长，每一个汉字都不是孤零零的一个字，其背后都包蕴着特有的情怀，有其自身的特点和规律，这就需要教师遵循汉字的特点和规律进行识字教学才能扎实有效。作为语文老师，我很乐于把这种情怀传递给孩子，让汉字文化传承下去。我执教过的识字课中，不少汉字教学经历给我留下了很深刻的印象。这些经历让我感受到每个汉字都有着自己的故事，都藏有可感知的温度。

一、掌握象形字的特点，让汉字教学妙趣横生

象形文字是最早产生的文字，它是用图画的方式把要表达的事物画出来，所谓“画成其物，随体诘诎”，这种文字是小学生最易接受，最有兴趣学习的汉字。

在小学低年级阶段，尤其是一年级，首先接触到的汉字就有象形字。在教学过程中，要出示这些汉字的图形，让小学生直观感受这些事物的真实样子，利用每个象形字就是一幅画的特点，先出示图画，让学生说说图上画的是什么？学生说出了图上画的是什么，然后再出示这些汉字，并且向学生指出，这幅图就告诉了你这个字念什么，快说说它们念什么，再拼一拼，看你读得对不对。这样学习起来就会容易得多，知道了这个字念什么，字形、字义和字音慢慢也就建立了联系。在学习之后，还可以让学生以此为游戏，通过看图片互相猜一猜，不仅可以激发学生的学习兴趣，还能加深学生对汉字字形的记忆和字义的理解。

《语文》（北京版）第一册识字部分的第二课是《日月水火》。在这一课中，需要学生学习的是“日”“月”“水”“火”这四个生字，在课文当中不仅有文字信息，还有图片信息，教学时要充分利用文本中的图片资源，帮助学生记忆生

字。“日”就是太阳，太阳的形状是圆的，中间有一笔横；“月”就是月亮，我们生活中更多见到的是弯月，所以人们在造字的时候，就画下来弯弯的月亮表示“月”；“水”是流动的，像一组一组的线条排列在一起，古人就这样用来表示“水”；“火”在燃烧的状态下火苗向上窜，下面有木柴供火燃烧，因此古人就造出了“火”字。学生在学习这些象形字的时候是从图画引入的，因此学习兴趣会很高，会觉得汉字有根可寻，妙趣横生，记忆起来也会比较容易。

二、根据指事字的特点，引领学生望字知义

指事字是一种象征性的符号，或者是在象形字上加象征符号来表示意思的汉字，所谓“各指其事以为之”。这样的汉字需要老师把符号所代表的意义明确告诉学生。指事字相对比较抽象，当不能用画图的方式表达意思时，就可以用这种方式表示。比如“一”“二”“三”能分别表示数字，比如“上”“下”表示上面和下面，再比如“刀”上加一点就是“刃”，表示最锋利的刀刃等。在小学学习阶段，我们可以在识字教学中有所渗透，尤其是独体指事字，把这类字中某些笔画所表示的意义告诉学生，从而达到望字知义的效果。

例如，《语文》（北京版）第一册识字部分的第四课是《上对下》，在这篇课文中，学生需要认识汉字“上”“下”，这时就可以对比来学，“上”从字形来看，第二笔小横放在靠上的位置，象征着“上方”“上面”；老师把“上”字做成一张卡片，颠倒下来，刚才见到的小横就变化了位置，成了“下”，表示“下方”“下面”，其中横变形为点。这样一来，学生在学习汉字时会感受到，有些汉字可以通过某一些笔画简单明了地表示出来，同时也为学习更复杂的汉字打下基础。

三、字形释义学会意字，领会汉字意味深长

会意字，顾名思义，就是通过观察这个字的字形就可以领会其中的意思，它是把两个或两个以上的独体象形字或指事字结合起来，从而表示一个新的意义的汉字。这类汉字的学习，需要学生首先有一定的汉字积累，才能完成理解性的学习。

会意字识记字音时是“由形义到音”，而识记字形则是“由音义到形”。如，学习“尖”字，教师问学生，“什么样的东西是尖的？”学生立刻说出一头儿小一头儿大的东西，上小下大就是“尖”。“众”，人口很多就称作“众”，三人表

示人多，所以三个人按“品”字型结构放在一起就是“众”。“休”，左边一个人，靠在右边的树，就表示休息的意思。又比如，《语文》（北京版）第二册识字部分的课文《客人到家我说请》，这篇课文是按字族编写儿歌。学生在读儿歌的过程中，认识部分“青字族”的字。那么在学习时，首先要了解的就是字族的字根“青”字。由于在教学这一课时正值春季，因此，我以一个问题：“在你的眼中，春天是什么颜色的？为什么？”作为导入，让学生畅所欲言。有的学生认为春天是绿色的，因为小草的颜色是绿色；有的学生认为春天是蓝色的，因为天空是蓝色的；还有的学生认为春天是彩色的，因为花儿是五颜六色的。我肯定了他们的答案，随即出示了一种颜色——青色。

导入“青”字的学习之后，为了让学生更深入地了解这个字，我出示了“青”字的演变图，在图中有“青”字的甲骨文、小篆、楷书的书写方式。我告诉学生：刚刚有的同学提到了小草的颜色是绿色，小草的颜色还可以说是“青色”，所以我们常说“青草”。因此在图中甲骨文的“青”字上半部分像一棵小草，下半部分是“丹青”的“丹”字，表示颜色。后来，“丹”字就演变成了“月”，就成了今天见到的“青”字了。

对于“青”字的处理我采用追根溯源的方式，通过理解字义来识记。这样一方面能激发学生认读生字的兴趣，另一方面能加深对该生字意义的理解，这一类汉字都有着背后独特的含义，这样教学，让学生感受到了汉字意味深长。

四、联系和比较中学习形声字，让学生触类旁通

形声字在小学汉字学习阶段出现的频率很高，它是用一个部件作形旁，表示意义或者类别，用另一个部件作声旁，发音相同或相似，两者结合成为一个形声字。正是因为纷繁庞大的汉字系统有着规律，字与字之间存在着许多联系，在识字教学中有效地利用这些联系，会提高识字教学效率，达到事半功倍的效果。

教学时，可以把具有相同声旁的字归为一类，让学生了解具有同一声旁的字就会有相同或相近的读音，这样学生会读一个字也就会读一串字了。还以《客人到家我说请》一课为例，学生在认识了“青”字后，我们开始了对“青”字族字的学习，本课“青”字族的生字包括：请、情、睛、晴、清、蜻。学生在学习这些汉字的时候就会轻松易懂得多。比如“请”左边言字旁表示“语言”，是形旁，右边的“青”是声旁，与“请”的发音相同；同理，“情”的形旁是竖心旁，表示心理活动；“睛”的形旁是“目”，表示眼睛；“晴”的形旁是

"日"，表示有太阳的时候是晴天；"清"的形旁是三点水，表示与水有关；"蜻"形旁为"虫"，表示一种昆虫。这样一来，学生在形旁、声旁相互配合学习下完成了对新字的记忆和理解。在复习中，我把具有相同声旁的字都找出来比一比，区别一下它们哪些是字音完全相同的，哪些是同音不同调的，哪些是同声不同韵的，哪些是同韵不同声的，学生在区别和比较中会对这些字音记忆更清楚，在字形和字义上，只要记住不同的形旁，对应不同的意思就可以了。本节课后，我给学生留了一项作业："青"字族还有哪些字，画在一朵小花里，有兴趣的同学可以查一查它们表示什么意思。之后我收到了学生们的作业，有："静""倩""精""靖""靓""菁"等。本节课出现的形声字虽然较多，但学生的学习效果很好。形声字的学习具有触类旁通的特点，从学生的作业中看到，当学生掌握了形声字的基本规律后，学习起来就会容易得多。教学时，还可以把具有相同形旁的字归为一类，这样学生根据一个形旁的意思，就知道了有这个形旁的一串字的含义，大大提高了学习效率。比如"议、讨、论"和"伙、伴"两组形旁相同的字，学生根据言字旁就知道第一组字都和说话有关，根据单人旁就知道第二组字都和人有关，就不用每个汉字都单独讲解了。

利用联系和比较，既可以让学生举一反三、触类旁通，提高识字教学效率，又可以让学生区别汉字细微处的不同，使学生对生字掌握得更加准确。

汉字中蕴藏的智慧需要有心人深入地去挖掘，作为教师，我们理所当然是这样的"有心人"，我们对待汉字的态度会感染学生，从而让这种对待汉字不断探究的精神传承下去。让学生从行动中发现汉语言文字的魅力，遵循汉字的特点和规律，以科学的方法学习生字，探究汉语言文字的意义，进而传承汉语言文字背后所蕴藏的精神。有了科学的方法，就能攻克汉字难关，就能跨越学生的认知障碍，识字教学就会扎实有效。

◇ 作者信息

纪晶

毕业于首都师范大学教育学专业，现为小学高级。她的课例、教学设计、教学课件曾多次获得国家级、市区级奖励。她最喜欢德国的哲学家、教育学家雅思贝尔斯的一句话："教育就是一棵树摇动一棵树，一朵云推动一朵云，一个灵魂唤醒另一个灵魂。"

利用现代教育技术，变“学”为“玩”促识字

北京小学翡翠城分校　张超

古人云：“人生聪明识字始。”郭沫若先生也曾说：“识字是一切探求之第一步。”可见，识字是其他一切学习活动的起点和基础。小学生识字数量的多少直接关系到学生阅读活动的开始时间和阅读量。然而，在学习过程中，识字这个学习任务往往是非常枯燥的。《义务教育语文课程标准（2011 年版）》指出：“语文教学应该激发学生的学习兴趣”，要让学生“对学习汉字有浓厚的兴趣”。在面对学生参差不齐的“已知”情况下，如何既把汉字知识传授给学生，又能让学生充满兴趣地去学习、去掌握知识，而不感到乏味？这对老师提出了新的要求和考验。

经过思考和实践，我发现在教学识字课的时候，往往有相当一部分学生对要学习的知识已经有了一定的基础，或者说有一部分学生对于要学习的生字已经掌握了。那么在课堂教学中，教师就尽量不要再作烦琐的讲解，不要生硬地告诉学生该怎样去识记生字，而是抓住学生好奇心强、渴望表现的心理特点，巧妙地利用现代教育技术，利用多媒体的演示辅助识字教学，引导学生在既丰富多彩又简便的课件游戏中识字，在玩乐中将知识润物无声地渗透给学生。引导学生在主动积极的思维和情感活动中自主探究，寓教于乐，让学生真正喜欢汉字，对识字产生浓厚的兴趣，激发学生的学习积极性，从而提高识字教学的效率。利用现代教育技术，是低耗高效地完成识字任务的一条捷径。

一、利用现代教育技术，激发学生的识字兴趣

艳丽的色彩，生动的画面，悦耳的音乐……现代技术赋予语文教学丰富多彩的表现形式，在儿童的认知与教学之间架起一座桥梁，使他们能愉快地探索知识的奥秘。尤其是现代教育技术的识字动画对学生极富吸引力，它能有效地唤起学生的无意注意，在提高识字兴趣的同时，促进低年级学生注意力稳定性的培养。

在教学《台湾的蝴蝶谷》一课时，我利用一些现代技术手段辅助学生进行

识字的学习，效果是非常明显的。

拼图游戏是学生在课下常玩的，我把这个游戏搬到课堂上，用到认识字词的环节中。通过反复认读、记忆，在学生对生字词有了初步认识后，我带领学生玩“拼图”游戏。我用课文中的词语盖住了一幅漂亮的蝴蝶图片，告诉学生：“词语下面藏着一幅漂亮的图片，只有把词语都读对了才能揭开谜底，看到图片。”学生们一听来了兴致，没等我宣布开始就争先恐后地读起词语来，有不认识的还着急地请教身边的同学。每当学生读对一个词语就能拼出图片的一部分，当全部词语都读对时，一幅完整的、漂亮的蝴蝶图片出现在大屏幕上。学生们看到美丽的蝴蝶都发出了惊叹，同时也因为自己闯过了这一关而高兴。

“知之者不如好之者，好之者不如乐之者。”利用现代技术把学习变成了游戏，做游戏的兴致高了，学习的兴致自然也就高了。通过这个小游戏一下子提高了学生识字读词的兴趣，也就为学习开了一个好头。

二、利用现代教育技术，提高识字效率

汉字是世界上最复杂的文字，但同时也是世界上最明确简短的文字。由于汉字本身具有字数繁多、字形结构复杂、相似性大等特殊性，给儿童掌握字形带来了极大的困难。另外，由于低年级学生本身的记忆特点是以具体形象记忆和机械记忆占优势，因而识字速度缓慢，容易出错。因此，提高学生的识字效率，成为小学语文教师所要重视的问题。

现代教育技术帮我们很大程度上解决了这个难题，我们可以在教学中利用现代技术把汉字的构字原理通过直观动感的画面，形象的语言，展现于学生眼前，强化感知。适时引导学生进行观察、思考、概括，使之对汉字的音、形、义有较深的理解，简化识字思维的过程，形成良好的学习迁移，促进学习策略的发展。

在教学《台湾的蝴蝶谷》一课时，除了拼图游戏，我还在课上设计了另外几个辅助学生识字的小游戏，从而提高学生的识字效率。

“找朋友”游戏，这个小游戏是将本课中的“迷、灿、壮、引、团”几个生字分别拆分成两部分，打乱这

些部件，学生通过跟伙伴商量将这些部件组成本课的新字，课件演示部件组成新字的过程，从而加深学生对新字的印象。

“火眼金睛”游戏，顾名思义就是要考验学生的眼力了。我在大屏幕上出示了我们以前学习过的“赏、组”两个字，引导学生利用换一换的方法，把这两个字换成这节课的新字，课件上通过移动、更换等动作演示出从“赏、组”两个字变化为“常、祖”两个字的过程，学生观察到两个字偏旁的变化，对于理解新字的含义也起到了一定的作用。

“猜一猜”是一个猜字游戏，利用现代教育技术，我出示了“非”字由甲骨文逐渐演变成现代汉字的过程，让学生猜一猜这是什么字，学生比较容易猜出这是“非常”的“非”字。然后我再在课件上一边演示一边进行讲解“非”字的字理：“两个背靠背的人，伸出一只手，互相推互相抵制，所以‘非’表示‘不’的意思。”学生借助课件中出示的图片，很快就理解了“非”字的意思。

这里之所以安排三个游戏，是因为本节课的生字可以归为三类来学习，“迷、灿、壮、引、团”都是由两部分组成，因此可以将他们拆分开，由学生组合来识记，其中隐含的识字方法是“熟字加偏旁”；“常、祖”两个字与之前所学的“赏、组”两个字分别互为形近字，因此可以引导学生用“熟字换偏旁”的方法来识记；“非”字的演变过程很有意思，因此让学生看一看它的演变过程，通过猜一猜来加深印象；“谷”字在导入课题时就以画图找位置的方式帮助学生理解了，因此在游戏环节中没有再涉及。

这几个游戏均是借助现代技术，在大屏幕上进行演示。由于现代技术的快捷、方便，从而大大提高了学生的识字效率。又因为各种游戏的创设，使学生在活泼轻松的氛围中获得了鲜明生动的印象，发挥了儿童的想象能力，激发了学习者的好奇心，把“学知识”变为“玩游戏”，让他们真正成为学习的小主人，轻松愉快地掌握汉字，发展了思维能力。

三、利用现代教育技术，提高写字质量

《义务教育语文课程标准（2011 年版）》对小学生写字方面提出了要求：“指导学生掌握基本的书写技能，养成良好的书写习惯，提高书写质量。”近年各地中高考更加注重了考查学生“写字”的能力，写字教学成了语文教学的重要内容之一。

对于低年级的语文教学，写字更是非常重要的一个环节，课上的书写训练是写好字的关键，所以在教学《台湾的蝴蝶谷》一课时，我将书写设置为闯关

游戏的第三关——写字关。首先在大屏幕上出示本节课要学写的几个字，让学生自主观察，互相提醒在写的时候需要注意什么，老师做相机的指导并范写，在课件中演示汉字的笔画顺序以及易错的笔画，然后学生书写，再进行展示和评价。经过了课件的演示和仔细地观察、交流，学生写出的汉字规范、整洁。可见，现代技术的使用大大提高了学生的写字质量。

实践证明，低年级小学生虽然年龄小，但是挑战欲强烈。巧妙借助现代教育技术，让学生想办法跟生字交上朋友，将学生放在学习的主体地位，调动学生学习的积极性、主动性，引导学生在主动积极的思维和情感活动中自主探究，自悟自得。从而让学生感觉这并不是在学习，而是在做游戏。

随着多媒体和远程教育资源的日渐普及，越来越多的现代化科技手段被运用于识字教学，图、文、声和动画等特殊功能大大激发了学生识字的兴趣，提高了学生识字的效率。教师利用现代技术在游戏中引导学生识字，也就做到了润物无声，变“教”为“引”，变“学”为“玩”。这样的方式让学生学得轻松，学得容易，从而逐渐实现学生由“学会”到“会学”的转变，促进学生识字能力的提高。

参考文献：

[1] 温儒敏. 义务教育语文课程标准（2011 年版）解读 [M]. 北京：高等教育出版社，2012.

[2] 孙杰远. 信息技术与课程整合 [M]. 北京：北京大学出版社，2002.

◇ 作者信息

张超

小学一级教师，大兴区语文骨干教师，多次在国家级、市区级教育教学评比中获得优异成绩。张老师在教学中秉承以学生为主体的原则，善于引导，乐于钻研，不断促进学生取得进步。

“联系”是让低年级学生精准理解字义的良方

北京市房山区教师进修学校　谷凤霞

汉字是表意文字，是音形义的统一体，这是汉字区别于其他文字的显著特点。字形是汉字外部表现的书写形式，是可见的；字音是汉字外部表现的口语形式，是可听到的；字义是汉字的内容，是汉字的灵魂，虽然看不见，听不到，但是可以感受、理解、体会得到。

字义是汉字三个组成因素中最关键的部分，是文字的核心和生命。文字存在的价值就在于表达意义。可见，识字教学要以字义教学为核心，帮助学生把汉字的音形义三者之间建立联系，能记其形，知其音，更要解其义。

怎样让学生精准地理解字义呢？运用联系的方法是引导学生掌握字义的有效策略。世界万物都不是孤立存在的，事物与事物间有着密不可分的联系，它们相互影响、相互制约，因此，我们不应该把事物孤立起来，应该用联系的思想看待周围的每一样事物，就汉字而言也是如此。汉字是音形义三位一体的文字，音形义三个要素并不孤立存在，而是相互联系的。每个汉字也都不是孤立存在的，它既是相对个体，又和汉字群体、汉语言环境和人们的生活有密切的联系。因此，低年级识字教学中就不应该孤立地识字，字义教学也不应该孤立进行。将联系的思想、观点和方法运用于识字教学中，引导学生运用联系的方法，理解汉字的意思，会有助于学生深刻、精准地理解字义，起到事半功倍的效果。

一、联系生活实际理解字义

语言是人类在生产生活中产生的交际工具，很大一部分语言就是表达生活内容，文字又是表示语言的符号，那么，许多文字表达的也就是生活中的客观事物。因此，识字教学应引导学生联系生活实际，结合学生熟悉的事物识字，简单又深刻，生动又有兴趣。

例如，《语文》（北京版）实验教材《蔬菜营养丰富》一课，其中的生字包含了“葱、姜、蒜”这几个字，都是表示事物名称的字，这些事物都是学生生活中所熟知的东西，在理解字义方面，授课教师是这样做的：

师：同学们见过葱、姜、蒜吗？

生：见过。

（出示图片与词语“大葱、鲜姜、紫皮蒜”）

师：请同学们看图读读词语。

师：你在哪见过它们？给大家介绍一下这些东西吧。

生1：我在超市和农贸市场里都见过大葱，一捆一捆的，白白的身子，绿绿的叶子。

师：你介绍了葱的样子。

生2：厨房里见过，妈妈炒菜时总是放点葱，这样菜的味道特别香。

师：你介绍了葱的作用。

生3：在饭桌上，我爸就用大葱蘸酱吃，他说很香，我尝了尝其实很辣，我都不敢吃！（同学笑了）

师：你介绍了葱的味道。

师：对，大葱既可以做厨房里的佐料，又可以直接吃，只是它的味道辛辣，有人喜欢有人怕。大家再读读“葱”这个字，记一记它吧。那姜和蒜呢？也像这样介绍一下它们吧……

最后教师小结：刚才我们认识了“葱、姜、蒜”这三个字，联系生活实际，了解了葱、姜、蒜的样子，知道了它们的味道和作用，也认识了这几个字，相信大家一定记住这几个字了。

这一案例中，教师就是通过引导学生联系熟悉的生活中的已知内容，帮助学生理解字义。虽然“葱、姜、蒜”是孩子们生活中常见的东西，孩子们对它们有一定的了解，但是对于低年级学生来说也只是一知半解，通过联系生活、伙伴介绍让学生对葱、姜、蒜有了更深刻的了解，从而深入地理解字义。

二、联系汉字构字规律理解字义

汉字有着自身的构字规律，许慎把汉字归纳为六书：象形、指事、会意、形声、假借、转注。象形、指事、会意、形声是汉字的造字方法，联系造字方法，循着造字规律引导学生理解字义是最为科学有效的。

（一）联系客观事物理解象形字、指事字的字义

象形字本身就是客观事物的名称，有了对应的客观事物，字义一目了然。

如“山、石、田、土、木、禾、米、竹”等字，就可以用实物或实物图片帮助学生理解字义。

指事字是在象形字的基础上加上某个符号，表示某种位置或概念。这类字主要是强调符号所表示的意义。同样可以联系客观事物来帮助学生理解字义。如“本、末”，联系树木的图片，让学生知道，在木字的下面加上一横，就表示树根的位置，所以本字的本义就是树根。末，就是在木字树梢上加一笔做个记号，所以末的本义就表示树梢的意思。

（二）联系字形内部因素理解会意、形声字的字义

会意字和形声字都是由部件构成的合体字，字形本身就含有字义。这两类字教师一定要引导学生联系字形部件理解字义。

会意字是由两个或两个以上独体字构成的表示一个新的意思的字。只要联系每个部件的意思，新字的意思就迎刃而解了。例如，尖，一头小一头大就是尖；歪：不正就歪了；掰：两手一分就掰开了；众：就是很多人等。

形声字的特点是形旁表意，声旁表音。联系生字本身的形旁，就能帮助学生了解生字意思。例如，蚂蚁、蜜蜂、蜈蚣，都有虫字旁，那这些动物一定是昆虫类的生物。岭、峰、崎、岖等字的意思一定和山有关系。联系形声字的特点，能让学生理解带有某一个形旁的一类字的意思，大大提高了识字效率，达到事半功倍的效果。

三、联系语言环境理解字义

识字教学要遵循语文学习的规律，要联系语言环境进行教学，做到字不离词，词不离句，句不离文。只有把生字放在语言环境中才能更好地理解字义。

（一）联系词语理解字义

有许多汉字是一字多义，也就是在不同的词语和句子中有不同的意思。例如“会”这个字在不同的词语中就有许多义项：①会面，彼此见面；②会游泳，能干什么；③会合，合在一起；④领会，理解领悟；⑤省会，主要的城市；⑥一会儿，一小段时间；⑦机会，时机等。对这类字的教学，虽然要用不同的形式和方法进行，但仍然要紧紧联系语言环境识字，而不能孤立地进行识字教学。在语言环境中识字，更能显示字的音、形、义之间的联系。如果脱离词语环境，就很难确定它的字音和字义了。

（二）联系语句感悟字义

识字在一定程度上就是学词，理解了词义也就完成了理解字义的任务，在

理解字词意思时，一定要联系相关语句及上下文来进行。这样会让学生对字词的理解更加精准。有位教师在《动物时装表演》一课中，对“兄弟”一词的教学给人的印象十分深刻，当时的情景如下：

步骤一：教师指名读课文“小白兔称赞道：‘孔雀姑娘多美呀！’松鼠摇摇头说：‘这是孔雀兄弟，孔雀姑娘的时装可没有这么漂亮！’”

步骤二：引导学生查词典，看看“兄弟”有几种意思。（①指哥哥或弟弟；②弟弟；③指对男子亲切的称呼。）

步骤三：引导学生在语境中联系上下文理解意思。

师：请同学们选一选，“兄弟”在这里应该是哪个意思并说说理由。

生 1：应该是第一种意思。因为兄就是哥哥，弟就是弟弟，合起来就是哥哥和弟弟。

生 2：我觉得应该是第三种意思，是对男子的亲切的称呼。因为小白兔说孔雀姑娘可真美呀，它是把孔雀当成了女的了，小松鼠纠正小白兔说这不是姑娘是孔雀兄弟，也就是说这不是女孔雀，是男孔雀的。所以，我觉得应该是第三种意思。

师：大家同意谁的意见。

生齐答：张思亮（生 2）的意见。

师小结：大家可真会学习，就是第三种意思。字典词典中对一个字或词语可能有多解释，我们不知道选哪一个，这时我们就要联系字词所在语句选取它们的意思。联系语句理解字词意思是一种非常好的方法，以后我们会经常用到这种方法理解字词。

在这个过程中，教师在学生自主学习的基础上，引导学生联系语言环境，通过自己的逻辑思维进行判断，准确地理解了字词的意思。进而教师又提升了理解字词要联系语句的学习方法，提示学生在后续的字词学习中就可以运用此方法。学生不但理解了字词之义，也悟到了学习字词之法，同时，思维能力也得到了训练与发展，可谓一举多得。

（三）联系文本感悟字义

汉语中有些字词意思比较简单具体，容易理解，但是有些字词的意思就比较抽象，必须联系文本内容，结合文本情境才能感悟理解字词的意思，否则，学生的理解也只是浮于表面，一知半解。因此教学时一定要在阅读文本过程中，结合对文本的了解，循序渐进地引导学生感悟字词的意思。这样，学生对字词的理解才能精准、深刻。

《奇妙的歌手》一课中，“奇妙”是由两个生字组成的生词，是本文的题目，也是题眼，更是课文中最核心的重要词语。一位教师在教学时就紧紧抓住了这一重要的词语，让学生在阅读课文过程中结合对故事情节的了解，感受蟋蟀、青蛙、蝉发声的特点，感悟声音的美妙，从而深刻感悟“奇妙”二字。教师授课时是这样做的：

环节一：解题之时初解“奇妙”

师：课题中有两个生字，大家读一读。

生齐读。

师：请给这两个字分别组个词语吧。

生：奇特、稀奇、奇怪。

师：妙呢？

生：巧妙、美妙。

师：结合刚才给这两个字组的词语，能猜一下奇妙的歌手会是什么样的吗？

生 1：应该是唱歌方法奇特又巧妙的。

生 2：也可能是歌声又稀奇又美妙。

师：就字面理解，同学猜得都对。

环节二：精读课文时感受“奇妙”

师：请大家读一读课文，画一画小黄莺都找了那些歌手来合唱队？

学生完成第一个任务，画出了蟋蟀、青蛙、蝉。

师：再仔细读一读课文，想一想为什么说它们是奇妙的歌手呢？和组内伙伴交流一下。

交流反馈：

一组汇报

生：我们说说小蟋蟀。因为，我们唱歌都是用嗓子唱的，可是小蟋蟀唱歌不用嗓子，是用翅膀振动发声的，所以小蟋蟀是奇妙的歌手。

师：小蟋蟀唱歌发声用的身体部位和大家不一样，它的翅膀可以唱歌，真是奇特，这只是它“奇”的地方，妙在什么地方呢？

生 1：小蟋蟀唱的歌很动听，就好像悦耳的琴声一样，很美妙。

生 2：它不用嗓子都能唱出这么好听的歌，真是妙。

师：对呀，我们就从它的歌声那么动听，就觉得这已经是很妙了。想想有的人或动物就是用嗓子唱都唱得不好听，这位歌手该有多奇妙哇！

出示课件，蟋蟀用翅膀发声的动画，借助动画以及声音让学生感受小蟋蟀唱歌的奇妙。

二组汇报（**青蛙**）……**三组**（**蝉**）……**汇报交流**

其他小组汇报中也同样感悟到了青蛙、蝉唱歌的奇妙之处。

环节三：总结提升时深悟“奇妙”

师：回忆这三位奇妙的歌手，想一想它们有什么相同的和不同的地方呢？

生 1：相同点是它们唱歌都不用嗓子。

生 2：它们唱歌都很悦耳动听。

生 3：不同点是它们唱歌用的地方不一样，蟋蟀用翅膀，青蛙用声囊，蝉用响板振动。

师：同学们真是会思考会总结的好孩子！看世界上很多动物都不用嗓子发声，它们各有各的发声器官和方法，这真是件神奇的事；它们发出的声音各有各的特点，但很悦耳动听，就像在大自然中奏响的交响乐，美妙动人。难怪说它们是奇妙的歌手。

教师通过这三个环节，由浅入深，由表及里，层层深入地让学生准确深入地理解了“奇、妙”两字和“奇妙”一词的意思。巧妙地把读文与识字学词有机结合，学生既了解了课文内容，感受到了有些动物发出声音是不用嗓子的，又让学生感悟到了大自然神奇美妙之处，同时深刻领悟了“奇妙”一词的意思。使二者相辅相成互相促进，融为了一体。

联系既是指导人们认识事物、学习知识的思想，也是认识事物、学习知识的方法。运用联系的方法会让学习更轻松，更有效。事实证明，在低年级教学中指导学生以联系的思想为指导，运用联系的方法识字更是事半功倍，真可谓是助学生精准深刻理解字义的良方。

◇ 作者信息

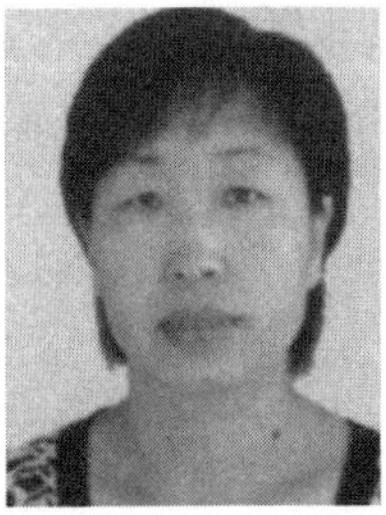

谷凤霞

北京市骨干教师，房山区教师进修学校小学语文教研员，获首届“全国语文教师语言文字基本功大赛”一等奖，多篇论文和教学设计在全国及市级刊物发表。

构建学情课堂，让识字学习真正发生

北京教育学院丰台分院　刘玉娟

汉字是中国文化的根，它承载着中华民族的文明与精髓。掌握汉字是文化素养的基本表现，是小学生发展的基础。从更深刻的思想修养角度看，汉字教育的境界不仅是知识积累、能力培养和技巧训练，更是传统文化教育与爱国主义教育的一个有机组成部分。为此，《义务教育语文课程标准（2011 年版）》明确提出：“识字、写字是阅读和写作的基础，是第一学段的教学重点。”但实际教学中不难发现，尽管识字教学很重要，识字教学的方法、形式也百花齐发，但识字教学的效率还显欠佳。笔者认为，其重要原因是教师过于关注提供资源而忽略了让学生在识字中真正地思维、真正地学习。如何在识字教学中着眼于学生的实际获得，变“教”为“学”，让学习真正发生，教师仍需进一步完善和思考。

通过教学实践，笔者发现，识字教学中，只有构建基于学情的课堂，学生的学习才能真正发生，才能促进学生的实际获得。

一、以学情诊断为基点

日常生活中我们常有这样的感触：书到用时方恨少。实际需要往往是学习的动力。其实，教学也是如此。了解学生的“实际需要”，并在此基础上“以学定教”“顺学而导”是有效教学的重要法则。正如苏霍姆林斯基所强调的：“在每个孩子心中最隐秘的一角都有根独特的琴弦，拨动它就会发出特有的音响，要使孩子的心同我讲的话发生共鸣，我自身就需要同孩子的心弦对准音调。”识字教学更当如此。因为：其一，识字的主体是学生；其二，学生需要认识生字的音、形、义，还要将其综合起来形成对一个字或是一些字的整体理解，这个整体理解的过程与学生本身的经验息息相关。所以，了解学生原有经验和学习基础，对学生的学情进行诊断，在学情需要的基础上再提出有效的教学策略显得尤为重要。可以说，学情诊断是识字教学实现变“教”为“学”的基础。

教学实践证明，有效地了解学情，至少应该跨越对三个时态的审视：过去的“已知”、现在的“需知”“能知”和未来的“想知”。

（一）趣味测试，明确“已知”

美国认知教育心理学家奥苏贝尔说：“如果我不得不将教育心理还原为一条原理的话，我将会说，影响学习的最重要原因是学生已经知道了什么，我们应当根据学生原有的知识状况去进行教学。”可见，了解学生“已知”是何等关键。

“已知”，指学生在学习新内容之前原有的知识和技能等方面的水平。只有建立在学生已有知识基础、学习经验之上的学习，才是扎实有效的，所学知识才能成为学生自身再创造的知识链接中的一环。

识字教学中，了解学生“已知”的途径是多种多样的。如与学生交流、沟通，通过作业批阅，解答学生的问题等渠道都可以了解学生的各方面情况和能力层次。而对于低年级学生而言，采取趣味测试的办法能很好地避免学生说不清、道不明的现象，使了解学情效果更直接、更清晰。

例如《四季的脚步》中有 8 个生字，学习生字时，两位教师采用了不同的策略：

案例 1：学生自学生字后，教师采用很开放的方式引导学生：“谁来说说你有什么好办法记住这些字？”于是，课堂一片活跃。

案例 2：采用前测策略：“昨天你们预习了课文，预习得怎么样？咱们做个手拉手的组字游戏，看谁能在最短的时间内帮它们找到好朋友。”（出示测试单）

肖	月	女	又	禾	鱼	
羊	忄	也	却	欠	子	火

两种教学策略孰优孰劣一目了然。教师采用游戏的形式对学生进行检测，一目了然地了解到了学生存在的问题，找准了学生学习的真正起点在哪里。这样了解“已知”，使教学能够更有针对性地直奔学生的问题之处，提高了教学效率。教学生不懂的是一种智慧，不教学生懂了的是一种更超脱的智慧。

（二）研读教材，通晓“需知”

“需知”一般是指按照课标和教材的要求，学生需要达到的目标。

例如，《语文》（北京版）教材第四册中的《尧字歌》属字族识字，由“尧”字带出了“晓、浇、烧”等 8 个字。一个字加上不同的偏旁，组成不同的新字，并且，根据所加的偏旁，就能大体了解这个字的意思。让学生掌握这一方法，能记住、区分形声字，这就是教学这一课要达到的目标。所以教学时，就要凸显字的形、义间的联系，尤其是偏旁与字义的联系。

又如，《淘气的小星星》中列出了两栏字词，前四组字的规律是：熟字合起来组成生字；后四组字的规律是：熟字换偏旁组成生字。所以教学时，就要凸显强化这两种记字方法。

准确了解“需知”后，教学目标才能明确。

（三）认真分析，确定“能知”

“能知”，就是通过本节课的学习，不同层次和水平的学生在自己能力范围之内所能获得的知识与能力、方法与经验。找准学生现在的“能知”，才能有效避免教学“高攀”或“低就”现象，使学生在能力所及范畴内真正开展学习。

如何教学《尧字歌》？梳理研读教材后就会发现，教材的第二册、第三册已经安排学习过《客人到家我说请》《方字歌》的内容，学生已有学“青字族”“方字族”的经验，并且已经熟悉根据形旁记忆、区分生字的方法。鉴于此，教学《尧字歌》时，若教师再把学生当成一张白纸零起点教学，引导学生去揣摩字族字的特点，则降低了学生的学习力，学习效率会大大降低。相反，若让学生学以致用，运用已有能力独立学习来完成这一课的学习任务，对学生而言并非难事，这是他们能力所能达到的高度。基于这样的学情，教学《尧字歌》就可采用“独立发现、自主区分、尝试运用”的教学策略，使学生在独立运用、实践中夯实技能。

可见，准确把握学生的“能知”，才能以此寻求到有效的学习策略，教学才更有实效。

（四）沟通交流，探明“想知”

所谓“想知”，是指学生发自内心的需要和兴趣，是在教学目标所确定的范围之外，学生还希望知道或了解的内容。学生“想知”的内容可能与本节课的学习内容有关，也可能无很大关联，不管哪种情况，教师都要适当引导，保护学生的求知欲。因为兴趣对人的行为具有重要的驱动、定向、维持和激励作用，学生的兴趣，直接决定学生的学习态度，探明、关注学生的“想知”，识字教学会事半功倍。识字中，与学生沟通、交流是探明“想知”的简单而有效的办法。

如《尧字歌》教学的尾声：

师：孩子们，今天你们多了不起呀，自己就学会了这么多“尧字族”的字，收获真不小！上了这节课，你还想知道些什么？

（一石激起千层浪，学生畅所欲言）

生：老师，“尧字族”的字还有哪些呀？

师：你还想多知道一些“尧字族”的字呀，真好！老师告诉你一个好办法，你可以去问问那位“不说话”的老师呀。咱们比比赛赛，看谁从“不说话”的老师那里知道的“尧字族”的字最多。

生：老师，我想下课查查字典，看看“尧字族”的字还有哪些。我把它们挑出来，回家考考我爷爷。

师：多有想法呀！明天你把考爷爷的结果告诉大家行吗？

生：老师，您说“尧”是我国古代传说中的一位领袖，我想看看“尧”的故事。

师：好想法。你找到后推荐给同学们好吗？如果你找不到，老师可以帮忙……

孩子的“想知”正是本节课教学的延展和丰富，顺应他们期待的“想知”继续推进学习活动，学生主动学习的良好态势便得到了延续，如此良性循环，便是识字教学的理想状态。

可见，教师就像一个优秀的推销员，一方面要熟知自己的产品，另一方面了解自己的服务对象。教师只有在真正掌握学情的基础上才能在先进的教学理念指导下来优化课堂教学。

二、以“让学”设计为关键点

学生是学习的主体，课堂是学生的学习场所。教师要有“退”的精神、“让”的勇气。笔者在教学实践中发现，在针对学情的基础上，着力打造“让学”的识字课堂，学生的学习才会真正发生，且实际获得更显丰厚。

（一）给足思维空间

陶行知先生早在1927年就提出主张：“事情怎样做就怎样学，怎样学就怎样教，教的法子要根据学的法子，学的法子要根据做的法子。”怎样才是根据做的法子呢？陶先生教导：解放小孩子的嘴巴，让他去说；解放小孩子的双手，让他去做；解放小孩子的大脑，让他去想；解放小孩子的空间，让他扩大眼界；解放小孩子的时间，让他去创造。这才是真正的根据了“学的法子”，才是真正根据了“做的法子”。

解放学生，教师不牵不带，给学生足够的实践机会，学生就能冲破束缚、自由驰骋，放飞思维，灵性释放，还给我们众多精彩。实践中发现，解放学生最重要的是要解放学生的头脑，让学生有思维的空间。

如教学《尧字歌》时，因为学生已经有学习“青字族”“方字族”的基础，所以，教师大胆放手，给学生空间，自我探究解决问题：

1. 看谁独具慧眼，能把儿歌中所有的‘尧字族’的字都找出来。而且看谁能准确地叫出它们的名字。

待学生发现“尧字族”字后，教师继续给予学生自我揣摩、探究的空间。

2. 这些淘气的尧字族的字都躲到图画里了，请你把它找出来，还要告诉大家为什么是这个字。（出示图画）

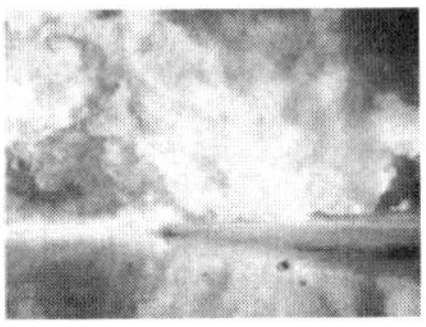

这样设计，是调动学生已有的对字族字特点的认识（读音、字形）来解决新问题，在解决新问题的过程中，进一步强化对字族字的认知，从而学会了这一组形声字。因为教师放手给了学生自主学习的空间，学生便能自主发现、自主揣摩、自主解决问题，自身的独立思维、理性思考的潜能就被激发了出来，还给了课堂一份精彩。

（二）善创任务情境

苏霍姆林斯基说过：“人的内心有一种根深蒂固的需要——总感到自己是一个发现者、研究者、探究者，在儿童的精神世界中这种需要特别强烈。”若教师能把握这一特性，在教学中善于创设能够促使学生发现、促使学生解决问题的情境，使教学尽可能活动化，学生便能真学习、真提升。

如当学生熟读《春回大地》（《语文》北京版）后，我这样引导：

师：“看，来了这么多生字朋友（课件出示所有的熟字和新字），他们本应该两个字一组站好队，可是刚才跑得太快，走散了，你们能帮帮它们站好队吗？”

生动手摆排字卡。

师：老师仔细看了，好多同学是这样排队的：（出示学生摆放的字卡）

东—冻　鸡—鸭　星—醒　牙—芽　地—坪　虾—蜂

师：快说说，你们为什么让这些字这样排队呀？

生：东—冻、星—醒、牙—芽这三组是旧字加一部分，组成了新的生字。鸡—鸭、地—坪、虾—蜂这三组是旧字换一部分组成了新的生字。

师：你们真了不起，真是火眼金睛！

教师创设了任务情境，促使学生主动思维、发现新旧字之间的联系，把生字进行了归类，发现了识字方法。

（三）巧妙调控学情

苏霍姆林斯基说过："教育的技巧并不在于能预见到课堂的所有细节，而在于根据当时的具体情况，巧妙地在学生的不知不觉中做出相应的变动。"学情具有客观性、动态性、可知性、可变性和多样性。教师就必须始终关注学情，从而以学定教，顺学而导。唯如此，放手识字、给学生思维的空间才不会流于形式，学生也才能确有实际获得和提升。例如，

师：谁有好办法记住"柳"字？

生："柳"字左边是木字旁，右边是撇、竖提、撇、横折钩、竖。

师：你是用数笔画的办法记住右半部分的。

生：老师，"柳树"是树木，所以左边是木字旁。

师：是呀，你真会发现。

生：我用"迎"字来记字。把"欢迎"的"迎"的走之旁换成木字旁，右边的部分加一撇就是"柳树"的"柳"字。

师：大家看，风一吹柳枝，柳枝就飘起来了。快看，（师用绿色粉笔把"柳"字的长撇描绿）这一笔，像不像垂下来的柳枝？""柳树"一定得有柳枝呀！

生欣喜地点头。

不难看出，在放手"让学"的过程中，教师如此巧妙地调控和点拨十分必要，使教学更具实效，使学生更有收获，不仅牢牢地记住了"柳"字，还明白了在多样的识字方法中要异中选优，用最简单、最巧妙的方法去记字。

总之，识字教学中，"了解学情"是让学习真正发生的基点，"让学"是使学生真正学习、有实际获得的关键，二者缺一不可。唯如此，学生才能真正逃离识字的"枯燥"和"痛苦"，在"需要"中自由地、主动地获得，才能真正感受到汉字的魅力，在真正学习的过程中成长。

参考文献：

［1］陶行知. 教学合一［M］. 南京：江苏教育出版社，2006.
［2］苏霍姆林斯基. 给教师的建议［M］. 北京：教育科学出版社，1984.

◇ **作者信息**

刘玉娟

小学语文教研员，高级教师，北京市学科带头人，北京市名师工程班学员。曾主持多个北京市规划课题、北京市教育学会立项课题的研究工作。主编出版著作《小学语文“整体—拓展”阅读的研究与实践》《小学语文能力培养初探：目标·要点·序列·实践》《百草园（课内拓展阅读丛书）》。多篇论文在全国、市级教学论文评比中获奖，《专题学习：名家名篇教学的有效途径》等多篇文章发表。

播种识字花种，让孩子心中的识字花园芬芳满园

北京市顺义区南彩第二小学　董丽娟

识字是低年级最重要的教学任务。扩大学生的识字量，解决学生的识字问题，扫清识字障碍，为学生尽早进入大量阅读奠定坚实的基础，进而提高学生的语文综合素养。《义务教育语文课程标准（2011年版）》在教学建议中指出："识字、写字是阅读和写作的基础，是第一学段的教学重点。"低年级阶段学生识字与写字的要求应有所不同，要贯彻"多认少写"的识字教学原则，讲究教学方法，以减轻学生负担。在识字教学中，教师要充分发挥主导作用，调动学生的多种感官，使学生积极地参与识字教学。教师要以满腔热情为学生铺路搭桥，帮助学生寻找出隐含在汉字中的童趣，让识字教学百花齐放。

一、播种识字兴趣的花种

托尔斯泰说过："成功的教学所需要的不是强制，而是激发学生的兴趣。"对于低年级的小学生来说，重要的是培养他们的识字兴趣。学生在学习过程中，兴趣是最好的老师，是最基础的动力和源泉。有了兴趣，学习自然会取得事半功倍的效果。《义务教育语文课程标准（2011年版）》指出第一学段识字教学的目标：喜欢学习汉字，有主动识字、写字的愿望。学生有了喜欢和愿望，才能让学习汉字变得轻松，变得主动。因此，只有让学生对学习汉字产生兴趣才能使学生喜欢汉字，有主动识字的愿望。

以《语文》（北京版）实验教材第二册《不正就是歪》一课为例，谈谈自己在识字课上如何激发学生学习汉字兴趣的。

在这一课的教学中，"到汉字乐园游玩"的教学情境设计贯穿始终，引导学生在汉字乐园"捉迷藏"，到汉字果园"摘苹果"，玩"看图猜字"等游戏，从而激发学生的识字兴趣，使识字课灵动起来。

课前的看图猜字小游戏，引领学生复习熟字"火、木、手、人"及偏旁"宝盖儿"的意思。这几个字与偏旁正式构成本课生字的构字部件。图与文字对

应的方式，在强化汉字表意的同时，也为会意字拼形而知意的特点做好了铺垫。

课前游戏中的几幅动态的画面将有些图画组合在一起。“这又是哪几个字在和我们捉迷藏呢？”这里，我们巧妙地利用图画的组合引导学生猜想生字。图画组合的过程，既是渗透会意字特点的过程，又是刺激学生视觉感官的过程，自然能很好地激发起学生的识字兴趣。“捉迷藏”的游戏，充分尊重了学生的已有认知，调动起学生的多种感官，激发起学生的初读兴趣，引导学生积极主动地阅读、思考、探究。

在课后巩固环节中，选一名学生走上讲台组织大家到汉字果园玩“摘苹果”的游戏。学生成为课堂的主人，学生的积极性被调动起来，思维也被激活，识字效率可谓事半功倍。之后我又出示一首生动、有趣的小儿歌——“田里虫（灾）来得急，爷爷着（zháo）急没（休）息，小猴（歪）头想主意，大家帮忙（掰）玉米。”学生在新的语言环境中尝试生字的运用，更让学生体验到汉字就是一个个小精灵，可以组合成一个个生动有趣的故事。

课堂上，挖掘汉字的趣味性，启发学生的眼、口、手、脑多种感官。孩子们在玩中完成了本课新知的学习，又对汉字充满了热情，对识字充满了期待。在体验识字的乐趣中不知不觉地掌握了汉字，激起学生的识字兴趣，培养他们主动识字的习惯。

二、播种识字方法的花种

在识字教学过程中，采用形式多样的识字方法来激发学生学习兴趣，提高识记效果，把识字过程中乏味的机械记忆变为一种有趣的活动，带领学生在快乐中识字。要让学生完成由“学会”到“会学”的转变，进而获得识字的主动权和高效率，正如著名教育家叶圣陶老师说过：“我以为好的先生不是教书，不是教学生，乃是教学生学。”

（一）儿歌说一说

低年级学生活泼、好动，让他们死记硬背一些较复杂的字是很难的。为了激发学生的识字兴趣，降低识字难度，我们可根据一些字形的特点自编一些儿歌让学生说一说。学生说儿歌的过程实际就是识记字形的过程，这种识记不同于机械识记，是在积极的思维活动中记忆，印象深刻。

比如，在学习“直”和“真”时，采用儿歌“有脚真开心，没脚直犯愁”；在学习“洒”和“酒”时，可以教学生这样记：“两个满水缸，是酒做记号，是水洒地上。”这样记通俗易懂，贴切生活，学生说得开心，记得牢固。

（二）动作做一做

在识字教学过程中，如果遇到表达动作的生字时，让学生运用身体的部位，在表演中识字就是一种行之有效的方法。比如，在学习“掰”字时，我让孩子边做动作边识记，不仅使孩子掌握了字的读音，还了解了字的真正含义。“看”字教学也可以运用这种方法：把手放在眼睛上面，往远处望，就是“看”。这样引导学生识字，不仅能让学生在很短的时间内记住这些字，而且加深了对汉字含义的理解。

（三）汉字加一加

这种识字方法主要是给熟字加一笔或加一个偏旁后成一个新字，帮助学生运用学过的熟字来记忆新字。

学生刚刚入学，学习的生字比较有限，识字方法也不丰富，教师往往就会带领学生用汉字加一笔的方法记忆新字。比如，学生先学会了“大”字，在认识“太”字时就用大字加一笔的方法。随着学生识字量的逐渐增多，就会用到熟字加一个偏旁了。比如，“子”加个女字旁就是新字“好”。这种识字方法实际上就是为学生识记新字搭建一个平台，降低了识字的难度。

（四）偏旁换一换

这种识字方法就是利用熟字换偏旁来记忆新字。比如，学生先学习了“红”字，在学习“江”字时就可以选用这种识字方法，把绞丝旁换成三点水就成了“江”字。这种记字方法还有一个好处就是能够借助偏旁来了解字义，并能够准确地帮助学生区分形近字。比如，“桃、挑、逃、跳”，这几个字只是偏旁不同，而正是由于偏旁的不同，导致字义发生了变化，学生记忆起来不仅快速而且准确。

（五）汉字归一归

这种识字方法指的是归类识字。选用这种识字方法的生字一般都是声旁相同或形旁相同。

比如，教学《江河湖海起波浪》一课，本课多数的生字都是三点水旁，把这样的生字放在一起讲，一是让学生观察这类字的特点，二是在识字中了解这一类字的意思。当把这类生字放在一起比较时，学生不难看出含有三点水的生字都和水有关系。

再比如，《尧字歌》一课的教学。识记和认读的字虽然很多，但只需要用文中的一句话“尧字一共有六笔，请你一定要记牢”记住“尧”字，那么，结合偏旁表意的作用，学生在课堂上很轻松地就会记住“晓、饶、浇、烧、挠、绕”几个生字。运用这种汉字归一归的方法识字，既省时又高效。

（六）汉字合一合

这种识字方法在低年级识字课堂上也是时常会用到的。他们的识字量少，初认识的生字独体字占一大部分。我们抓住这一特点，指导学生用汉字合一合的方法记忆生字是个不错的方法。比如，“明”字就可以让学生用“日和月组成明”来记字。这种识字方法不仅能够帮助学生识记生字，而且还能使学生获得收获的喜悦，同时也激发学生学习汉字的兴趣。

在丰富多彩的识字方法潜移默化的熏陶下，学生感受到学习汉字的乐趣，感受到祖国语言文字的无限魅力，会越来越喜欢汉字，并能逐渐养成自主识字的习惯，进而提高了独立识字的能力，为以后的语言知识、能力的发展打下坚实的基础。让学生更加热爱语言文字，真正享受到学习语言文字的快乐！

三、播种识字文化的花种

在识字教学中，渗透字理解析，不仅有利于提高学生的学习兴趣，增强记忆和发展思维，还能潜移默化地感受到汉字文化的博大精深，从而产生对祖国语言文字和民族文化的热爱之情。

（一）字理的渗透

字理教学主要是在教学时渗透字理解析，知其源，识其字。让学生感悟汉字文化的内涵，学以致用，适当迁移，从而自觉地喜爱汉字，提高识字能力和阅读能力。引导学生步入神奇的汉字王国，让一个个汉字在学生眼里全然不是枯燥的符号，而是一幅画、一首诗、一个故事，使他们在浑然不知中沐浴着汉语言文化的无穷魅力。因此，课堂教学中巧妙地运用字理教学，可以提高识字效果。

比如，学习“冠”和“寇”字时，渗透字理教学，“冠”字从冖（读 mì 表示覆盖的意思），从元（人头），从寸（手），合起来表示手拿东西（帽子）加在人的头上。因此，冠字本读 guān，指帽子，如衣冠不整、张冠李戴。“寇”字从宀（房子），从元（人头），从攴（读 pū，手持器械），合起来表示手持器械闯进别人家里打人家的头，这种行为就是强盗行为。因此，寇字的本义指盗匪。学生在知晓了这两个字的字源后，不仅能牢记字的结构，了解汉字的音、形、义，加快识字的速度，而且还能使他们获得汉字文化的熏陶。

（二）偏旁表意的渗透

我国的汉字大部分是形声字，课堂上就要关注形旁表意的作用，渗透给学生这方面的文化。

比如，示字旁和衣字旁，这两个偏旁对于学生而言就较难区分。我在教学中就为学生讲解它们的来历：示字旁，古代人们用来祭拜神灵的台子，用以供奉神主，人们根据台子的形状造出了“示”字。凡“示字旁”的汉字，往往与祭祀有关，如祸、福、神、祖、祀、祥等。而字形由“示”演变为“礻”。衣字旁是“衣服”的“衣”的变形，那么衣字旁的字自然与衣服有密切的关系了，比如，裙、褂、裤、袄等。把这两个偏旁的由来渗透给学生后，孩子们牢记在心，记得一清二楚。再如，两点水与三点水，当学生知道两点水表“冰”，三点水跟水有关系时，就不会把两个部首混淆了。

学生们一旦积累了这些汉字文化，就可以通过一个偏旁认识一连串的字，理解很多不容易区分的近义词，也避免了形近字的错写，并形成识字的能力。

综上所述，一定要在孩子识字阶段，播下识字的花种，让孩子心中的识字百花园中各色花朵争奇斗艳，芬芳满园。同时，让孩子的幼小心灵感受中华民族博大的汉字文化，为孩子们进入快乐的阅读天地打下坚实的基础。

◇ 作者信息

董丽娟

小学一级教师，多年担任低年级语文教学工作，有丰富的教学经验。顺义区低年级语文中心组成员、兼职教研员。多次承担市区级研究课、观摩课。撰写的多篇论文分获市区级奖项。顺义区骨干教师，优秀教育工作者。

学生是识字课堂的主人

北京市顺义空港小学　程田华

【镜头一】

“老师，我抄了一首诗，您看……”一双笑眯眯的眼睛望着我，我放下奋笔急判的一摞作业本，接过那个小本子，题目《白云泉》，泉字下面的“水”写成了“小”，我见之一笑，“呦，泉里没水呀！”可爱的小姑娘一愣，凑近本子仔细地瞧。“嘻嘻……”等到她再来到我面前时，字已经改好了。

【镜头二】

一次校内听课，授课内容是二年级《法布尔小时候的故事》。讲到生字“事”，杜老师和学生们共同编了一句顺口溜“一横一口一倒山，一个竖钩上下连”。简单易懂并且顺口的一句话，竟将生字的字形记忆难点突破了。对比以前古板的识字方法真是特别，从学生们的笑脸中、瞪大的眼睛中，我发现学生听后都感到新鲜、好玩又好记，感受到原来识字是这么有趣而又容易的事情。

多年的低年级语文教学，使我深知：识字写字是低年级语文教学的重点。作为一位语文老师，如何做才能让学生既不出现镜头一中所谓的马虎错误，又不是在大量的反复的机械抄写中获得正确的认知，而是达到镜头二中学生一提到识记生字眼睛就冒光的语文识字境界呢？

一、授之以渔，让识字有法可依

在识字初期，学生没有识字的方法，此时，我们要教给学生识字方法，让学生学会方法，并在联系、迁移中有选择地运用方法的意识，以达到会灵活运用方法识记不同结构、不同语境的字词的能力。

（一）字画结合，识记汉字

从语文书第一册的象形字入手，字画结合，析形索义，因义记形。王筠说：“小时识字，始于象形也。”象形字多为独体字。它源于生活中的各种事物，是描绘事物的形象、轮廓或局部造出来的字，故有“书画同源”的说法。

每个汉字都是一幅图画。“象形文字是由图画演化来的，每一个图画文字的单位，原本是一个整体，并不是由一点一画凑起来的。”（唐兰《中国文字学》）如“日”“月”“山”“水”“田”等，就像画画一样，是照着事物的形象描摹下来的。在识记汉字过程中，让学生们利用象形字的特点，用笔勾出一个事物的大致形状，构成一幅简单而又形象的图画，这样就会比只用语言传递的信息要更加直观形象，学生也更容易接受。

如识记“日、月、水、火”等汉字，我们可以让孩子在纸上画一条小河，画几座小山，接着顺势而导，把小河演变成“水”字，把小山演变成“山”字。帮助学生准确地认识和理解汉字的意思，记住汉字的字形，提高识记汉字的效率。

汉字的创造经历了一个由易到难的漫长过程，由象形到指事、会意、形声。而汉字的象形、会意等造字方法又往往是结合在一起的，比如“大”字，甲骨文里就是一个“正面站立、双臂伸平而且两腿分开的人形”。所以说，教学时通过画与字的结合，既把汉字字理由浅入深地悄然渗透到识字教学中去，又揭示汉字的构字与演变过程，这不仅使我们的教学更科学，更使识字教学理性化、趣味化。我们帮助学生建立汉字与事物之间的联系，让学生掌握这些汉字的识字方法：看到字，联想到这一事物，通过事物了解字的意思。

（二）重点比对，识记汉字

我所带的班级是二年级，在这一年的教学中，我和学生们一同尝试着各种识字方法，总结了一些生字的趣味识记方法，在识字教学中让学生乐此不疲，轻松识字汉字。

有的生字容易和别的字混淆，遇到这样的生字，我会请学生辨析，仔细观察结构、笔画、部件，用不同之处来区分字的外形和意义。并和学生总结出方便记忆、通俗易懂的语句来帮助理解、记忆。

“恩”和“思”：“恩”中有“大”字，所以我们说“大恩人”。记住“恩”，也就和“思”区别了字形。

“龙”和“尤”：“龙”强调“撇”，似龙尾巴。“尤”是龙没了尾巴，“尤”其难看。

“坑”：土坑，全是“土”。

“吭”：吭声要用“口”发出。

“兰”：小“兰”把“羊”尾巴拽掉了。（即“羊”没有“竖”。）

“复”：“日”复一日。（记住“复”字中间是“日”而不是“目”。）

“商”:“八”“口”人在商店里商量事情。(记住“商”字中间是“八”和“口”。)

“哪”：用“口”问哪。(突出“口”。)

“怜”：从“心”中可怜那些弱小的鹳鸟。(联系课文《请鹳鸟到咱们家过冬》记忆生字，并记住“竖心旁”。)

“虎”：虎爪子有钩。(突出第三笔“横钩”。)

“柳”：弯弯的柳枝。(突出第七笔是“撇”似柳枝。)

“赞”：两个先生在称赞宝贝。(突出“先”和“贝”。)

事实证明，这样的方法，学生易于掌握，很多学生已不用老师提示就能得心应手地应用于识记生字当中。

(三)归类迁移，识记汉字

“归类”，这里指将同类别或同结构或有相同部件、意思、主题的汉字分类集中，并试着按汉字的构字特点安排归类迁移，引导学生初步感知汉字的构字规律，使学生们在有限的时间内，高效地认识一批汉字；这样，有助于孩子们掌握识字方法，为进一步学习汉字打下基础。例如：青字族的汉字、形声字的认识等。

小学生对新奇的、第一次接触的事物，总有一种新鲜感，容易产生浓厚兴趣，会积极地投入到“亲口尝新”的学习中。但对于多次出现的不新鲜的事物却不能联系与迁移，这对识字的能力与效率来说不是好事。因此我经常挂在嘴边的话就是“联系你的生活，想想怎样记住它”“联系你学过的字，找找有没有和它长得特别像的字”……学到三点水旁，想一想还有哪些字也是三点水旁，读一读字，组一组词，你会发现带有三点水旁的字都与水有关。此时孩子们对生字本身、对三点水旁的认知就又上了一个层次。

识记《小小的船》一课的生字“看”时，孩子们只想到了加一加的方法识记。我提示：那我们来联系一下我们的生活，《西游记》里孙悟空看远处时总是做什么动作，做一做。发现了吗？手放在眼睛上方往远看，我看到同学们了，你们看到什么了，孩子们高兴地做着说着。我趁热打铁，带领学生总结带有目字的字还有哪些，适时提升：它们都与眼睛有关。此后，“看”这个生字，孩子们在平时的书写中真的鲜有错误，可见联系迁移的方法功不可没。

我们的教学中，还有很多识记生字的方法，总而言之，我们要遵循的就是，老师不仅要重视识字方法的教授与总结，还要适度地放手，问问孩子，你有什么好方法识记生字。拓宽孩子的思维，激发孩子的求异求新的欲望，培养不因循守旧、敢于创新的思考习惯。真正做到，让孩子学会识字方法，会结合语境和汉字特点灵活选用有效的识字方法帮助自己识记生字。既要授之以鱼，更要授之以渔。

二、活动探究，让学生乐于参与

掌握了识字方法，还需要在活动中加以巩固，提高学生乐于参与的兴趣。为学生创设运用的“场”，是教师义不容辞的责任。

（一）敢于放手，活动趣味高效

叶圣陶先生曾说：“上课，在学生是报告和讨论，不是一味地听讲；在老师是指导和纠正，不是一味地讲解。”因此要让学生真正地成为学习的主人，教师在课堂教学中就应该给学生提供充分的活动空间，尽量地把时间还给学生。因此，教师要营造出学生感兴趣的、愉悦的、轻松的学习氛围，使学生有强烈的求知欲望，无限延伸自己的思绪，积极主动参与到探究新知的活动中。

识字时，我请学生两两一组，选取自己想识记的生字，一人说字音、字形、结构，一人用生字组词、总结与生字相近的形近字同音字。然后小组展示。在小组活动中，学生们积极参与，既提高了识字兴趣，又培养了合作意识。交流中，大家你编一个谜语，我用生字说一个句子，他又有一个新招……如此有趣且有意义的识字过程怎么不叫我和我的学生喜欢呢？

“鸟”和“乌”，“喝”和“渴”的区分，一直以来都是教学的难点，我请学生自己找找好方法来记。没想到，学生们的答案很精彩：“乌”比“鸟”少一点，是因为乌鸦全身都是黑的，看不到它的眼睛。对于“喝、渴”的区别，学生这样说：“喝水”要用口喝，所以是口字旁；“渴”是因为口渴了特别想喝水，所以是三点水旁。由此看出，我们只要放开手脚，大胆让学生讨论尝试，学生会给我们很多惊喜。

（二）巧设活动，活动科学高效

抓住生字的特点选择恰当的识字方法也是我们首要考虑的。任何学习内容都是有理可依的，不能失去其科学性，如：识字时要考虑生字的字源字理。我们在教学中注意运用字源字理知识进行识字教学，把汉字字理由浅及深地逐步渗透到识字教学中去，会使我们的教学更科学，而且能使识字教学理性化、趣味化，从而提高识字质量和效率。

【镜头三】

以讲授“青字族”识字课为例，课堂上学生走上讲台，在趣味活动中真真地过了一把“老师”瘾。

师：青字能和许多偏旁交朋友，组成新的字，就让我们轻轻打开书读读课文吧！

师：圈一圈带有青字的合体字，读一读。并写在学习卡上小组内介绍。

指名代表小组向大家介绍你找到的青字族的字。（提示：介绍时注意“在哪句话中找到了哪个字？这个字是什么样的？怎样记住？试着组词或说句话？”）

生1：“请”是言字旁加青，它是形声字，与说话有关。

生2：叔叔站在门口说请进，阿姨来到沙发前说请坐，端来茶对丁丁说请喝茶，说话时用上请字，可以显出我们很有礼貌。带有言字旁的字多与说话有关系，例如：讨、论、议、语、谈、话、说……

生3：如果客人来了我们什么都不说，就显得没有礼貌了，请字是要说出来的，所以言字旁与说话有关。

生4：眨眨你们的眼睛，“睛”与眼睛有关，是目字旁。

生5：你会用“情”组词吗？心情、友情、情绪……都与“心”有关，是竖心旁。

让学生自己去发现汉字特点，就等于给了学生一把学习的金钥匙。

【镜头四】

在《工加力字组成功》一课的识字教学中，因为本课重点学习几个很有特点的合体字，所以我把学生五人分为一组，人手一张卡片，卡片上是一些独体字，这些独体字有的可以做合体字的声旁，有的可以做合体字的形旁。

通过二十分钟的教学，学生已经对形声字有了初步的认识，此时，老师设计了组字比赛：听老师说一句话，组员用卡片组出老师说的句子中的汉字。

刚开始的几句话中出现的都是本节课刚学过的生字，小组间没有什么快慢之分。如：足球场上，红队向蓝队发起了猛烈的进攻。各小组立刻出示了“工”和“反文旁”的卡片组成的“攻”字，但在后面的比赛中可就有趣了，老师说：“你为什么总是盯着我看。”很多小组都拿出了“金字旁”和“丁”的卡片。而有的小组却出现了小纠纷。一个小姑娘按着他们组的“金字旁”卡片不让举，她告诉大家，盯着看不能用金属的“金”看，其他小组听后，也发现了问题，为自己的不假思索不好意思地笑了。此时，老师说：“你们各组都没有目字旁，我这里有。”老师出示了目字旁，与同学的“丁”组成了盯着看的“盯”。老师紧跟着问大家，“盯”字的形旁为什么是目字旁呢？学生们边用手指着自己的眼睛并说：“盯着看要用眼睛，所以‘盯’字是目字旁！”

至此，因形声字形旁表意、声旁表音的特点，学生不但能很快记住这些字，而且会慢慢地根据形旁去推测字义，从中总结出“加一加、减一减、换一换”的识字方法，并把这一识字方法延伸到课外，培养识字能力，扩展识字量。

综上所述，在识字过程中，教给孩子识字方法，授之以渔，使识字有法可依。在课堂上敢于放手，巧设活动，在孩子们经历合作、交流、讨论、比赛之时，孩子们的思维碰撞出绚烂的火花，提高了对生字的观察、分析、区分的能力，随着识字教学进程的展开，学生能用自己喜欢的方法分析字的音形义、记忆字的音形义。孩子们在实践中真正成为学习的小主人。与此同时，在这个过程中还培养了他们思维的灵活性、独创性，提高了口语表达能力。当我们的识字课堂是孩子们的天下时，孩子们会更快乐有效地学习。

◇ 作者信息

程田华

顺义区语文骨干教师，曾获顺义区师德标兵、优秀教育工作者、优秀班主任、优秀辅导员、百优班主任等称号。曾多次被聘为顺义区语文兼职教研员。多次在市区级说课、微课、现场展示中获一、二等奖。撰写的十余篇论文在市区级比赛中获奖，并有多篇文章、教学实录发表。

突破形近字教学难点的有效策略

北京市顺义区第一中学附属小学　刘秀清

形近字是指字形相近的字，是学生识字教学中的难点，汉字中的形近字有很多，学生在识记、书写和使用时常常会出现读错、写错、用错的情况，给学生的阅读、写作和学习带来困难和麻烦。作为语文教师，要认真分析易错形近字的特点，寻找学习困难的原因，科学设计形近字教学有效策略，尽可能地帮助学生分清楚、记准确、用正确，进而化难为易，提高形近字的教学实效。

一、容易混淆的形近字特点

通过多年的教学实践，我们不难发现在学生的学习中，出现错别字的原因主要是形近字混淆，写字时多一笔或少一笔，或者将偏旁部首写错。归纳一下，易错的形近字主要有以下几种：

1. 笔画笔顺相同，写法不同。

有些字笔顺笔画都相同，但是写法不一样，读音也不一样，学生学习这些生字时，容易造成混淆。比如只有两笔，一撇一捺写成的“八”“人”和“入”。不少学生没有关注三个字的细微变化，读者在阅读他们的作业时，总是需要联系上下文来猜读。再比如：“己”“已”和“巳”，“未”和“末”，“士”和“土”，也同样存在这样的问题，学生错误率极高。

2. 声旁相同，形旁相近。

汉字中的形声字占很大比例，不少形近字声旁相同，表意的形旁不同，如“喝”和“渴”，“密”和“蜜”，还有“镜”和“境”等，这些形近字也是学生不易掌握的难点，经常会出现差错。

3. 字形相近，相差一两笔。

有些字字形相近，在学生眼中就像双胞胎或多胞胎，需要仔细分辨，了解字义，才能区分。比如：“刀”和“刃”，“贫”和“贪”，“师”和“帅”，这样的字也是学生容易读错写错的。

二、形近字混淆的原因分析

识字写字是一个复杂的学习过程。在这个过程中，学生识字能力的发展既受到学生生理、心理等自身主观因素影响，又有生字本身的客观原因。造成识字写字出现问题主要有以下原因：

（一）客观原因

1. 有人说：汉字是中国人民智慧的结晶，每个汉字或是一个故事，或是一幅画，或是一首诗，从最早的甲骨文到今天的简化汉字，中国汉字历经了六千多年的演变，但至今依然被认为是世界最难学的语言。

2. 教师的教学能力和水平也直接影响着学生识字写字的效果。有些教师自身对于汉字没有深入研究，对于识字写字教学重视程度不够，没有合理预设学生识字写字的困难，更没有积极探索形近字教学的有效策略，方式方法简单枯燥，影响了学生的学习效果。

（二）主观原因

1. 学习动力不足。

识字写字对于学生而言，是相对枯燥的。部分学生对于学习汉字既没方法又没兴趣，只是机械记忆，简单重复，不能利用多种感官主动学习，因而学习效果不好。

2. 自我管理意识缺乏。

小学生自我管理能力较弱，需要教师和家长监管的情况和时间更多，再加上随着识字量的增大，识字要求的提高，不少学生便会出现应付作业，特别是对于识字写字，不能主动进行复习和梳理，日久天长，积少成多，逐渐出现形近字混淆使用的现状。

3. 学习能力欠优。

根据多元智能理论，我们知道人有多种智能，每个人的智能发展程度不一，有部分学生学习生字有困难，稍微有难度的生字便掌握不好。这样的学生虽然不多，但也的确存在。再加上汉字笔画变化较多，有些学生擅长形象思维，抽象思维能力差，能记住生字的字形、字音，但对于理解字义有困难，特别是形近字和同音字，因而在写词、造句等语用过程中就会出现错别字。

三、减少形近字错误的策略

（一）发现规律，巧分形近字

汉字是有特点、有规律的，教师要善于引导学生发现汉字的规律，一方面利于识记，防止遗忘，另一方面为以后学习同类生字打基础，提高识字写字能力。

下面结合课例说明：

《语文》（北京版）第二册《工加力字组成功》，本课运用儿歌的形式帮助学生完成识字任务，学会8个生字是教学目标之一，其中4个形声字的学习是重点。一年级下学期的学生已初步具备了一定的识字能力，但是利用声旁表音，形旁表意的特点来识记汉字还是第一次。因此，帮助学生了解形声字的特点，培养学生识字的兴趣和独立识字的能力，指导学生把字写好，就成为本课的重点、难点。

1. 揭示规律，激发好奇。

有人说，汉字是中国人民智慧的结晶。我们的祖先在研究和创造汉字的时候，是按照一定的规律进行的。我们要是能够找到这些规律，就会发现汉字越学越有趣。

师：现在请大家看几个有规律的汉字：

（出示学生学过的生字：请、清、情）

师：读一读，你发现了什么规律？

学生自由发言，之后教师小结：这三个左右结构的字，右边都是“青”。读音呢？都和“青”相同或相近。要区分它们，需看左边的偏旁，左边表示生字的意思。像这样一旁表音一旁表意的字，我们的祖先给它们起了一个名字，叫“形声字”。

今天我们要学习的第8课中，也有这样的形声字，打开书，自由读课文，要注意读准字音、读通句子。然后找到这样的形声字，拿出铅笔圈一圈。（贴出形声字字卡：攻、永、泳）

2. 运用规律，多认少写。

在学完本课生字后，老师引导学生利用形声字的规律，进行拓展识字。

师：从前，有个秀才在学生字，他一看这些字都是形声字，于是很快就知道了这些字的意思，并且读对了它们的字音，你知道秀才是怎么做到的吗？

（教师出示生字）

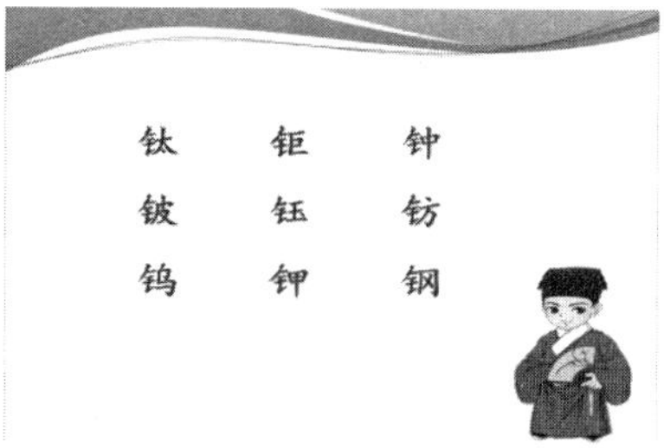

（1）猜字音。

师：猜猜这些字读什么音呢？为什么？

教师引导：这些字都是形声字，左边金字旁表意，它们都跟金属有关。这个聪明的秀才利用形声字声旁表音的特点，读出声旁的音就读出了整个字的音。

（2）猜字义。

教师引导学生读词语，猜猜意思。学生根据形声字形旁表意的特点，明白了词语的意义。

（二）根据学情，提高针对性

在学习生字时，老师不仅要注重汉字自身特点，更要分析学情，结合学生认知能力和已经具备的识字能力，充分合理预设学生学习新知中的困难和疑惑，进而采取更有针对性的策略，帮助学生用最高效的办法学会每个生字，为今后与其他形近字混淆扫清障碍。

《猫头鹰能当劳动模范吗》一文中有这样的一句话："大王，猫头鹰的相貌又凶又丑，叫声难听，非常吓人。"句中"貌""凶""丑""相"，这四个字，都是本课生字学习中的重点和难点，根据以往的教学经验，学生学习这四个字存在不同的困难，教师在教学中应采用不同策略。"貌"字笔画多，易写错。"凶"字，字义如字形。"丑"字，笔顺易错。多音字"相"，应注意语境。请看课例：

教师出示这句话，引导学生正确朗读，之后随文在语境中学习生字和多音字。

1. 学习多音字“相”，用另一个读音组词。

2. 讲解生字“貌”：形声字，左边“豸字旁”表示动物（课件演示从动物变偏旁的过程），右边“皃”（读 mào）表示外形、样子。合起来表示动物的外形、样子，这就是“貌”，师生一起来书空。

3. 自主识记生字“凶”和“丑”。

教师出示“凶”的字理图片，帮助学生记忆字形和理解字义：

学生说“丑”的笔顺时可能会出现先横后竖的错误，教师出示正确的笔顺，再练习书空。

4. 写一写三个生字并组词。

貌（　　）　凶（　　）　丑（　　）

这个环节，教师针对学情、汉字特点，选择适合学生的学习方式，引导学生在语境中学习生字，收到了很好的效果。笔画复杂的字、有意义的字采用了解汉字背后的造字原理帮助学生识记，感受汉字文化，激发识字兴趣，升华对汉字的喜爱之情。对于笔顺易错的字，注意教给学生方法，引导学生对照笔顺跟随书写。如果每个汉字的学习都这样扎实充分，那么孩子们的错别字一定会减少。

（三）多元识字，提升学习力

在识字教学中，不断变换新方式，采用学生喜闻乐见的形式，让抽象枯燥的汉字变得具体形象，让学生学起来轻松主动，不仅可以提高识字效果，同时也能激活学生不同的智慧，发展思维，提升学习能力。

1. 在生活中识字。

《义务教育语文课程标准（2011 年版）》指出：“识字教学要注意儿童心理特点，将学生熟识的语言因素作为主要材料，结合学生的生活经验，引导他们利用各种机会主动识字，力求识用结合。”生活处处皆语文，生活为学习语文提供了广阔的空间。汉字在日常生活中随处可见，要学生养成留意周围事物，认真学习生字的习惯。引人注目的广告牌、醒目的店铺名、每个人的名字、各种商品的标签等都是学生学习汉字，发展语言的“活资源”。

我班有名学生总是将“吃饭”的“饭”写成“吃饱”的“饱”。后来我让他在每天放学回家的路上，和妈妈一起数一数你路过几个饭店，都是什么饭店？

他果然这样做了，在数饭店的名字的同时，“饭”这个字也被无意间牢牢记在了心里，在向我汇报的同时又提高了口头表达的能力。我还开展了每天都用当天所学的生字“说今天”的活动，让学生联系生活实际，结合自己的生活经验，巩固学过的生字，使学生在轻松的环境中熟练地掌握所学的生字，激发了学生的学习兴趣，使识字学习由枯燥变为有趣，由抽象变为形象，又发展了学生的语言。

2. 在绘画中识字。

低年级的孩子年龄小，他们更喜欢形象直观图文并茂的形式，这样的强烈的视觉刺激不仅能够吸引小孩子的注意力，还能在他们的“心灵小窗”上留下深刻的印象。

在教学中，讲“休、掰、旦、鲜”等会意字时，我安排学生们结合字义自己动手给汉字画一幅画。学生们可高兴了，于是有的学生拿着自己画的字画，给老师看；有的学生举着“鲜”的字画，给同学猜。我问他们为什么要这样画时，他们还能够结合自己的想法讲出自己独到的见解。

引导学生借助动手画事物来识记字形，增强了教学的形象性和趣味性，这种符合儿童认知特点的教学方法，比老师直接把造字规律讲给他们来记忆字形，要深刻得多，而且又给学生提供了绘画机会，促进了学科间的融合，发展了学生的空间智慧。

3. 在韵文中识字。

我们的语文教材针对低年级儿童的特点，安排了儿歌识字、韵文识字等让孩子很感兴趣的篇章。这种形式对于爱说爱唱的低年级孩子来说，更为适合。所以，我便尝试着以编儿歌、顺口溜的形式，来识记形近字，收到了很好的效果。

学习生字“鸡、鸭”，我们这样记：一只甲鸟是小“鸭”，又来一只小鸟是小“鸡”；学习生字“滴、摘”，我们这样记：有水是“滴”，用手来“摘”。其中，有的儿歌是我为了教学需要，自编的，有的顺口溜是学生们集体创编的。

由此可见，通过儿歌韵文，学生不仅可以记住生字的音、形、义，而且还创设了一种充满韵律的课堂节奏，陶冶了学生的情操，活跃了思维。

4. 在游戏中识字。

低年级的小学生好强、好奇、好动，这是此年龄阶段孩子的特征。教师要充分考虑孩子的特点，因生定教。既然孩子们喜欢动手，何不让他们动手试一试呢？况且，对于低年级学生来说，识字任务较重，如果不让学生充分地“动”

起来，那么他们将对学习产生厌倦情绪，注意力难以持续集中。于是，在教学中，我经常鼓励学生用动作、手势来进行“表演”，达到让学生记住生字的目的。

在学习“跑、跳、挠、笑、哭”这样的字时，我会组织学生做游戏。在游戏时，我将事先写好字的纸条，给一名学生看后，让他通过自己的理解把文字转化为动作，再让其他小朋友来猜是什么字。这样一来，学生们演得投入，记忆得深刻。最后，出示这些生字的形近字进行反馈，如：跑、包、抱；跳、桃、逃……学生自然很容易就能分清。

我还开展“好朋友来敲门”“帮宝宝找妈妈”“识字大闯关”等孩子们非常喜爱的识字游戏，学生在游戏中能积极主动地识字，学习活动变得充满乐趣，充满智慧。学生的好奇心和求知欲得到了满足，更为自主识字打下了良好的基础。

总之，汉字教学是复杂的，今后的工作中我还应多找窍门，开展多种方式的识字教学活动，优化形近字教学，减少错别字，增强识字教学的实效，促进每一个学生全面发展和终身发展。

◇ 作者信息

刘秀清

中学高级教师，2007年、2010年、2013年连续三届被评为北京市语文骨干教师，曾主讲语文研究课、公开课近百节，语文论文多篇获奖或刊登，多次主持或参与课题研究。

感受汉字魅力　培养识字能力

北京市顺义区裕龙小学　姚俊霞

识字，是小学生学习阅读、学习写作的基础。《义务教育语文课程标准（2011 年版）》总体目标中提出“培育热爱祖国语言文字的情感”“认识中华文化的丰厚博大，汲取民族文化智慧”。第一学段明确提出“喜欢学习汉字，有主动识字、写字的愿望”和“学习独立识字”。所以，为了培养小学生语文能力和语文素养，低年级语文教学中要扎扎实实开展和落实识字教学。

中华文化源远流长，悠久的文化需要传承与发展，在小学语文低年级教学过程中，促进学生感受汉字文化、增强识字能力就凸显得尤为重要。

一、培养识字能力，激发兴趣为先

从古至今，人们对某一领域的探索都源于对该领域产生的好奇，从兴趣出发探索出来的结果也往往最令人难忘。

教学片段:《荷叶圆圆》

小蜻蜓说:“荷叶是我的停机坪。”小蜻蜓立在荷叶上，展开透明的翅膀。

师：小蜻蜓把荷叶当作了什么？读一读，说一说。

生 1:（出声音读）“荷叶是我的停机坪。”小蜻蜓把荷叶当作了自己的停机坪。

师：小蜻蜓把荷叶当成了停机坪，真有意思！它为什么这么说呢？再仔细看看课文的插图。

生 2:（认真看插图）小蜻蜓非常小，荷叶很大。小蜻蜓就像直升机，飞机落的地方就是停机坪！

生 3:（补充）我觉得小蜻蜓把自己当成了飞机，把荷叶当成了停机坪。

师：认真观察，不同的发现。你们很会联想。小蜻蜓就是这样立在荷叶上，多像一架飞机稳稳地降落在停机坪上呀！（出示直升机降落停机坪的画面）。你们还有哪些发现或者又让你联想到什么？

生 4：小蜻蜓展开翅膀静静地站立在巨大的荷叶上，很安静。

生 5：我想象如果有风吹来，荷叶会动，小蜻蜓也会随着荷叶晃动，就像飞机打开螺旋桨要起飞一样。

师：你们想象力真丰富，画面中有动也有静。同样是荷塘和小蜻蜓，你们还想到了什么？

生 6：课文中小蜻蜓立在荷叶上的画面，让我想到一句诗："小荷才露尖尖角，早有蜻蜓立上头。"蜻蜓站在没有展开的荷叶或者没有开放的花骨朵上，它的脚也要稳稳地抓牢。

师：一个画面引出一句诗！一个"立"字让我们感受到了不同的画面，也深深地了解到了"立"的含义。你们真会学习。

生 7：我还发现这个自然段中有两个发音差不多的认读字"停"和"坪"，我想和大家交流我是怎么记住它们的字形的。

……

教师为学生搭设了一个平等、融洽的学习探究平台，从句子朗读入手到字义探究，学生感受到了夏季画面的美好，也感受到汉字的魅力、体会到汉字的内涵，恰当进行了新旧知识的关联、拓展，更为重要的是激起了学生进一步识字、交流的欲望。

小学生正处于对外界事物高灵敏度的感知年纪，对一个个拥有不同读音、不同形状、不同意思的方块字充满了好奇，教师要善于利用儿童的心理、年龄特点，激发他们主动识字的愿望。

二、培养识字能力，给以方法辅助

小学生年龄小，对未知世界充满好奇、乐于探究，教师要充分保护好学生的学习兴趣和探究精神。但是，他们的思维又受年龄所限，认知能力不发达，常靠丰富的、形象的、有形有声有色彩的事物刺激引发思维，进一步构成基础认知。教学中，教师应该在保护学生兴趣的情形中加以科学方法的引导，帮助他们形成正确的认知。所以，识字教学过程中要让学生习得多种科学正确的识字方法与策略。

（一）拼音识字，让学生拥有阅读的法宝

学生借助汉语拼音的拼读方法可以发出每个汉字的标准音，拼音识字也成为小学生学习汉字的基础法宝。

学生借助汉语拼音去认识很多生字，可以运用拼音识字的法宝去广泛阅读拼音读物。学生通过阅读注音读本增长知识、丰富认知，这个过程也促进了学

生更好地运用汉语拼音，巩固汉语拼音教学。

（二）辨析识字，让学生感受识字的乐趣

汉字充满了智慧和变化，需要认真学习和辨析。教学中，不建议教师单一教学生字，要鼓励通过辨析比较，教会学生发现汉字之间的异同，达到学一个字想到一类字。

《乌鸦喝水》片段：

师：请你借助拼音读一读这句话。

生1：朗读句子。

师：这句话中藏着我们要认识的两个生字，谁发现了？

生2：我知道，是“渴”和“喝”。

师：（出示卡片）大声读一读。还有什么新的发现？

生3：（大声读）我发现这两个字右边相同、左边不同。

生4：一个字是“三点水”，一个字是“口字旁”。

师：两个字字音不同，偏旁不同，谁还能找到不同？

生5：我认为渴了需要喝水，和水有关，所以“渴”是“三点水”。喝水要用嘴巴呀，所以“喝”和嘴有关，要用“口字旁”。

师：你就是识字小老师，告诉了大家汉字的偏旁和字义有关，这样的两个字既是形近字，又是形声字！

值得学生去发现的有趣现象还有很多，如有的字在不同的语言环境中发音有所变化，字音不同字义自然也不同，“我得想个办法”“我得到了老师的表扬”“我把手举得高高”三句话中的“得”字就是多音字；有些字是同音字，字音相同、字形不同、字义又不同，如“盒”“和”“合”“核”“何”“荷”“禾”；还有些字字音和字义不同，但字形相近，如“喝”和“渴”、“题”和“提”、“蓝”和“篮”等。这些多音字、形近字、同音字，需要老师和学生一起辨析、归类、总结，特别是需要在具体语言环境中通过准确运用去巩固，防止习作表达或生活运用中用错字、写错话。

（三）字理识字，让学生品尝文化的味道

一个汉字一个故事，学习汉字的过程，即是让学生知晓故事、了解文化的过程，恰当地进行字理识字，学生能够感受汉字构成的科学性、合理性，又能感受汉字文化的魅力，最终深深爱上祖国的语言文字。

如执教《被赶出家门的小麻雀》，出示课题时教师展示麻雀的图片和“雀”字的汉字演变过程，并边书写边强调：“‘雀’字是认读字，表示一种短尾巴的鸟。古人造字的时候上边用‘小’表示它的头，下边的‘隹’表示它的身体，带有‘隹’部的字都和鸟有关。随着时间的推移，‘雀’字经历了甲骨文、金文、篆书、隶书，最后发展为今天我们要学习的楷书，‘雀’是上下结构，上边是‘小字头’下边是‘隹’”。

通过形象生动的图片和汉字演变过程的介绍，学生们在轻松的情境之中就深深记住了“雀”字的字形，并知道了这是一种短尾巴的鸟，做到认识生字与认识事物、感受文化巧妙结合在一起，重要的是学生感受到汉字的构形规则，不会再出现乱编顺口溜等不科学的识字现象。

（四）听猜识字，让学生探究汉字的意义

生活中有这样一种阅读现象：当家长或老师为学生进行文本范读，即便孩子只是在听，听得多了居然全部记住了内容，这个时候鼓励他去读文本，竟然能借助记忆力准确朗读出文本内容。听故事听得多了，通过指读的方式可以促进学生去主动识字。

部编本小学语文教材改革中一项创新之处，在教材最后安排了借助连环画阅读、借助连环画了解内容。经历了一个学期的识字教学，学生已经掌握了多种识字方法，这个时候鼓励学生先去尝试着借助连环画独立读懂故事内容，遇到不认识的字圈一圈，再尝试借助图画、形声字的特点进行猜读识字。这样做利于学生掌握“借助读物中的图画进行阅读”这一方法，也悄然运用习得新知。

三、培养识字能力，提供实践平台

《义务教育语文课程标准（2011 年版）》中指出：语文课程致力于培养学生的语言文字运用能力，提升学生的综合素养，为学好其他课程打下基础。

培养学生主动识字的能力，需要给学生提供言语实践的平台，在运用过程中夯实对汉字的音、形、义的认知。

比如，尝试让学生写祝福卡送给同学、给模拟商场的商品贴标签、给他人写留言条、搜集生活中的生字，班内开展“我的发现”的交流会等多种活动巩固所学、探究新知。一年级学会了查字典，再遇到不认识的字鼓励学生寻求工具书去解决。

汉字教学是一门艺术，更是一门科学，它需要教师去思考去实践，需要教师创造性地开展识字教学，使学生感受到祖国文字的博大精深、感受到汉字的魅力，并学会多种识字方法和策略，形成识字能力，促进深入阅读，最终形成学科素养。

◇ 作者信息

姚俊霞

顺义区学科带头人、北京市骨干教师、北京市优秀教师、北京市科研先进个人、全国百优语文名师。参与国家、市区级公开课、录像课近百节，二十余节获得国家级一、二等奖；撰写的二百多篇科研论文获得国家级、市区奖励，三十余篇发表在国家、市区级刊物上。

“授之以鱼”与“授之以渔”

——浅谈巧用字理提高低年级识字教学效率

北京市宣武回民小学　李婕

在中华民族历史的长河中，汉字始终发挥着不可替代的重要作用。曾有学者指出，汉字是中华民族文明智慧的最高结晶，是负载着科学知识和文化观念的全息标志，是汉文化最重要的载体，它标志着中国社会早在几千年前就进入了文明时代。因此学好汉字是我们每一个炎黄子孙义不容辞的责任与义务。

《义务教育语文课程标准（2011年版）》指出：“语文课程应特别关注汉语言文字的特点对学生识字写字、阅读、写作、口语交际和思维发展等方面的影响……”因此，“要运用多种识字教学方法和形象直观的教学手段，创设丰富多彩的教学情境，提高识字教学效率”，让学生“喜欢学习汉字，有主动识字、写字的愿望”，逐步形成“独立识字的能力”。作为语文教学中的重要组成部分，低年级的识字教学始终是老师们研究的重点。《义务教育语文课程标准（2011年版）》对第一学段（1—2年级）的识字有明确的要求：“喜欢学习汉字，有主动识字、写字的愿望”，“认识常用汉字1 600个左右，其中800个左右会写”，写字“掌握汉字的基本笔画和常用的偏旁部首”。明确提出“多认少写”的指导思想，这对于刚入学的小学生来说，有不小的难度。如何提高学生的识字效果，是摆在老师面前的难题，更是对教师自身素质提出了更高要求。

针对这种情况我们不能在识字教学中仅仅“授之以鱼”，每个字只是让学生读一读、写一写、说一说，学一个字就讲这一个字，字与字之间没有联系是孤立的。这样常常是学生学得累，老师教得累。到了中高年级更是由于对字义不理解导致经常出现同音字、形近字混淆的错误。

字理识字教学法是利用汉字的造字规律，根据汉字音、形、义之间的关系进行的识字教学。它基于汉字“字形藏理，字音通意”的规律，教给学生通过造字方法进行识记，达到识字明理、触类旁通的效果，是真正的“授之以渔”。在不增加学生负担的前提下，不仅使识字教学变得丰富多彩，生动活泼，有效地预防错别字的产生，同时把灿烂的汉字文化融入识字教学之中，提高了识字教学的文化性和规律性。

一、授之以渔　培养能力

字理识字的主旨在于培养学生的识字能力，促使学生由“学会”变为“会学”，由“会学”变为“乐学”，体现学生的主体性。

（一）成组识字　触类旁通

汉字中大多数的字都是形声字，形旁表意，声旁表音，有着重要的提示作用。了解了每个形旁的意义，就大致上了解了每个形声字的基本意思。了解了声旁，就大致知道了形声字的读音。抓住形声字的这一特点，用“认形辨声”的方法就能有效地帮助学生理解、记忆汉字了。于是，教学中我注重引导学生掌握部首的表意类属，加深学生对汉字据形知义特点的认识。学习《吃水不忘挖井人》一课，在引导学生理解“忘”“想”“念”的意思时，学生根据已有知识了解“心”部的表意类属是从“心”的字，字义与心有关，如“念”的意思就是到今天心里还在想。这样，有了对字义的理解就不会把上面的“今”写成“令”了，从而帮助学生了解了汉字的字义，同时记住了字形。

学习《美丽的小路》一课的“赶、起”两个形声字时，学生之前已经通过观察发现了它们都带有走字旁，我顺势出示“走”字的演变过程———，并讲解走字旁就是跑的意思，在我的引导下学生联系生活实际又说出许多带有走字旁的字，如：赵、超、越、趁、趣……学习《酸的和甜的》一课生字时，学生很快发现“狐、狸、猴”都有相同偏旁反犬旁。接着我出示甲骨文让学生看看像哪种小动物，然后出示小篆字体，猜猜是哪个字？学生一下猜出了是“犬”字。随后告诉学生今天学习的反犬旁就是从“犬”字演变来的，所以反犬旁与动物有关。这个教学环节使学生感受到汉字文化的魅力。在识记本课生字后，我抓住反犬旁进行字族识字，让学生说一说你还认识哪些带有反犬旁的字，学生又说出“猫、狗、狮”等字。这样不仅拓宽了学生的识字面，带领学生识记了一串字，而且还激发学生喜欢学习汉字的兴趣，产生主动识字的愿望。

利用形声字的特点进行归类识字的方法在学生识字方面有着重要的作用。在学习汉字的时候，我教给学生按照偏旁归类的方法把汉字有机地串联起来成组地学习，就像串串珍珠连接成的美妙项链。这样把一些带有共同点的字进行归类，通过比较，提高识记的效果，也有利于学生区分形近字，帮助学生触类旁通地拓宽识字面。

（二）会意识字　生动形象

会意字就是把两个或两个以上的独体字会合在一起，表示一个新的意思。“字形”与“字义”之间有紧密联系，字形与字的本义一致，所以说一个会意字，就是一段故事。

如学习“明”字时，引导学生按照会意字的造字特点观察“明”是由哪两个字组成的，想一想“明”的字义是什么？学生利用已有的会意字知识，马上说出太阳和月亮看上去都很亮，所以日和月合起来就是“明”：

以前的教学中，学生由于不理解“颗”的字义，所以在运用时经常与“棵”相混淆。为了解决这个教学难点，我利用会意字的识字方法，帮助学生区分形近字。

教学中，我先出示新偏旁——页字旁和它的古字，让学生通过观察发现古人在造字时突出了头部，所以页字旁和头有关系，从而揭示“颗”表示像头一样小而圆的果实，或者其他小而圆的东西。然后，通过一系列的填空练习：一（颗）葡萄；一（颗）心；一（颗）星星，加深对“颗”字义的了解。随后，出现木字旁的“棵”，让学生用形旁表意的方法加以区分。最后，设计语言实践的平台——“选字填空”，区分、巩固“颗”与“棵”，使学生牢记心中。

选字填空

棵　　棵

1. 小松鼠和小兔子见他吃得这么开心，也尝了一（　　）葡萄。

2. 植树节，我种下一（　　）小树。

这样学习会意字，学生非常感兴趣，很爱学习，有时还会有一些十分生动形象的见解。

二、发展思维　展开想象

爱因斯坦说过：“想象力比知识更重要，因为知识是有限的，而想象力概括着世界上的一切，推动着进步，并且是知识进步的源泉。”在识字教学中，我根据学生思维的特点，引导学生想象，帮助他们把抽象的符号具体形象化，训练学生展开想象能力。

（一）两字合一　出新义

在识字教学中，我有效地利用多媒体手段，直观形象展示汉字的演变过程。如教学“先”字时，先出示甲骨文的“先”，然后出示篆书的“先”，并分解讲明字义：表示脚的意思；表示人。先的意思就是脚已走在人的前面。

学生在学习过程中，提高了对字形的观察分析能力、对字义的联想想象能力，培养了对汉字的热爱与理解，建立了汉字形义联系的基本规律，为一生的学习奠定了扎实的基础。

（二）由图变字　明其义

象形字是历史上最早出现的文字，它是由图画简化笔画形成的，与简笔画十分相似，惟妙惟肖，一眼就可以看出。可以说，早期的文字就是一幅图画。现在的楷书，还能看出象形字的痕迹。因此，象形字的教学应该根据字的特点来进行。

学习“干”字时我出示“干”字的甲骨文——，让学生将甲骨文与楷书进行对照，从形状上了解相似处。对于低年级学生来说形象思维能力比抽象思维能力要强，让学生观察图片后再识记，轻而易举。给学生留下直观印象，达到了既认其形又明其义的目的，激发了学生探索的兴趣，体验到成功的喜悦，增强了学习汉字的信心。

教学时“井、乡、面”三个字时，我把楷书和这三个字的原始图形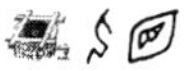出示在大屏幕上，让学生进行连线，然后阐述这样连的理由。通过引导学生分析图形与字义的联系；讲解由图到字的演变过程，分析图形与字形的联系；然后综合分析图形、字形与字义的联系，最终达到识记生字的目的。

汉字承载、记录着中华民族的灿烂文化与悠久历史。学生通过学习汉字可以了解中华文化的丰富内涵，通过观察汉字形体结构可以直接捕捉到丰富的文化信息。在识字教学中，我注重引导学生通过观察去揭示汉字的造字原理和字形、字义的关系，运用直观手段、形象语言把汉字演化为生动的形象，变成一幅美丽的画面，一个生动故事，一个动人的场景，使学生在识字学习中充满兴趣，记忆牢固，使用灵活，实现“授之以渔”。真正让学生由“学会”到“会学”，由“会学”变为“乐学”，提高学习汉字的效率，更好地为他们掌握祖国语言文字，打下扎实的基础。

参考文献：

［1］许慎. 说文解字［M］. 北京：九州出版社，2006.
［2］谷衍奎. 汉字源流字典［M］. 北京：语文出版社，2008.
［3］杨洪清，朱新兰. 快速识字字典［M］. 南京：江苏古籍出版社，1998.
［4］刘明，姬英. 小学汉字图解字典［M］. 北京：中国和平出版社，1998.
［5］周瑞宣. 汉字形义详解［M］. 南宁：广西美术出版社，2004.

[6] 唐汉. 发现汉字：图说字根 [M]. 西安：陕西师范大学出版社，2007.
[7] 顾建平. 汉字图解字典 [M]. 北京：中国出版集体东方出版中心，2008.
[8] 左安民. 细说汉字 [M]. 北京：九州出版社，2005.

◇ 作者信息

李婕

工作 20 年来，一直担任语文教学及班主任工作。多次在各级各类教学评优中荣获一等奖；先后被评为北京市西城区教育系统学科教学带头人、骨干教师；被聘为西城区宣武分院兼职教研员；2013 年被授予“北京市优秀教师”称号。

低年级有效识字的教学策略

北京市延庆区教育科学研究中心　袁红娥

识字写字是语文教学的重要任务之一，是阅读和写作的基础。识字写字是低年段语文教学的重点，也是低年级语文教学难点。低年级识字量大，学生在短时间内难以识记大量生字。因此教师在教学中根据教材中的生字，带领学生采取“拼读——指读——泛读——领读——巩固”等教学流程反复认读，强化记忆，有的教师则是采取比较、加一加、减一减或换一换的方式帮助学生识记生字。但学生的“回生”现象依然很严重。在2016年对我区的五所直属学校一年级各一个班进行朗读检测，内容是教材内、配套读本及课外读本各占三分之一，已学过的字不带拼音，没学过的带拼音。从字音、语句、习惯几方面进行评价。其中从“读音”的角度评价，每读错2个字音扣1分，最多扣8分。检测结果显示:“读音”一项得分率班级最高为90.4%，得分率最低的班级为80.9%。各班都不同程度出现困难学生。有个别学生只认识个别生字，学过的字认识不够一半，因此，不会读书，一个句子也读不出来。有的教师认为拼音学得不错，但测试中个别学生不会拼，说明教师对学情了解不够。识字的目的是为了阅读与写作，学生学过的生字为什么在语境中就不认识或读错呢？究其原因：第一，学生的识字是孤立的，没有在语境中识字；第二，学生的识字是短时记忆，时间长了遗忘较为严重。第三，课堂上识字效率低下，整班学生朗读时在“读音”方面得分率较低。这说明教师的教学方式存在问题。如何进行有效识字呢？我认为在关注常规识字方法的同时应重点关注以下识字方法。

一、关注语境，随文识字

“随文识字”是指学生借助已有的识字积累与拼音基础，学习课文的同时识记生字的过程。相对于独立识字而言，随文识字是分散识字，有利于降低识字难度。这一过程从文本入手，学生面对的生字都不是孤立的而是在一定的语言环境中。“字不离词，词不离句，句不离文”这是识字教学的基本原则，在阅读中学生能根据语境采取联系上下文猜字，借助拼音识字。即使个别生字不认识也不影响学生读懂文义，有利于培养学生的阅读能力。在阅读中，教师引导学生借助于一定的语言环境读准字音、记住字形、理解字义。学生在一遍遍的读书中不断在头脑中复现生字，使生字的音、形、义紧密结合。把生字词放在特定的语言环境和具体的一篇篇课文中来感知、理解和掌握。它抛弃了传统识字方法的孤立性，加强识字的整体性。有效地提高识字的数量和质量，能有效地促进学生识字方法的运用及学生语言的发展。“随文识字”教学法的基本程序：（1）初读课文，借助拼音，读准生字。（2）精读课文，结合语境，理解字义。（3）拓展阅读，巩固识字，运用生字。这一过程强调低年级以读为主的阅读教学过程，学生经历“读准生字——理解字义——运用生字”的学习过程，这一过程都是在语境中进行的，在语境中认识字形，理解字义并在拓展中及时复现巩固生字，加以运用，识字教学真正落到实处。关注学生的实际获得，使低年级语文教学在保证识字的基础上尽早进入阅读的状态，接受规范语言的熏陶。

二、关注学情，自主识字

《义务教育语文课程标准（2011 年版）》第一学段提出：“喜欢学习汉字，有主动识字、写字的愿望。”一年级学生生活在母语的环境中，有了拼音的基础，有了生活识字的基础，积累了一些识字的经验。因此，识字教学绝不能教师完全教，学生被动学，可以引导学生自主识字。由于学生的生活经历、生活环境不同，他们所具有的识字量与识字能力就不同。教师要关注不同学生的学习需求，因材施教。教学中有三种情况：一是学生自学能认识，可以自己读；二是自己不会的，同伴会，教师可以让学生同伴互助；三是同伴互助也不会的，需要教师讲。教学的过程是顺应学生认知的过程。教学环节必须符合学生认知，教师在备课时要从学生学的角度考虑环节，而不应该从教的角度思考。如《语文》（人教版）一年级《口耳目》一课有 12 个生字。教师一个个地按照“读音、组词、看图、观察字形、书写”的程序教学，一节课是完不成的，怎么办呢？教师可以关注学生已有经验。将这些字分成三类：大多数学生已经认识“口、日、月、目”，部分学生认识“耳、火、羊、木、禾”，大部分不认识的“鸟、兔、竹”。在学习第一类字时，教师问学生：谁认识这些字？大声读给大家听，其他学生跟读后，问：你是怎么认识的？调动主动识字学生的积极性，给学生自信，及时交流识字经验；第二类字是部分学生会读，教师要发挥这些学生的作用，先认读然后教师再追问：你知道这些字是怎么来的吗？这样的问题让学生发现虽然自己已经认识了这些字但还有不会的，还需要认真听讲。此时教师再结合教材中的图片让学生发现：这些字是象形字，原来古人是画字，后来经过演变成为现在的方块字，一个字就是一幅画。学习第三类字时，让学生利用象形字的特点猜一猜，这些字读什么？为什么？同桌讲一讲，读一读。学生通过图片识字，此时学生利用象形字的构字特点识字。最后，教师再追问：这12个字中每三个字为一组，每一组都属于哪一类呢？人体器官、自然、动物、植物。这样的设计改变原有的教学方式，学生的学习兴趣始终浓厚。关注不同层次的学生，遵循建构主义学习理论，提倡在教师的指导下，学习者通过意义建构的方式主动获得知识，培养学生自主识字的愿望与习惯，提高识字教学效率。

三、音形义结合，字理识字

识字写字是低年级的教学重点。但学生还是经常写错别字，其根本原因是不理解字义。汉字是表意性质的文字，汉字的形音义之间原本存在一定的联系。字理识字就是根据汉字构字的表意性特点，从汉字构字原理上，对字的音、形、义之间的联系进行字理分析，使学生理解字的构形、读音、表意的道理。这样不仅会使学生比较牢固地掌握字的音、形、义。而且会理解汉字的造字原理，使之掌握得更加牢固。

一年级《小小的船》中有一个生字“看”，学生易与“着”混淆，一位教师是这样教学“看”的：

出示图片：小女孩在干什么？手搭在眼目上就是 “看”，（快来做做动作）古时候人们就用这个字表示看；你看，我们中国的汉字多有趣呀！能给“看”组个词吗？

见：跟“看”放在一起组成“看见”。“见”也是看的意思，还可以组“见面，再见”。

小结：这就是用字理识字的方法来记字。那你还有什么记字的好方法？

在生活情境中记住这个“看”字，不仅是字，看的画面刻在学生脑中，终身难忘。

字理识字加强字的音形义的关联，学生认读效果大大提升。但由于教学时间所限，不可能所有字都进行字理识字，因此，在教学中抓住易错、易混字，选择重点字适时进行。

四、遵循规律，及时复现

学生的记忆与遗忘是有规律的，遗忘的速度是先快后慢。因此，在教学中要及时组织学生复习巩固生字。课堂上，生字与熟字关联认读，既复习原有的生字又认识本课新的生字。将教材中的生字按照每 5 课为一组，1—5 课、2—6 课 3—7 课……以此类推，组成词语或句子，创设新的语境。如：一年级上册 3—7 课的生字，可以组成这些词语和句子：下马、花衣服、大哥、画花、地下；爸爸洗衣服；妈妈乐了；哥哥画马。在学习第七课时可以复习这些句子，学习第 8 课时，将 4—8 课的生字组成词语或句子，将其复现认读。学生在每天的语文学习课头 5 分钟读词语或句子，使每课的生字在循序渐进的学习中不断复现，在不同语境中呈现生字新词，学生对生字的认读效率大大提升，避免了“回生”现象，增加学生语言积累，训练学生语言表达能力。

复现生字的方法很多。部分教师为扩大学生阅读量采取一篇带一篇的策略，这也是非常好的方法。在阅读的不同语境中认读生字，认读的目的也正是为了阅读。但选文时在关注阅读主题的同时尽可能带入新学的生字，关注文体或语言表达形式与所学课文类似，使生字认读得以复现，语言表达有所迁移。

总之，识字方法很多，要因材施教。教师要根据儿童的特点和学习心理特点，在阅读中、在自主学习中遵循汉字构字特点，恰当运用多种识字方法，在不同的语文学习环境中让学生发现汉字的识字规律，感受汉字文化。识字与阅读同步进行，有效提高识字教学效率。

◇ 作者信息

袁红娥

北京市延庆区教育科学研究中心小学语文研训员，1981 年参加教育工作，始终致力于小学语文教学研究，撰写的论文发表于《中国教师》《语文教学通讯》等刊物。多篇论文获奖，指导的多名教师参加北京市教学大赛获得一等奖。

基于“联系”的识字教学

——小学低年级语文识字教学策略的思考与研究

北京市燕山教研中心　来淑英

一、识字教学的必要性

识字、写字是阅读和写作的基础，识字能力是学习能力的基础，识字、写字教学是语文教学的基础，从几个“基础”就足以看出识字教学在语文教学中的重要地位。同时，《义务教育语文课程标准（2011年版）》中也明确指出，识字、写字教学是语文第一学段的教学重点，识字教学要注意儿童特点，将学生熟识的语言因素作为主要材料，结合学生的生活经验，引导他们利用各种机会主动识字，力求识用结合。

对于一二年级的学生来说，学生的思维特点是具体形象思维为主，如何把一个个符号变成学生可以理解的有生命的文字呢？教师就要根据儿童的年龄特点、接受能力，在激发他们识字兴趣的同时，帮其拓宽识字途径，培养其识字习惯、提高其识字能力。

二、联系策略的提出

联系一词从字面意思来看是联络、接洽，复杂的含义是事物之间的有机关联。作为一个成年人，我们会有一种认同：无论是在学习的阶段还是在生活工作中，尤其是遇到新的问题、出现新的情况时，能够建立起事物与事物之间的联系，建立起事件与事件的联系既是一种方法也是一种能力。作为一名语文老师，我们对联系一词也不会陌生，“联系上下文、联系生活实际、联系学过的知识……”联系，似乎是语文教学中解决众多问题的关键，是解决实际问题的一种策略。带着这样的思考，再次关注识字教学的方法与途径，似乎可以明晰：教学生字的过程其实就是一个不断地帮学生建立联系的过程。

大多数人都有这样的经历：在孩子小时候，家长会购买一张张“识字挂图”张贴在房间最显眼的地方让孩子看图，教孩子认字。挂图，解决了抽象的汉字与形象的实物进行对接的问题，一个个具象化的事物在脑中与抽象化的文字联系起来，孩子们从最初的看图猜字、记字、认字开始慢慢变成了对汉字的识记。

《识字挂图》

许多教师都有这样的记忆：在识字教学中，尤其是在一年级入学的关键时期，教材在识字内容的编排上也恰恰体现了联系。《语文》（人教版）第一册第二课是象形字归类识字。12 个字按人体器官、动物、天体和物象、植物分成四类。每个字用图文结合的方法展示汉字演变的大致过程，以便学生理解字义，认识字形，初步了解汉字的造字规律。课后练习“我会连”又举出了四个例字，让学生进一步感受汉字义形结合的特点。

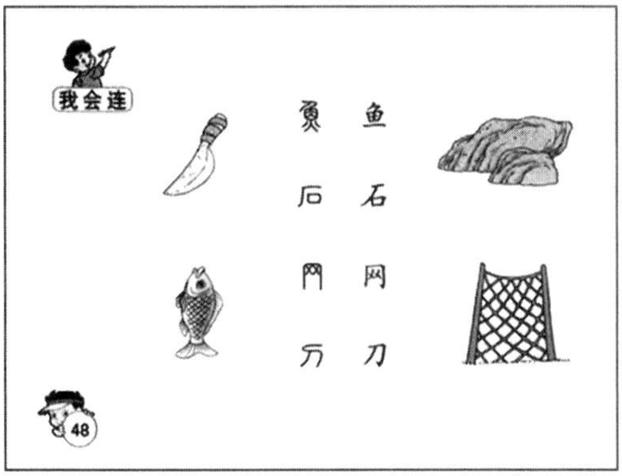

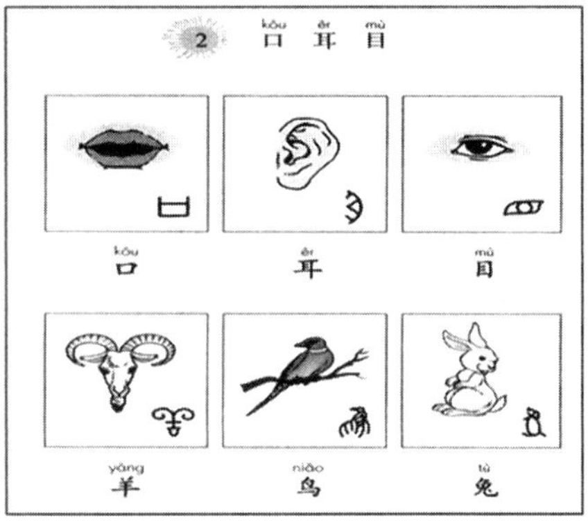

识字教学不是孤零零地单独识记一个字的过程，如果实现认识一个字就能记住字形、了解字义，并能正确运用的目标要求，就一定需要把字与字、字与事物（含现象）、字与生活等建立起密切的联系，不仅让学生在联系中学会识字，更要学会用建立联系的策略在生活中自主识字、用字。这也是《义务教育语文课程标准（2011 年版）》的基本要求：第一二学段，主要关注学生主动识字的兴趣。第三四学段，重点考查学生独立识字的能力。

三、联系在识字教学中的应用

（一）加强生字与熟字的联系，在比较中识字

教学中，结合具体的教学内容，注重沟通各部分内容的联系，把教学的重点放在新旧知识的连接点乃至知识的生长点上，把以旧知开拓新知的规律教给学生才是教师教学的理想目标。

《义务教育语文课程标准（2011 年版）》要求一二年级需要认识的 1 600 左右个汉字，字形虽然繁简难易不同，但是识记字形确是有规律可循、有方法可用的。

一是，发现汉字的异同加强记忆。

形近字多、同音字多、多音字多……都是汉字的特点，更可认为是学习汉字的难点。面对难点，选择适当的时机，创造比较学习的机会，帮助学生很好地加以区分、运用。

“密与蜜”两个字同时出现在《葡萄沟》一课中，两个字都要求会认会写。“密”先出现，教师要认真对待一定要抓住重点把字的识记过程讲清楚讲明白，为下一个字的学习做好铺垫。

“密”字的处理：在了解完葡萄长在梯田这一常识的基础上，有的学生用文中词说出枝叶特别“茂密”，也有的学生用自己的理解说出了“茂盛”的特点。基于学生的认知，教师创设了“贴茂密”的环节。老师拿出一片片葡萄叶（自己制作的教具），请一位学生到黑板上来贴叶子，“不够，还得贴”，“叶子一片挨一片没有空才是茂密”……一会儿工夫，抽象的“茂密”成了具体的画面，学生们也形象地理解了“茂密”即是表示枝叶层层叠叠，密密麻麻的意思。在此基础上，教师抓住契机适时补充：密是形声字，从宓（mì），“宓”与“山”联合起来表示“山中的隐藏处”。也就是指山中的隐蔽处、层山叠丘之间的缝隙、小空间、小空地。课文中讲葡萄叶一片压一片，空隙很小，所以说是“茂密”……从词语“茂密”的理解到生字“密”的讲解，学生记住的不仅仅是一个字的字形，更感受到了一个字的学习过程。

当到“蜜”字的学习环节时，教师便选择了“弃讲解，重应用”的策略，安排了应用中区分形近字的环节：

请你给词语选择正确的字写在括号里，并说一说这样选的理由。

密　　蜜

茂（　　）　甜（　　）　（　　）桃　　亲（　　）

此时的区分与应用完全建立在第一个“密”字的学习基础之上，学生再理解“蜜”字时就会有清晰的思路、正确的方法，两个字的区分也会更加明了。

把汉字与汉字建立起联系，既要有意识、有目标、有策略的教学指导，还要有开放性的自主学习空间，让学生在观察中发现异同，学会区分与运用，形近字这样，多音字也可如此。

二是，关注同类字的共性巩固记忆。

识字教学中，教师往往热衷于把常用字分类识记，比如人物类、服饰类、树木类、花草类……然后还可把它们编成韵语，可以实现成堆成串地识字。

许多字往往有共同的偏旁部首和意义，把它们编在一起，有利于提高识记生字的效率，也有利于熟字在不断地复现中强化记忆。

《画家和牧童》一课出现“挤、抹、批、拱”四个带有提手旁的字。教学中，教师有意识地将几个字联系在一起，给学生提供学习发现的机会、思维发展的机会。

第一步，让学生轻声读一读，仔细看看这些字有什么共同特点？

（预设：1. 都是“扌”；2. 都是形声字。）

通过追问等途径了解提手旁的字和手的动作有关。——相同的部首把四个字建立起联系，发现共性，寻找规律。

第二步，让学生想一想，还认识哪些提手旁的字？（提、拉、抓……）——把新知与旧知建立起联系，实现已学字的复现。

第三步，鼓励学生用上这些字组个词或是说句话。（预设：早晨刷牙我们要挤牙膏；演节目前化妆脸上要抹粉；老师给学生批阅作业……）——汉字学习与生活中应用建立联系，学为用服务。

第四步，PPT 出示形声字“拱”，文中的词语是“拱手”，你会做这个动作吗？（学生做动作）

第五步：教师补充介绍：我国自古就是礼仪之邦，拱手礼距今已经有两三千年的历史了，从西周起就开始，同辈男人见面、都会行拱手礼，表示问候或是谢意。行礼时左手在上，表示尊重（边做边说）。

最后请大家边做动作边读词，在理解中记住这个字。

学习一个字想到一类字，认识一个字复习一串字，让学生意识到汉字学习不是孤立的识记一个字，而是通过某一共同的特点把字与字建立起联系，这是低年级语文识字教学比较理想的一个状态。

《小树的梦》是《语文》（北京版）教材中的一篇课文，课文里出现了三点水旁的生字：泥、渴，也出现了形近字：渴和喝。

师用 PPT 出示词语“泥土”，学生认读。

师：你能区分出泥和土吗？

教师拿出两个透明的小盒，里面分别装着泥和土，让学生观察。

生：往土里加水，就会变成泥。

（教师演示）

生：往土里加水就变成了泥，所以“泥”是三点水旁。

采用实物演示的方法，实现情境化教学，认识到三点水旁的作用，这样也就实现了识字与课文常识性认知相联系。在后续的教学中，学生又遇到了“渴、喝”两个字，为了更好地加以区分，教师有意帮学生建立起知识之间的联系，让学生学会学习。

师：还记得刚才学过的泥字吧，再看看这两个字，你能说出它们的区别吗？

在老师的提示下，学生们很容易把“渴和泥”联系在一起，也就可以借助偏旁区分“渴、喝”两个字了。

教学中，教师要充分发挥指导的作用，帮学生树立起联系的意识，学会联系识记的方法。而当学生已经具备了一定的识字经验之后，就要放手让学生自己运用。慢慢地，当学生看到生字时就会调用已有的信息，将生字与熟字联系起来，进行识记了。

三是，发现规律掌握识记方法。

借助旧知识学习新知有助于学生学习效率的提高，但如何在新旧知识的比较中发现规律，从而转变成方法，也需要教师采用有效的教学策略，为学生提供发现规律，运用规律的机会。

“刨”字出现在《语文》（人教版）二年级下册《最大的“书”》一课，在识记这一生字时教师采用了这样的方法：

师出示一系列图文对照的 PPT，

有水把茶（泡）　有足快快（跑）……　______（刨）

第一个环节，让学生轻声地读一读，再看看图，从中发现了什么？

第二个环节，让学生仿照着前面的几个例子自己试着说一说“刨”字。

以上两个环节具有密切的关系，通过前面的观察学生借助形声字学习的经验，已经知道“刨”字是形声字，再借助图片的提示进行创编式记忆，就可以说出“有刀就能刨”……

在此基础上教师还可以拓展一个环节：

师：你还能用这样的方法联想到哪些字呢？

生：有火放鞭“炮”。

生：用手抱一“抱”。

……

可以说，识字教学还要在引导学生发现生字与熟字的联系基础上，鼓励学生总结规律，并运用规律，将学过的识字方法、发现的规律迁移到学习生字的过程之中。学生们发现的是共性，寻找到的是规律，随着经验的积累，学生独立识字的能力自然会增强。

（二）建立起“识字与生活的联系”，体现识用结合

很多人都见过这样的画面：家长带着孩子走在街上，会指着一个个广告、一张张海报、一个个站牌教孩子认字……生活中识字，能够把对汉字的认读、理解、记忆，几个关键的环节紧密联系在一起。

《画家和牧童》有一个字“斗”，是一个多音字。结合斗牛图这一内容，学生容易理解“dòu”的读音。而对于“dǒu”，二年级学生用得相对较少，老师则需帮学生创设学与用的环节。

师：斗是古时候一种粮食计量单位，可以说“一斗米”。谁还能用斗（dǒu）组个词？

生：翻斗乐。

师：真棒，翻斗乐是大家平时最爱去的地方。其实生活中许多地方都能看到我们学过的字。

师：（出示 PPT 图）看看，这些都是什么呀？

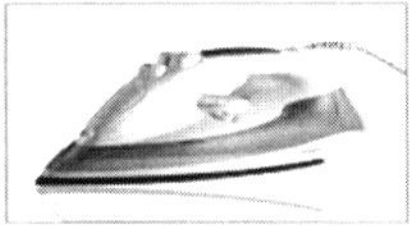

熨斗

翻斗车

漏斗

斗笠

看着生活中的实物图片，学生说出事物的名称，老师随机出示汉字和音节。在老师的提醒下，个别学生还加以补充：北斗七星。

联系生活进行识字，使汉字与事物形象地联系起来，在一定的环境中让生字复现，能有效地提高识字效率。具体操作中，还可以关注以下几点。

第一，借实物，解字义，识记生字。

如粗糙的“糙”字。《称赞》一课，小刺猬做的小板凳非常粗糙。老师拿出一个准备好的板凳（表面粗糙），让学生仔细观察，用眼看、用手摸，学生在体验中真正理解了“粗糙”的意思即为不光滑。教师随后出示“糙”字，介绍说：这就是粗糙的糙字，本义是指没有精碾的粗米，在这就指不光滑，因此它的字形是……学生在理解了词语的意思后，又结合字的本义记住了字形。

第二，借实物，助理解，区分运用。

《我是什么》这篇课文中有一个“汽”字，学生容易与“气”字混淆，不知道在这句话中为什么用“汽”。因此，教师在执教这一部分时，安排了字与实物联系的环节，帮助学生加深理解，很好地区分了“汽与气”两个字。

师：课文第一句就说“我会变”。我都变成了什么？读读课文，找一找。

生：变成汽。

生：太阳一晒，我就变成汽。

教师板书“汽”字（三点水用红色粉笔），这里的“汽”为什么加上了三点水旁呢？

（学生先自由畅说。）

教师拿出一个事先准备好的保温壶（为了安全，保温壶外面已经做好密封），边打开盖子边对学生说：大家快看看这是什么？（水汽从壶里明显地“出”来了。）

生：水汽，水蒸气……

师随即小结：液体或固体在高温条件下受热变成的气体，我们就用这个加上三点水旁的“汽”……

低年级孩子主要处于形象思维的阶段，在了解内容的基础上，利用打开保温壶这一策略，结合教师对“汽”字的释义，让学生在直观的基础上知道水在高温下变成“汽”，从而辨析了“气——汽”，此环节也体现了偏旁部首表意的识字方法。

其实，在教学实际中，我们可以利用的联系还有很多，比如识字与写字的联系，字词句之间的联系……

所谓联系，即寻找知识点之间内在的规律性的东西，把零散的知识纳入一个有机的系统。将新知识与学生已有的知识建立联系，与生活中的事物、现象等建立联系，对于学生来说，不仅掌握了一个生字，还学会方法，也具备了能力。从教学策略来说，联系可以体现识字教学的规律性，可以彰显识字教学的科学性，还可以突出识字教学的实效性。

◇ 作者信息

来淑英

燕山教研中心语文教研员，地区骨干教师。坚持开展中华优秀传统文化教育融入小学语文教学的实践研究、小学语文识字教学策略的研究、小学语文学科实践活动课程建设等研究工作，撰写的多篇论文获市级以上奖项。

对汉字教育的思考

字理教学让语文课更生动

北京市昌平区城北中心小学　李凤欣

“字理”简单说就是构字的原理。字理分析，就是依据汉字的构字规律，对象形、指事、会意、形声等造字法进行分析。字理教学包括字理识字，字理析词以及依据汉字正确无误地写好字词。而“字理识字”是根据汉字的组构规律解析汉字，引导学生认识汉字音、形、义三者之间内在联系的一种识字教学法。最基本的识字特征就是析形索义、因义记形，不仅适合于低年级集中识字教学，也可以随文识字。“字理析词”在随文识字的基础上，联系上下文的语境，结合字理从本源上了解该词的本义，追根溯源，让学生形象地识记字形、感知字义，在此基础上进行品词、品句、品文，从而为突破教学难点服务。字理既符合汉字构形规律，又符合教学循序渐进的原则和学生的认知心理，因此在教学中灵活运用，将起到画龙点睛的作用，让语文教学大放异彩，令语文课更加生动。

一、字理识字要遵循教学法

（一）运用“溯源——对照”法，教好构字率强的基本字

汉字的构成一般来说是先有象形，派生出指事、会意、形声、假借和转注。独体的象形字具有极强的组构功能，教好象形字对稍后学习指事字特别是合体的会意和形声字是十分重要的，也将有效提高识字教学的效率，较好地形成学生自主识字的能力。

对构字率较强的象形、指事这类基本字的教学一般可采用“溯源——对照”的方式进行。“溯源”，就是指简明扼要地阐述这些汉字产生、演变的大体过程，可通过图片实物展示、动作演示、故事介绍、根据基本笔画分析和点拨等方法进行。“对照”，就是指在展示汉字演变过程后，将汉字各部位与篆书、客观物体各重点部位进行对应比照，通过形象感知画图——篆书——楷书之间的联系，从而理解和识记所学汉字的形、义，目的就是为了更好地识记生字。例如：二年级上册《识字 6》一课教学“美”字，先从“美”的字理故事引入学习。师

生共同想象：古时候人们以打猎为生，捕到羊后，把肉吃了，就戴起羊头美美地跳舞，表达欢乐的心情。“美”字上面的部分表示羊头，下面的部分表示一个人，这就是最早的“美”。后来经过不断地演变就成了现在的楷书。再用“美”组词，在扩词中丰富对“美”的理解。这样，运用了字理识字的方法，紧紧扣住汉字的构字原理，通过图文结合、借助故事溯源以及图字对照，形象、直观地再现了“美”的演变过程和意义。做到了以学生为本，运用字理识字，让学生感受中国汉字的神奇和魅力。

（二）强化偏旁教学的字理意识，做到“教一个得一串”

汉字大多数是形声字，掌握了常用的、构字率较高的象形字以及用它作形旁时用于表意的特点，就能形成识字的能力，进而“无师自通”地创造性地学习大量的形声字以及会意字。例如《识字 6》教学“贫”：首先出示篆书“贫”，学生猜出下面的贝表示贝壳，告诉他们古时候人们拿贝壳当钱买东西，它表示财物的意思。接着结合上面的“分”让学生猜猜这个字的意思。在学生猜的基础上老师小结：把钱分走了，钱越来越少就是“贫”，随后进行扩词理解。最后，和学生一起列举带有贝字旁的字。如：贵重的贵、财物的财、账本的账，学生讨论发现凡是由“贝”所组成的字大多与钱财的意思有关，从而强化了“贝”作形旁时的意义，起到了“学一个带一串”的功效。再如：学了“火”字并懂得“火”作偏旁时变写为四点底“灬”（“燕”字的四点底是燕尾的变写），那么，当学到热、煮、照、煎、熬、熟、烈、焦、蒸等字时就能自觉地用“火”去析解它们的形、义。学了“首”字（表人头）并懂得“首”作形旁时变写为“页”，那么，当学到顾、颈、项、颜、顶、须、烦等字时就能把该字与“人头”联系起来理解。

这样，依据字理的教学，当汉字出现在学生眼前时，就不再是一个个抽象的符号，而是一幅幅生动有趣的图画，学生不仅能够根据这些“图画”的特点识记字形，而且理解了意思，大大提高了识字的效率。所以说，掌握造字规律的基础知识，运用字理识记的方法，引导学生对形声字的偏旁部首熟记于心且能娴熟地运用，能够做到教师“教一个”，学生“得一串”。

（三）依据“分解——组合”法科学而灵活地析解汉字

汉字六书中的象形、指事、会意、形声是四种造字的方法，象形、指事造出了基本字，这些基本字一般是独体字。而运用会意法和形声法造出了合体字，合体字又都是由基本字组成的，基本字大多充任合体字的偏旁。所以，教学会意或形声这些合体字时，通过先分解其组合的部件（基本字），了解其各自的基本含义和功能作用，而后再“合二而一”或者“合三而一”地弄清其组合后的整体含义或意义功能，这样就能透彻地了解其字义，识记其字形，概括地说就是“析形索义，因义记形”。这种汉字析解方法既教学生识字，又授以识字之法，并能引起浓厚的学习兴趣，避免机械识记。

“分解——组合”是我们进行合体字教学的一种最主要的方法，也是中国传统的优良的汉字蒙学方法。通过对下面合体字的“分解”与“组合”，我们可以大致了解“分解——组合”方法的一般流程。例如，初：会意字，分解为衣、刀二字。意为制作衣服须先用刀裁布，故刀与衣组合成“初”，义为首先，起始之意。

“分解——组合”主要是针对会意、形声这类合体字而言，而对于一些独体字进行笔画的分析实际也蕴含着“分解——组合”的原理。字理识字既是一种基本的教学原则，也是一种可操作的教学方法。依据字理教学这是识字教学的基本法则，而具体如何施教则要因时、因字、因人、因课的不同而变化。但是，不管如何的变化和不同，让字理帮助我们提高识字效率，激发学生热爱祖国语言文字的感情。

二、字理析词在阅读教学中的作用

字理析词是字理识字的发展，是语言文字训练的一种重要方法，它以形象性、趣味性、科学性、深刻性深受教师的喜爱，也十分有利于调动学生的学习积极性和主动性，有利于发展学生的思维，培养学生的想象能力和创新能力，并能让学生深切地感悟汉字中所蕴含的深刻的文化内涵。

（一）利用字理揭示课题

课题往往是课文内容或者文章主旨的高度概括，在以往的教学中，我们经常尝试根据课题质疑，尝试在上课初始解题等。如果教学中借助字理解题，那么一定能收到不一样的效果。

如《尊严》这篇课文，讲述的是美国石油大王哈默年轻时，用自己的言行维护个人尊严，赢得别人敬重，从而改变自己命运的故事。“尊严”一词，既是课题，又是贯穿全文的主旨，意思抽象，四年级的学生不容易理解。引导学生理解人物的言行，推想其内心世界是本文的教学重点。印度作家普列姆昌德曾说过：“对人来说，最最重要的东西是尊严。”究竟什么是尊严呢？学生交流后，出示“尊”字的演变过程：“尊”是会意字，中间的古字“酉”很像盛酒的器皿，上面的两点像敬酒碰杯时溅出的酒滴，下面的“寸”字表示与手有关，因此，尊的意思是手捧酒杯，向人敬酒，表示尊重、敬重。继而出示词典里尊严一词的解释：①尊贵庄严；②可尊敬的身份或地位。学生理解词义后，由文本入手提出问题，文中杰克逊大叔这样评价哈默，“别看他什么都没有，可他百分之百是个富翁，因为他有着尊严。”这句话是说哈默有着可尊敬的身份地位吗？来看看文章开头是怎样描写哈默的：“这是一个脸色苍白、骨瘦如柴的年轻人。”体会哈默穷困潦倒、饥寒交迫，已经到了饥饿的极点，哈默正在逃难中，温饱尚难以维系，为什么说他有尊严呢？请自己读课文，找出描写人物言行的语句。

（二）利用字理理解句子深刻含义

在语文阅读教学中经常遇到这样的情况，有些句子意义深刻很难理解，需要学生联系上下文、联系生活实际、借助多媒体图片等多种手段品读感受，引导学生联想感悟，可即使用了很多教学手段，达到的效果仍旧不佳。有些时候，对于一些具有深刻但又不好讲的难句，我们可以尝试借助字理析词帮助解决。例如《白鹅》一课中有这样一段话：“鹅的叫声，音调严肃郑重，似厉声呵斥。它的旧主人告诉我：养鹅等于养狗，它也能看守门户。后来我看到果然如此：凡有生客进来，鹅必然厉声叫嚣；甚至篱笆外有人走路，它也要引吭大叫，不亚于狗的狂吠。”这一段中表现“叫声”这一特点的词语有三个：厉声呵斥、厉声叫嚣、引吭大叫。这几个词语比较难，导致学生很难深入地把握白鹅叫声的特点。于是我引导学生观察组构这些词语的后边这个词：“大叫、叫嚣、呵斥”，包含了叫的三个层次，如果把这些重点词语弄明白，对学生理解白鹅的高傲有很大帮助。而嚣，从页（首）从四口，义为众口喧闹，叫嚣。从字理的角度字理析词：在古字中“页”通常表示跟头有关，我们可以把它想象成这只白鹅，周围有这么多口，意思就是大声喧哗，是一个带有贬义的词。在此基础上创设情境：篱笆外有人走路，它守住门户引吭大叫；有生客进门，它迎上前去厉声叫嚣；生客走到院子中间，它厉声呵斥；生客想要往屋子走了，它叫声愈加急促，甚至……把字的理解与句、段的理解结合起来，引导学生层层深入地感受白鹅一次比一次急促，一声比一声尖利的叫声，感受白鹅高傲的特点，凸显了字理教学在阅读教学中的作用。

（三）利用字理把握文章主旨

课文的主旨通常是学生在理解过程中的重点和难点，很多老师认为，阅读教学中插入字理知识的讲解，会影响学生的思路，其实，在讲读课文中巧妙地把字理分析融入其中，往往会让课文变得深入浅出，甚至能够为揭示课文的中心把握文章主旨服务。例如《识字 6》一课，在理解“奉献”一词时，首先出示“奉”把学生引入字理情境了解奉献之意。告诉学生古人造字的时候，上半部分表示很精美的玉串，是古人看作最珍贵的物品。下半部分学生根据字理知识猜出是一双手。再引导学生做动作来理解。伸出双手，把最珍贵的东西恭敬地举起就是“奉”。组词“奉献”就是满怀情感，无私、恭敬地付出。接着把学生引入生活情境感受奉献之情。请学生结合生活填词理解，说说生活中奉献爱心的小故事……

这样在情景中进行字理识字，将字理与学生生活和阅读理解建立起联系。达到字理识字、字理品读、字理育人的功效。

常言道：“教学有方，教无定法。”根据字理教学，这是识字教学的基本法则，做到品字、品词、品句，让字理教学与阅读教学结合起来，让学生真正领悟到汉字的如诗如画，真正热爱祖国的语言文字，切实提高语文教学质量，让语文课更加充满韵味。

◇ 作者信息

李凤欣

昌平区语文学科带头人，副高职称。从教23年来，注重从教学实际出发，在实践中积累经验，曾多次在市区教研活动中做展示课。积极参与教学研究，曾有三十余篇论文获奖。

运用字理教学 提高识字效率 减轻学生负担

北京市昌平区教师进修学校 王朝芹 高春杰

一、研究背景

（一）字理教学的重要性

1. 字理教学是传承中华文化的需要。

被视为中国“第五大发明”的汉字，它源远流长，博大精深，魅力超群，是世界上最古老、最优秀、最具生命力的文字。在世界上最古老的苏美尔文字、古埃及圣书字、玛雅文字逐渐消失的今天，唯有中国的文字流传下来。因此，汉字是中华民族灿烂文化宝库中的瑰宝，也是世界文化宝库中一颗璀璨的明珠，更是我们民族的骄傲。20 世纪 50 年代，印度总理尼赫鲁曾对他女儿说：“世界上有一个伟大的国家，她的每一个字，都是一首优美的诗，一幅美丽的画，你好好学习。我说的这个国家就是中国。”

2. 字理教学是新课程改革的需要。

《义务教育语文课程标准（2011 年版）》明确指出：语文课程应特别关注汉语言文字的特点对学生识字写字、阅读、写作、口语交际和思维发展等方面的影响。识字教学的目标不应当仅仅把汉字当成记录语言的工具来进行读写学习，同时还要发挥它培养思维能力和培养民族自尊心的功能。

3. 字理教学是减轻学生学习负担，提高识字效率的需要。

汉字，字字有理。所谓字理，就是指汉字的构字依据和组成规律。字理识字就是依据汉字的构字规律，运用汉字形音义的关系进行识字教学的方法，也就是通过对象形、指事、会意、形声等造字法的分析，运用直观、联想等手段识记生字，区分字形，了解字义，以达到识字的目的，让学生见形知义，牢记于心，把他们从繁重的机械抄写、识记中解放出来，切实减轻学生学业负担，提高识字效率。

（二）存在的问题及原因分析

观察低年级的识字课堂，确实是问题多多。主要有以下几种情况：

一是不用字理。有的教师一进行识字教学就是一味地独体字数数笔画，合体字说说结构，用加一加、减一减、换一换的方法识记。利用反复抄写、听写强化识记。这样单调、乏味的教学活动，令老师和学生都很劳累、厌烦。这样的识字教学，学生全然享受不到其中的乐趣，更谈不上感受汉字的魅力，认识中华文化的博大精深。久而久之必然导致课堂识字教学的低效性。

二是生用字理。如，为字理而字理。字理和识字两张皮。一个个烦琐的古字反而增加了学生识字的难度。

三是滥用字理。有的教师在一节课中，只要知道汉字的字理就给学生讲，“杂”而“乱”，实效性不高。

成因分析：

（1）教师教学观念陈旧——不想用。多少年来，老师们对识字教学固有的认识就是对所学生字要“会认、会写、会用”就可以了。如果课上没有学会，课下再强化听写识记，学生仍然能学会，不需要用什么“字理”来识字。

（2）教师汉字知识欠缺——想用不能用。汉字文化在小学语文教学领域中被冷落，因此教师自身汉字文化知识补给的意识很淡薄。汉字知识欠缺成为在识字教学中浸润汉字文化的一大阻碍。

（3）教师缺乏方法研究——想用不会用。有的教师觉得字理识字方法很好，也能在实践中运用。但由于没有深入研究，不能从识字教学的整体框架和学生的认知水平出发找准字理链接点。

基于以上分析，在首都师范大学崔增亮教授的指导下，我区进行了“运用字理教学法，提高低年级识字效率”的研究。

二、文献综述

（一）概念界定

1. 字理教学：字理教学方法是依据汉字的组构规律，运用汉字字形与音义的关系进行教学的方法。注重灵活运用各种直观手段和联想、比较等方法，通过对汉字的象形、指事、会意、形声等构成理据的分析，帮助学生识记字形、了解字义，达到提高识字效率的目的。

2. 识字效率：这里所说的识字效率就是学生在规定的学习时间里达到会认、会写字的要求；学习识字方法；感受识字乐趣。

3. 减轻学生负担：课上，学生能感受识字的乐趣和祖国语言文字的魅力；课下，学生没有繁重的机械抄写任务。

（二）国内研究现状述评

1. 字理识字是湖南省岳阳市教育科学研究所特级教师贾国军先生在 20 世纪

90 年代初提出的识字主张，并作为国家课题立项实验，取得显著成效。

2. 广西壮族自治区特级教师、全国字理协会理事长黄亢美先生历经二十多年的研究，出版了析解 3 500 个常用汉字的《小学语文字理教学手册》等多部著作，提出了字理 + 心理——合理的观点，总结出具体可行的教学方法；组织召开了十届全国字理教学研讨会；组织成立具有权威性的“字理网站”，内容丰富，操作性强。（比如字理知识、字理教学论文、字理教学课堂实录。）

3. 教育界同仁们历经多年的研究取得了丰硕成果供我们借鉴。

观察当今我区字理识字课堂，我们发现大部分课堂教学将这一方法与其他识字方法、阅读教学还不能很好地“交融”在一起，有待于我们进行深入学习研究。

三、字理识字的基本原则

1. 有理：尊重汉字的造字规律；尊重识字、阅读教学的基本原则和方法。

2. 有用：在识字教学中浸润汉字文化，体现汉字文化的综合价值：或突出主题，或突出重点、突破难点，或总结方法，不能为字理而字理。

3. 有趣：《义务教育语文课程标准（2011 年版）》中指出：“学生生理、心理以及语言能力的发展具有阶段性特征，不同内容的教学也有各自的规律，应根据不同学段学生的特点和不同的教学内容，采取合适的教学策略。”低年级的抽象思维能力较差，恰当地渗透汉字文化，把抽象的汉字通过生动、具体、形象的方式表现出来，激发学生的兴趣和求知欲，从而促进识记。

4. 有度：汉字，字字有字理，但在识字教学中，不应字字要体现字理。我们应该结合教材，找准字理教学的切入点，提高课堂教学的有效，让学生高效识字才是教学最终的目标。

四、研究过程

1. 专家引领，激发教师研究热情。小学语文老师不同于汉字学专家，但如果能了解一些汉字学知识，懂得一些汉字字理，确实对识字教学大有益处。因此，我们请汉语言专家崔增亮教授为全区低年级语文教师做了《汉字学背景下的识字教学》专题培训，认真学习《汉字字源手册》，对教材中涉及的汉字字理定期进行测评。

2. 骨干示范，明确研究方向。成立由市区骨干教师组成的课题研究小组，大家深入学习字理教学的相关材料，把握其实质。如一起研磨二年级《识字 6》一课，最后由市级骨干教师王淑阳老师承担现场教研课。王老师把汉字文化和识字教学很好地融合在一起，老师们在充满灵性的课堂面前明白了“浸润”就是无痕。

3. 集体研究，领会“字理教学”实质。崔增亮教授的讲座和《识字 6》研究课激发了广大教师的研究热情。教研室通过视导到各校针对性地指导，教师们在研究中领会“字理教学”实质：为提高识字效率服务。

4. 教学评优，总结经验成果。组织全区课堂教学评优，各校在深入研究的基础上，推出参赛课，并在此基础上总结经验成果。

五、研究结果

（一）整体把握教材，找准结合点

1. 抓文眼——析解课题。

抓住文章题眼，准确理解课题对学习整篇课文有举足轻重的作用。

如二年级上册《阳光》一课，教学时可以先出示“阳”甲骨文，太阳从连绵不断的群山后面升起，由红彤彤变成了金灿灿的，引出课题。

2. 抓核心——梳理主线。

核心词是对理解文本含意起到突破性、关键性作用的词。运用字理析解便达到“牵一发而动全身”之效。

如《语文》（人教版）二年级上册《识字 7》一课是一首激发学生喜欢动物的情感，产生保护动物的愿望的拍手歌。“保护”是本课要求会写的字，教学时就可以抓住核心词“保护”引出课题。

首先出示字谜：“一个妈妈背着一个宝宝”猜一个字。（课件出示图）

在学生猜的基础上老师出示“保”字。结合图片对学生讲解：“保”是个会意字。“保”的单人旁就像这位慈祥的妈妈，右半部分就像妈妈背上背着的宝宝，合起来就是保护的“保”。所以，“保”有保护、保卫的意思。

顺势出示词语“保护”，认识“护”字。“护”也是个形声字。它的意思和“保”相近。师板书“保护”，生书空，读词。最后进行填词练习：我们保护什么呢？课件出示保护（　）。我们今天学习的《识字 7》是关于保护小动物的儿歌。

3. 抓共性——归类识字。

汉字有功能奇特的部件，可以通过归类进行批量识字或集中复习。在教学中只要抓住字与字之间的内在联系，就可以轻轻松松地学会一大串字。

如，《语文》（人教版）一年级上册中的“早、晚、星、晨、是”等字都有相同的部首“日”。“日”是象形字，本义指太阳，古文字模拟一轮圆圆的太阳，因此用“日”做偏旁的字多与太阳、光阴、时间有关。“是”，上边是日，下边是正，“正”是人脚对正中之义，上日为阳光直射，人影缩短，只在脚的周围，由日光直射引申为“正直、正义”等义。

“辶”表示用脚在路上行走，“辶”做偏旁时主要表意。带有“辶”的字：道、进、过、迷、这、边、还、造、送、远、近等，都与道路、行走、奔跑、远近相关。

“走”字像两手摆动的人奔跑，“走”的本义就是奔跑。带有“走字旁”的字：起、越等，都是与行动有关的字。

4. 抓字形——突破难点。

汉字是音形义的统一体。具体到每个字来讲，难点会有所不同。有些字字形本身就很难记，有些字因为字形会混淆读音。面对这些难点，我们可以借助字理来帮忙。

《语文》（人教版）一年级上册《菜园里》一课中的生字“藏”，笔画很多。整体识记和数笔画认读效果都不佳。如果利用字理来教学，会变繁为简，变抽象为形象。藏，草丛便于隐藏，故从草；“爿”是床的竖形，隐喻床下可藏东西；“臣”像人俯首下视的眼睛形。根据字形，编成的谜语为：一臣被追杀，刀戈身后扎，躲进草屋里，钻进床底下。二年级上册《称赞》一课，学生往往把“疲劳”的“疲”和“作废”的“废”相混：把“废”字的“广字头”写成了“病字头”，或者把“疲”字的“病字头”写成了“广字头”。教学时可以运用字理进行比较：疲是个形声字。皮表声，“病字头”表意。疲劳了容易生病，所以是“病字头”。“废：形声。从广，发声。”“广”（yǎn），表示与房屋有关。本义：房子倾倒。

再如，二年级上册《纸船和风筝》一课中的“漂浮”和“飘浮”学生易混淆。教学时可以运用字理进行比较：“漂”和“飘”两个字都是形声字。纸船在水里，所以要用三点水的“漂浮”；风筝在空中要借助风的力量，所以要用风字旁的“飘浮”。

引进字理教学方法，如同引进了教学活水，其丰富的内涵、浓郁的情味，使学生学习生字成为一件非常有趣、有意义的事，随之而来的就是识字效率的提高。

（二）根据汉字特点，选用恰当方法

1. 字谜识字。

（1）看图猜字。

图片鲜艳、直观、生动、形象，深受低年级学生的喜爱。在低年级识字教学中教师充分地运用图片可以调动学生识记汉字的积极性，提高识记汉字的实效。例如，在教学“休”字时，利用多媒体创设情境，先出示一棵大树，再出示一个人，当人走累了，就靠在大树上，然后再让学生猜一猜，用哪个词语可以表达这幅图的意思？学生很快就能说出“休息”这个词。就这样，学生能很快记住这个“休”字了。

（2）歌诀猜字。

字谜的形式古已有之。运用猜字谜的形式，能较好地增强学生的形象思维能力。如：

上山割草木，加水反复煮；
熬出颜色来，再放丝和布；
搅和九次后，白布变蓝布。（染）

一人欠着身，俯看皿中物；
此物真是美，两滴口水出；
于是起坏心，把它偷回屋。（盗）

再如“办”字：“办事要用力，两边流汗滴。”教学“古”字时，可编这样的歌诀式的谜语：“上十下面口，表示很多口；口口相流传，历史很悠久。”这样的字谜形义结合，十分便于学生依义识记。

教学中的看图猜字或歌诀猜字特别要注意汉字音形义的联系，突出字理的构成。学生通过猜这些形义结合的字谜，增强了思维训练，获取了历史文化的知识，感受汉语言文字特有的魅力。

2. 动动演演。

低年级学生处于好动的年龄段，如果在课上适时安排他们动一动，演一演，也是促进他们识好字、记好字的好方法。如：“护”“抱”这类字以手演示就十分直观。又如“跃”“蹦”这类字，教学时让学生做做动作，则形义不言自明。

“问”字是个形声字，“门”表示音，“口”表意。教学时就可以创设一个问答情境，找两个学生分别扮演独自在家的小明和敲门的陌生人，进行情境对话。

3. 故事溯源。

爱听故事是低年级孩子的特点。在教学中可以利用汉字中的故事，激发孩子的学习兴趣，感受汉字文化的魅力。

二年级上册《识字 6》是以爱为主题的对子歌。上课伊始，出示单元主题“如果我有一支神笔，我会画很多东西给需（xū）要的人，只要人人献出一点

爱，世界就会变得更美好”。从题眼“美”字的造字故事引入学习：

古时候人们以打猎为生，捕到羊后，把肉吃了，就戴起羊角美美地跳起舞来，表示劳动后欢乐的心情。古人们根据这个情景创造了，上面的部分表示羊头，下面的部分表示一个人，这就是最早的“美”字。后来经过不断地演变成了现在的楷书。再用美组词，在扩词中丰富对美的理解，将学生的思绪从单元整体引入本课的主题。

4. 再现画面法。

再现画面就是复原汉字中的画面，帮助学生识字。

《识字 7》中的“牢”字，教师可以先出示图画和这个演变过程。在告诉学生因为怕牛跑了，所以就把牛圈修得结实些。学生明白了本意后，再引导学生进行扩词理解。

5. 语言描述。

语言描述法就是运用精练的语言去阐明汉字构形原理，这种方法多适宜于会意字以及形声字的教学。

“牧”字，会意兼形声只要解析“攵”是手拿鞭、棍的意思，与“牛”合起来指手拿鞭子放牧，这类字无须图示，只要这样点拨讲述学生也就理解和掌握了。

“贫”字，形声字。教学时，先出示篆书“”，让学生猜猜上下两部分表示的意思。在学生猜的基础上，老师小结：下面的“贝”表示贝壳，古时候人们曾拿贝壳当钱买东西，它表示财物的意思。把钱分走了，钱越来越少就是“贫”，随后进行扩词理解。最后，和学生一起列举带有贝字旁的字。学生讨论发现凡是由“贝”所组成的字大多与钱、财、贵重的意思有关，从而强化了“贝”做形旁时的意义，起到了“学一个带一串”的功效。

6. 图字对照。

图字对照即用图画将汉字的本义表示出来。如:“富”字，学生往往不明白下面为什么是“畐”。教学时运用“分解——组合”的方法引导学生图字对照，引导学生猜猜这个字每个部分所表示的意思。在学生自主学习的基础上，老师适时点拨：富的上部分表示房子，也就是家，下面的部分表示酒坛子。家里有酒证明家里很富有。然后再帮助学生进行图与字一一对照，突破字形难点。

7. 合理联想。

在析解字理时引导学生合理联想，以加深对汉字音、形、义的理解，如教“沙”字，可引导学生从河水少想到沙子出现，这就是沙字的由来。这类字难以图示和演示，引导学生联系生活联想即可再现情境。

8. 依字析词。

依字析词就是根据汉字的字理来了解词的意思。

“奉献”一词是《识字 6》的重点词语，它比较抽象，是学生理解的难点。教学时，首先出示“奉”把学生引入字理情境了解奉献之意。告诉学生古人造字的时候，上半部分表示很精美的玉串，是古人看作最珍贵的物品。下半部分学生根据字理知识猜出是一双手。再引导学生做动作来理解。伸出双手，把最珍贵的东西恭敬地举起就是“奉”。和“献”组词奉献就是满怀情感，无私、恭敬地付出。接着把学生引入生活情境感受奉献之情，请学生结合生活填词理解。在此基础上引导学生进入韵文情境，指导朗读表达奉献之美。

这样在情景中进行字理识字。将字理与学生生活和阅读理解建立起联系。达到字理识字、字理品读、字理育人的功效。

六、结果分析

（一）取得的成绩

在不到一年的时间里，我们的研究获得喜人成绩。

1. 来自学生的声音：“太有意思了！”我们特意请两名分别来自县城和农村校二年级老师上了两节对比课：一节是运用字理教学的课，一节是教改前的普通课。然后现场向学生调查喜欢哪节课。98% 的学生喜欢教改课。他们觉得这样的课有意思。经过当堂测评，在运用字理教学课上学习的学生识字正确率达到 96%；而没有在运用字理教学课上学习的学生识字正确率仅为 85%。

2. 来自老师的心声：“我们愿意研究！”68 节低年级参赛课中，有 56 节均体现了字理教学的方法。在课后答辩时问老师：“体现不好为什么还要体现呢？会影响评优课成绩的。”老师们的回答几乎一致：“我们愿意研究，评优结果不重要。”

3. 来自专家的评价：我们有幸到河南省漯河市参加了全国字理教学观摩活动。我区参赛选手的说课获得专家评委的一致好评，并获得了特等奖的好成绩。

（二）我们的思考

1. 教师研读教材的能力是研究的基础

此课题研究的根本基础是教师研读教材及把握教材、处理教材的能力。如果教师缺失这个基础，字理教学的研究将会成为“画蛇添足”，最终将识字教学烦琐化，更谈不上提高识字效率。

2. 根据教材的编排内容，建立字理教学内在的知识链接

字理教学要见树木，更要见森林。其最终目的就是要帮助学生达到课标要

求的“学习独立识字”的低段学习目标。

3. 教无定法，贵在得法

字理教学法还要与其他教学方法合理兼容，最终为激发学生对汉字学习的兴趣，提高识字效率服务。

汉字作为中华民族的文化瑰宝，每一个汉字，都有一张表情独特的面孔，一段源远流长的故事。每一个汉字都用它那生动的结构，向人们讲述着一个个动听而有趣的故事。将其传承下去，我们语文教育工作者责无旁贷！

我们的研究还在继续……

参考文献：

[1] 黄亢美. 字理+心里=合理——凸显字理，领悟汉字文化内涵[J]. 小学教学参考，2005，31.

[2] 潘树新. 字理识字法在小学语文教学中的运用[J]. 小学教学参考，2000，21.

◇ **作者信息**

王朝芹

北京市昌平区教师进修学校小学语文教研员，中学高级职称，北京市语文骨干教师。多年来，潜心研究识字教学，总结出了随文识字、字理识字有效教学策略。撰写的多篇论文获市、国家级一等奖并发表。

高春杰

北京市学科带头人，昌平区教师小学语文教研员，多次在北京市及国家级比赛中获得课堂教学一等奖，撰写的多篇古文和教学设计获得国家、市区级奖项。应邀到青海、内蒙古等多个省市做观摩课及讲座。

运用字理　提升识字效率

北京市房山区城关小学　于春华

中华民族五千多年的悠久历史造就了深厚的传统文化，它是中华民族的精神命脉，是涵养社会主义核心价值观的重要源泉。让学生汲取优秀的传统文化，树立正确的人生观、价值观，培养学生的民族自豪感，弘扬民族精神，是我们教师义不容辞的责任。汉字是中华文化传承与发展的载体，自古以来，识字教学就是中国一切文化教育的基石与起点。《义务教育语文课程标准（2011 年版）》中提出："认识中华文化的丰厚博大，汲取民族文化智慧。关心当代文化生活，尊重多样文化，吸收人类优秀文化的营养，提高文化品位。培育热爱祖国语言文字的情感，增强学习语文的自信心，养成良好的语文学习习惯，初步掌握学习语文的基本方法。"由此看出，汉字教学既具有工具性价值，同样也具有文化的特性与功能。低年级段要求学生喜欢学习汉字，有主动识字的愿望。教师如能挖掘汉字本身的文化内涵，恰当地使用汉字的字源字理进行汉字教学，能在识字教学中适当渗透一些汉字文化，将会更有效地激发学生学习汉字的兴趣，从而使识字教学达到事半功倍的效果。

一、运用字理，激发兴趣

"知之者不如好之者，好之者不如乐知者"，兴趣是最好的老师。改革汉字传统教学模式，注重字理识字教学，透过汉字的音、形、义的分析，向学生渗透传统文化，认识中华文化的丰厚博大，激发学生对祖国汉字及传统文化的热爱，能最大限度地激发学生的识字兴趣。

如在学习"贝"时，让学生知道"贝"是一种有介壳的软体动物，字形像一个打开了壳的贝，古代人将它看作象征富贵吉祥的装饰品，后来由于它小巧玲珑、便于携带及可计数性，就用它作为交换的货币，时至今天与金钱有关的字大多带有"贝"字。

二、运用字理，记忆字形

低年级的看图识字教学，可以先出示图，再与字进行比较，直观形象，这样便于学生识记字形。如在学习“水”时，出示象形字“”，引导学生观察中间蜿蜒的曲线表示水流，旁边的几个点表示水滴或浪花，后来经过演变就成现在的“水”了；学习“日”时，先出示一轮红太阳，再提问：“这是一轮什么样的太阳？”学生回答：“圆圆的太阳。”再出示“”图，让学生将太阳图与“日”字形进行比较，古时候，我们的祖先就是根据太阳的模样，创造了表示太阳的“⊙”字，后来几经演变，就成了现在的样子了。通过比较，学生不但对汉字产生了兴趣，了解了汉字的演变过程，还会对古人的智慧由衷地佩服，从而乐于学习。

又如学生在写“令”时，往往会丢掉最后一笔“点”而写成“今”，可以出示图“”向学生讲解，这是古人造的“令”字最早的样子，好像在一个大铃下，一个人跪坐着振铃发号施令，这就是命令的“令”，最后一笔点就像这个人的脚。这样学生就不会丢点了。

三、运用字理，理解字义

依据汉字形旁表意的特点，使学生明确形旁的意义，加深对汉字的理解记忆，能够有效地提高识字的效率。如学习“笑”字，汉字构建比较简单，学生记下来是没问题的，但为什么是竹字头呢？老师可给学生讲个笑话，让学生大笑，笑得前仰后合，使学生体会到，古人造这个字时认为竹子被风吹得摇摇摆摆的样子就像人笑的样子，因此用竹字头。再如记忆篮球的“篮”时，教师可给学生讲清篮球运动的来历：人们把一个篮子挂在高处，大家争着往里投球，球投进篮子以后，得爬到高处，把球取下来才能接着玩；有人嫌麻烦，便把篮子下面掏空了，这样便用不着再爬高取球，玩起来方便多了。后来，经过不断地改进，投球所用的篮筐便成了今天这样子。这就是篮球的“篮”为什么是竹字头而不是草字头的原因。

四、运用字理，辨析同音字

有些汉字音同形近，学生不好区分，很容易用错，这时可以考虑运用字理进行教学。

如“躁”和“燥”是学生易混淆的两个同音字，运用字理辨析“燥”和

“躁”的含义学生印象深。“躁”，表示人急躁。左边是足字旁，就像人的脚，人在不冷静时往往会来回踱步；右边是“喿”，是“噪”的本字，表示人在性急、不冷静时会发出喧哗吵闹声。“燥”的“火”字旁表意，其形像火焰溅出火星，表示用火烘烤可使东西干燥；那“燥”为什么右边也是“喿”呢？原来“喿”除去表音外，还表示物体因过于干燥而爆裂时会发出噪音。

又如区分“订”与“定”，“订”左边言字旁表示张口说话，有“讨论、评议”的意思；而“定”从小篆的字形上看，上边是宝盖头，表示房屋，下边是“正”字，“房屋方正则安定”。由此可以区分“定”表示定下来，不会轻易改变；而“订”虽然“订”下来，但有可能会改变。

五、运用字理，辨析词义

学生在阅读时常遇到意思形近的词语，这时可以寻求字源字理帮助学生辨析词义。如在辨析“信誓旦旦”“深信不疑”“信奉宗教”中“信”的意思时，寻其字理，可以先出示“信”，引导学生观察其构形。左边是个单人旁，右边是个“言”，从构字上看，就是人说话要有信用。因此，可告诉学生“信”的本义为“诚实”，可以让学生组词“言而有信”“诚实守信”，“信誓旦旦”的“信”就是“诚实”的意思。教师接着引导，“诚实有信”才让人不怀疑，让人相信，让学生组词“信任”“信念”等，“深信不疑”的“信”就是“不怀疑，认为可靠”的意思。教师再引导，正因为相信才听从、追随，所以“信”还有“信奉”之义，“信徒”“信教”“信从”就是这个意思。

再如，在讲解“农”字时，可先出示“农”的甲骨文“”，引导学生观察“农”的上半部分是“林”，表示农垦地区；下半部分是“辰”，表示一种农具。在金文中“农”的上半部分“林”多变为“田”。可告诉学生，以种田等从事农业生产的劳动者称为农民；农民居住的村子称为“农村”；进行农业生产所使用的工具就称为“农具”；耕种的田地称为“农田”；农业生产的工作，如耕地、播种、施肥、收割等，称为农活；农业中生产的物品成为农产品，如稻子、小麦、玉米、大豆等。

六、运用字理，理解句义

学生在学习中常会遇到一些句子中有某一个关键的词语不理解，运用字理来帮助理解词语，再理解句子的意思也很灵活、方便、快捷。如课文《观潮》

有这样一段:“顿时，人声鼎沸，有人告诉我们说：潮来了！我们踮着脚往前望去，江面还是风平浪静，看不出有什么变化。”其中“人声鼎沸”是什么意思呢？“人声”好理解，就是指人们说话的声音，“鼎”字学生不常见，这时可以用字理来讲就很容易理解。“鼎”是古代煮东西的锅，上部装东西的部分演变成了“目”，下部的三根支架演变成“”，“鼎沸”就是锅里的水烧开了发出“哗啦、哗啦”的声音，“人声鼎沸”说明人群发出的声音像水在锅里沸腾一样，形容人声嘈杂喧闹，人特别多。这样一讲解，学生一下子就理解了，观潮的人多而嘈杂，我们只有踮起脚才能望到前面的景象。

汉字是图形文字，表意文字，每一个汉字都有一个来源，蕴含汉字特有的文化，大部分汉字都能通过字的形体结构在某种程度上显示出字义。在识字教学中，如果教师能运用汉字的字理，引导学生从汉字本身的内在意蕴出发感受汉字造字的奥妙，体味中华传统文化，将会大大激发学生学习兴趣，产生民族自豪感，提升识字能力。当然，识字教学方法很多，字理识字只是其中一种，我们只有因地制宜、灵活多变地选择恰当的识字方法，让学生感受到学习汉字的乐趣，感受祖国语言文字的无限魅力，才能使学生更加热爱语言文字，真正感受到语言文字带来的实实在在的快乐，提升学生识字能力，真正提高识字教学的效率。

◇ 作者信息

于春华

大学本科，小学高级教师，精心钻研语文教学，多次被评为房山区语文骨干教师，现任教学副校长。

关注构字规律，让识字写字课堂扎实而生动

北京市丰台区丰台第一小学　汪敏

《“羊”字的秘密》是结合《语文》（北京版）第三册第三单元第四课《方字歌》进行的拓展探究课，主要探究的是羊字族的字。选择探究这一内容的主要原因是羊字族的字很有探究的价值：羊字族的许多字，“羊”既可作声符表示字的读音，也可作为意符表示字的意思。作为识字拓展内容的羊字族的字，它是规律和方法的探究，是汉字在语境中的运用，也是激发学生对汉字学习兴趣的媒介。

一、关注构字规律，点亮识字愿望

（一）探究导入，分清“声符”和“意符”

汉字学家王宁教授认为，汉字教育的目的，最重要的是通过教学过程让学生产生对表意汉字构造特点和使用规则的领悟。因此，本课的导入直奔这个目标，引导学生探究“羊”在构字中作声符、意符的作用，为后面的汉字构形知识的学习做好铺垫。

【课堂实录】

师：我们中国人自古以来都很喜欢羊的温顺、善良，还用“羊”字造了许多有趣的字。这节课我们一起去找找“羊”字有什么秘密。你们看，洋、美这两个汉字，里面都有“羊”，从读音和意思来看，你有什么发现？

生：“洋”是个形声字，“羊”提示了“洋”的读音，是“洋”的声旁。

师：我们也管这个声旁叫声符。

生：“美”字里的“羊字头”没有表示字音的功能，它是不是和字义有关系呢？

师：那么“美”是什么意思？

生：是好看、美丽的意思。

师：在几千年前的甲骨文中美是这样写的“”。“美”字下部的“大”，表示一个大人。看看“大”的上面是羊角，古代的大人为什么要把羊角戴在头上呢？

生：是因为古人觉得羊角很美。

师：所以“羊”和“大”组成了“美”，“羊”表示了“美”的意思，因此这个“羊”在“美”字里是意符。

小学语文学科教学改进意见中提出，识字教学“要重视激发识字兴趣，关注识字方法的多样性，倡导进行意义识记，注重培养学生独立识字能力”。探究羊字旁的字，目的就是从学生熟悉的汉字入手，关注汉字的构字规律，将汉字文化和身边生活相结合，使学生能够在愉快的汉字探究中，学习与羊字有关的汉字知识。

（二）探究“羊”作声符的字：结合生活辨字义

“羊”作声符的字有很多，读一读这些字：样、佯、洋、痒、氧、祥、翔、详，找一找“羊”在这些字里的表音效果有什么不同？

学生会发现，有的如海洋的“洋”，和“羊”字的读音完全一样；有的如“氧”，和“羊”读音一样声调不同；而“祥、翔、详”和“羊”的韵母一样，声母不同，但是读音很像。那么怎么区分它们的字义呢？我们可以根据意符来辨别它们的字义。

选一选，填一填。

①祥　②洋　③翔　④痒　⑤氧　⑥详

（1）鲸鱼生活在海（洋）里。

（2）森林公园里空气清新，简直是天然的“（氧）吧”。

（3）我被蚊子叮了，好（痒）啊！

（4）鸟儿在蔚蓝的天空中自由飞（翔）。

（5）导游阿姨向我们（详）细介绍了博物馆里的各种展品。

（6）过年了，我祝爷爷奶奶健康长寿，吉（祥）如意。

为什么这么填呢？这就需要我们在引导学生分析原因的过程中来辨别字义。大部分的字学生都会结合句子意思说清楚选择的原因，一般来说，大部分孩子会对“祥”的意符说不清，这时候需要老师来帮助。它左边的“礻”是“示”字的变形，“示”是象形字，是人们祭拜祖先的供桌，上面的短横表示贡品。人们会向上天祈求什么呢？比如一生平安、幸福美满等，这都是人们美好的愿望，都希望吉祥如意呢！

这部分的设计意图很明确，就是要弄清楚“羊”作声符的几种现象，引导学生用已有的知识去观察和分析，培养孩子音、形、义统一识字的意识。对同音字、音近字，重点引导学生分析意符来辨明其形义关系，既预防这些字的误用，也使学生进一步领会到形声字的特点。

（三）探究“羊”作意符的字：追根溯源看变化

“羔、咩、羚、羡、善”这些字中，“羊”都是作意符的。探究字的意符，有的容易，有的难。科学的汉字教学，应该是既要符合汉字构形规律和演变情况，也要符合学情的教学。构意明确的字，如“咩、羚”，应该放手让学生去分析、识记；形义变化较大、学生不易理解的字，如“羡、善”，则采用溯源法帮助学生理解它们的形义关系。这样，学生就会因理解而产生探究汉字的兴趣，也会因此而培养学生自主识字的能力。在教学中我是这样做的：

1. 我们已经知道，“羊”能作声符，提示字的读音，也能作意符，表示字的意思。我们看看这几个字：

咩、羚、羔、羡、善

2. 我们把这些字放入词语中，请一位小老师带着读一读：

咩咩叫　羚羊　羊羔　羡慕　善良

3. 引导了解羊的“意符”。

（1）“咩”是什么动物的叫声？从这个字能看出来吗？学生一定会说，“咩”是羊的叫声，口字旁表示小羊从嘴里发出的叫声。“羊”作意符帮助我们理解“咩”的意思，还帮助我们记住了字形，这个方法真好。我们也用这个方法来学习其他的字吧！

（2）羚羊是羊的一种，所以“羚”字也是用“羊”作意符，“令”是声符。

（3）小羊羔的“羔”，就是小羊的意思。

（4）再看“羡”字，上边的“羊”表示香喷喷的食物，看到美食，很多人都会流口水，找找“羡”字中哪部分（意符）表示流口水？快看，古时候“羡”是这样的  ，左下边是水，右下边的欠字表示一个人在张着大嘴，这“水”就是他流出的口水。你们能把“羡”字中的三个意符连起来，分析一下它的意思吗？（一个人看见香喷喷的食物，馋得张大嘴巴直流口水）意思就是希望得到，羡慕也是这个意思。

（5）善良的“善”上边是个羊字，谁来猜想一下老祖宗造“善”字的时候，为什么要用“羊”呢？（是希望人们要像羊一样温柔善良）

出示金文：“善”字最早下面是两个“言”表示彼此相善。后来，古文字就简化成一个“口”的“善”了。

（6）小结回顾：我们把刚刚认识的字再读一读，边读边想“羊”字在不同的字里起什么作用。

（四）探究“羊”做记号的字：汉字构形学问多

出示汉字：着　差　盖

羊在这三个字里，既不能当声符，也不能当意符，只能起到一个标记的作用，我们叫作“记号”。羊在这三个字里就是一个记号字符。

因为有了“声符”“意符”的铺垫，“羊”做记号这部分教学过程就很简洁。通过查阅资料我了解到，记号和半记号字符在现代汉语常用字中的比例超过了三分之一。“记号”是指汉字中既不能表音也不能表意的字符。由于它们与字音、字义都没有了关系，不便于分析，不便于理解，成为识字教学中的一个难题。在这节课里由于前面的两个环节已经有效地引导学生了解了声符、意符，让学生再了解不能表音也不能表意的“记号”字符，难题也就迎刃而解了。

二、关注构字规律，点燃写字愿望

1. 仔细观察，这节课所学的带羊的字，“羊”的写法都一样吗？羊字作部件时，为什么会有这些变形呢？

（1）羊字头的这四个字：⺶　美、羔、羡、盖

引导学生发现，如果这一竖往下写出头，上下两部分就会相连，下面的部分就会拥挤杂乱，所以，羊的尾巴就不能伸下来。笔顺也要变，最后两笔先写竖，再写横。

（2）再看下面四个带羊的字：⺷　羚、翔、着、差

羊字头的最后一笔变成了——撇，为什么会这样呢？这为了避让右边或下面的偏旁。

（3）羊字作右偏旁：羊　洋、样、详、祥、咩

这些字中的“羊”为什么就没有变形？是因为“羊”在这些字中是右偏旁，不影响左偏旁，所以就不用变化。

2. 利用歌诀指导书写和评价“羔、祥、翔、差”四个字。

方法：根据生字的结构想歌诀，利用歌诀强调重点笔画，教师范写，学生仿写。比如，上下结构的“羔”，上下对正纵向短，横向只有一处宽；下部靠上结合好，点画不拥挤不松散。重点观察，这个字应该把哪儿写得最宽。写完字之后运用歌诀进行评价。

笔画笔顺教学一直是写字教学的难点，笔画为什么要变形？笔顺为什么要这样排序？如果不讲清楚，学生就会不明原因地机械识记、死记硬背。这节课

的教学，重在讲明羊字的笔画笔顺变化的道理，使学生在理解中书写，不仅容易掌握所写字的间架结构和笔顺，还能进一步体会汉字所蕴含的文化和智慧。

四、自编儿歌：举一反三灵活运用

羊字旁，温柔美丽又吉祥。
声符羊，加个羽字会飞翔。
意符羊，多说好话很善良。
记号羊，加上工字没差错，
加上皿字盖楼房。
小朋友，爱小羊，
找到秘密心欢畅！

这首自编的小儿歌，不仅复现了部分羊字族的字，还融入了羊字族字的特点，朗朗上口，深受学生喜爱。

总之，这节课的教学目标明确，教学环节简明有序，取得了很好的教学效果，原因有二：一是环节流畅。现代汉字的构形字符分为声符、意符、记号。本课的结构也就依序为教声符、教意符、教记号，最后指导书写。四部分各展开了一批生字和汉字知识，使教学内容既相互独立又紧密联系，既层层推进又环环相扣，有条不紊清晰简约。不仅便于学生理解和识记，有序地学习和复习，也潜移默化地培养学生先后有序、点面联系的思维方法。二是教学设计的着眼点在于根据学情安排每个汉字及每个汉字知识的教法。能自学的知识学生自学，自学有难度的由老师引导着学，自学难度太大的由老师教。这种根据学情的做法，张弛有度，始终激发着学生的学习兴趣，体现了学生为主体、教师为主导的教育观念，培养了学生学习识字方法、自主学习的能力，促进了学生的思维发展。

◇ 作者信息

汪敏

中学高级教师，丰台区小学语文骨干教师。丰台区优秀班主任，北京市“紫禁杯”班主任一等奖。在北京市课题《小学生写字达标指导训练与评价方法的研究》中所讲的《“羊”字的秘密》一课荣获一等奖。

让识字教学彰显文化之魅力

——低年级识字教学初探

北京大学附属小学丰台分校　王海霞

识字是阅读和写作的基础，识字教学是小学语文教学的重要组成部分。《义务教育语文课程标准（2011年版）》从“知识和能力”“过程和方法”“情感态度和价值观”三个方面对识字教学的目标作出了规定，体现了语文学科工具性和人文性的统一。然而在我们的识字教学中，却只是让学生用加一加、减一减、换一换等简单机械的方法识记字音和字形，而对于汉字本身所蕴含的文化魅力却只字不提。长此以往，学生虽然知道了汉字的音和形，却不清楚它丰富的内涵，这对于传承优秀的中华文化，培养学生的语文素养则是一种缺失。

《义务教育语文课程标准（2011年版）》在总体目标中指出：“认识中华文化的丰厚博大，汲取民族文化智慧。”而汉字的表意性使它具有独特的魅力和非凡灵动的美，充分体现了中华文化的无穷魅力。让识字教学彰显文化魅力，正是为了实现识字教学的人文性与工具性的统一，为了培养学生热爱祖国语言文字的感情，培养学生主动识字的愿望和主动识字的习惯而提出来的。

一、链接字理识字，感受汉字文化之魅力

所谓字理，就是汉字的构字依据和演变规律。字理识字是依据汉字的构字规律，运用汉字的音形义的关系进行识字教学的方法。字理识字旨在通过对象形、指事、会意、形声等造字法的分析，运用直观、联想等手段记字形，以达到识字的目的。依据字理进行教学，不但能让学生体会汉字的意象美，感悟汉字的文化内涵，形成学生识字析词的能力，而且能让学生了解汉字的演变过程，感受中国汉字的独特魅力。

字理识字主张教独体字（象形和指事文字）运用“溯源——对照”的模式，找到它所像的物体和所指的事物，然后了解其字形是怎样演变来的；教合体字（会意字和形声字）运用“分解——溯源——组合”的模式，先将其分解成几个

基本意义单位，再找到它的本来意义或表字的读音，最后了解其组合起来表示的新的意义和读音。

（一）象形字——借助图画，对应比照，感受汉字文化之魅力

汉字“以形表意”，以象形为基础，运用抽象的线条描摹、比附事物，所以观察汉字的形体结构便可了解古人的生活劳作、民风习俗、思维方式、道德观念与审美情趣。在学习象形字时，引导学生把抽象的汉字与一幅幅形象生动的图画联系起来进行对应比照，使学生能轻松愉快地识记字形、理解字义。

比如《日月水火》一课这样导入：课堂伊始，老师饶有兴趣地说：“同学们喜欢画画吗？谁愿意与老师合作画一幅画？”请一名学生伸出一只小手放在黑板上，教师描画出手的轮廓。“大家快看，我们俩合作画出的画表示什么？”（一只手）教师顺势揭示：“古人就是这样根据手的形状造出了象形字——手（随即张贴“手”的象形字）。你看，“手”字多像一幅有趣的图画，古人用这种描画的方法造出了很多汉字。”慢慢地，时间长了，“手”字经过不断地发展变化，逐渐变成了我们今天书写的“手”字。

这样的教学环节旨在激发学生的识字兴趣，使学生初步感受象形字的演变过程。

接着教师出示日、月、水、火四幅图，请同学们认真观察这几幅图，说说图上画的是什么？（引导学生把话说完整。）

老师这儿还有几个象形字，请你仔细观察，想一想这几个象形字分别对应着哪幅图？（学生思考，指名把象形字与图对应贴好。）

这几个象形字经过不断地变化，形成了我们今天书写的汉字，观察思考，这几个汉字分别对着哪几个象形字呢？（学生回答，教师贴今字）引导学生看板书，教师：你看我们的祖先多聪明呀，造出了这么多的汉字。

通过让学生将象形字与画面对应、再将今字与象形字对应，使学生亲身经历了汉字的演变过程，真正感受到古人的聪明才智。

生字宝宝用这样的方式和我们见面了，我们一起叫它们的名字。这节课我们就来和“日、月、水、火”交朋友。这样学生自然而然地、充满热情地开始了新的学习。

象形字的教学借助图画，与古字、今字对应比照，使学生对汉字的演变过程有了更加清晰的认识，也感受到了我国古代劳动人民的聪明才智，初步领悟了汉字的文化魅力。这样的教学过程大大激发了学生的识字兴趣，可谓一举多得。

（二）会意字——依据字形，猜测字义，感受汉字文化之魅力

一个汉字就是一幅美妙的图画，它是中国古代文明的结晶和载体，我们的祖先在发明汉字时把一些道理蕴含其中。会意字是指字的整体意义是由各部分的意义合成的，可以分成两类：一类是同体会意字，也就是由两个或两个以上不同的表意符号组成；另一类是异体会意字，就是由两个或两个以上不同的表意符号组成的。

1. 在《两个又字做朋友》一课重点是学习同体会意字，如炎、双、晶、众。这一课的教学可以这样导入：

（1）由看图猜字的游戏导入：

（课件出示一个人）让学生猜这是什么字？（人）再出示图片：这个人后面还跟着一个人，让学生猜一猜这是什么字？（从）说说你是怎么知道的？

（2）看字形猜字义：

“从”的图片隐藏，只剩下“从”字，看着字形说说从字的意思，组词。再出示“众”这个字，谁认识？（齐读拼音）你们猜猜这个字是什么意思？你是怎样知道的？（“众”是指多人，从一个人 到很多人）此环节是在渗透会意字的特点——据字形，知字义。

当我们在家里看电视的时候，我们就是——观众；当我们坐在汽车里听广播的时候，我们就是——听众……

（3）初步感悟会意字的特点：

观察“人、从、众”这三个字，你发现了什么？从是由两个“人”字组成的，表示两个人;“众”是由三个“人”字组成的，表示许多个人。

师：像这样由两个或三个独体字组合成一个新字，而且这个新字的意思是由每部分的意思组合起来的，这样的字叫会意字。(师板书)

（4）我们的祖先就这样又造出了很多的汉字，你知道哪些？（学生举例）

（5）今天我们就来再学习几个这样的字。自己借助拼音读一读儿歌，找一找像从和众这样的会意字，把它圈出来。

同体会意字的发明过程似乎也在告诉我们一个道理：积少成多。在学习这些字的过程中渗透“一生二、二生三、三生万物”的哲理，让学生从汉字中品味先哲与圣贤的智慧。

2. 在学习异体会意字时，可以这样设计：

（1）同学们已经认识了很多汉字，能自己读书、看报，还能自己写句子，真是了不起。今天老师还要带你们到汉字王国里认识一些有趣的朋友。来，我

们先来认识几个老朋友，（课件出示太阳）这是老朋友“日”。（课件出示月亮）这是老朋友“月”。（课件出示日出）你看到了什么？太阳越升越高，放射出万道金光，照亮了大地。（课件出示月升）谁再来说？小结：太阳给大地带来光明，月亮也给大地带来光明，日和月都给大地带来了光明，它们组成了一个新的字（课件出示——明）。

（2）你知道“明”是什么意思吗？

现在，太阳想和月亮手拉手做朋友，成了一个新的字“明”，这个字读什么？（正音，齐读）你们以前有没有见过“明”，你能不能用“明”组词？“日”和“月”这两个老朋友住在一起，相处得很融洽，特别是“日”，作为老大哥让着小弟弟，它把大部分位置让给了“月”，这样组起来的字才好看。

（3）看着“明”的字形，把两部分的字义合在一起就是明的意思了，这样的字叫会意字，只不过它的组成部分是不相同的。这节课我们就要学习许多像“明”这样的字！

以生动形象的课件引导，使小学生联想到生活的体验，能激发学习情趣，把“日”和“月”称之为两个老朋友，充满了人文色彩。

接下来通过多种方式引导学生把儿歌读正确、读流利，在此基础上引导学生根据字形编顺口溜学习“歪、灾、灭、休、掰”。比如休——一人靠树，立足休息；灾——室中失火，酿成火灾；歪——不端不正，东倒西歪。

（4）最后再给学生出示几个异体会意字，小组合作，运用“看字形编顺口溜”的方法识记会意字“鲜、尖、苗、看、艳、泪”。

（5）作业：寻找生活中的会意字，比一比谁记得多。

《义务教育语文课程标准（2011 年版）》在第一学段“识字写字”方面提出的要求是“喜欢学习汉字，有主动识字、写字的愿望”。因此低年级语文教学要力求做到入情入境，紧紧抓住学生的年龄特征，调动其识字积极性。在实际教学中，通过让学生说会意字的特点、游戏等一系列识字活动，让学生在宽松、自然的状态下进入情境，进入课文，去发现构字规律，掌握汉字结构，从而感悟汉字文化，积累语言文字。巧妙的会意构字，不但能让学生感受识字的乐趣，而且能激发学生更大的识字热情。

（三）形声字——家族识字，举一反三，感受汉字文化之魅力

形声字兼有表音和表意的特点，在小学语文教材中形声字占大多数。在教学中引导学生发现形声字声旁表音、形旁表意的构字规律来帮助学生识记和理解生字，不仅能有效地提高识字教学的效率，还能帮助学生理解字义。形声字

的教学重点在于“形”，教师要有意识地教给学生一些表意偏旁的含义。当某个表意偏旁首次出现时，就要告诉学生它所表示的含义，比如口字旁表示与嘴有关或与说话有关；而大口框则表示与一定范围有关；两点水与寒冷有关，三点水与水有关；厂字头表示与居住、山石有关等。学生对表意偏旁的含义理解以后，使用“形旁表意类推”的方法，将字义教学化难为易，引申扩展，这样有助于学生学习形声字。

在教学形声字时，可以通过加减偏旁和换偏旁的形式，以了解字义为突破口，让学生在学会一个字的同时，学会一串新字。成串的比较会让学生在字义、字形和字音方面产生联系，快速地掌握汉字的音形义，有利于培养学生的识字兴趣和识字能力。比如《客人到家我说请》一课重点是让学生在语言环境中，通过“青字族”感悟形声字的构字规律。当老师引导学生通过分析偏旁，理解字义以后，创设不同的语言环境，举一反三，引导学生运用形声字的构字规律巩固识字效果。

（1）选择正确的汉字组成词语。

青　请　清　晴　情　睛　蜻

（　　）客　（　　）水　眼（　　）　（　　）蜓

事（　　）　（　　）天　（　　）明　（　　）草

（　　）白　心（　　）　人（　　）　火眼金（　　）

（2）选字词填空。

青　晴　情　睛　蜻

天（　　）了，草（　　）了；请你来，做事（　　）；小朋友，爱眼（　　），小（　　）蜓，夸你行。

在教学中将声旁相同的汉字称作“一个家族的字”，而且告诉学生，一个家族的字，声旁相同，形旁表示的是什么，那么这个字就与它有关。这样，我们通过形声字的构字规律，举一反三，学生一下子就认识了几个字，而且大略知道了这些生字的意义，这对于他们避免写错别字也是很有帮助的。因为学生在写的时候会联想到这个字与自己写的内容的关系，就可以从字列中选择合适的汉字。

在识字教学中，恰当地运用汉字的构字规律，不但大大激发了学生的识字兴趣，更重要的是在识字中体会到了祖先的聪明才智，感受到了中国文化的博大与精深。

二、链接日常生活，感受汉字文化之魅力

学生的生活是丰富多彩的，它为学生识记汉字提供了广阔的平台，可谓学生识字的“第二课本”。心理学研究表明：学生学习内容与他们熟悉的生活情境越贴近，学生自觉接纳知识的程度就越高。

（一）互认名字，说说名字的由来

班里有三十多个孩子，他们的名字各不相同，名字中包含了爸爸妈妈的期望，每个学生的名字都有来历，都是一个小故事。互认名字，不就是一笔丰富的识字资源吗？让每个学生问问爸爸妈妈为什么要起这个名字，并把姓名打印出来，贴在桌角。课上让学生介绍自己的名字，课间向同学介绍自己的名字，这样在互认名字的同时，丰富了汉字知识。

（二）借助招牌，介绍认识的新字朋友

为了复现生字和认识更多的字，我们引导学生搜集生活中的广告或招牌，并在课上进行交流。通过一段时间的认读，学生对招牌或广告表示的意思基本能猜出七八来。例如，“乌鱼庄”肯定是以“乌鱼”来作为自己的特色；“布艺世界”是做窗帘的等。顾名思义，招牌与广告总是带着人们美好的心愿，蕴涵深刻的人文内涵。相信长此以往，对于学生文化素养、语文素养的提高是大有裨益的。

在汉字学家的眼中，一个汉字就是一个美丽的文化故事，由汉字组成的汉语系统则更是一个灿烂的文化宝库。因此，链接生活进行自主识字的过程就是一个文化积淀的过程。

三、链接国学诵读，感受汉字文化之魅力

国学经典诵读已在我校坚持 12 年，古诗文诵读活动也是非常有效的阅读与识字相结合的手段。学生通过诵读经典诗文，既扩大了识字量和古诗积累，同时也感受到了中国语言的文化魅力。

老师引导学生将背诵的古诗做成古诗卡，还将背诵的古诗分类整理，有的按描写四季景色整理，有的按描写不同事物来整理，如描写“月”的古诗，描写“春雨”的古诗等，学生背诵的热情非常高涨。低年级学生活泼好动，在他们之间常把古诗卡当成纸牌，小伙伴们课间经常一起玩抽签背诵古诗的游戏，学生玩得开心，记得熟练。每学期学校要进行“经典诗词”诵读竞赛，比一比谁诵的古诗多。学生们有滋有味地诵读，快乐与满足感荡漾在学生们稚嫩的脸

庞，我们深刻地感受到他们深深地热爱诵读古诗，已经感受到了中国文化的魅力所在。

学生们背诵的古诗多了，认的字也随着增多，课堂上经常会听到学生说，老师，这个字我在古诗中认识啦！甚至有的学生在用字组词中都会想到相关的诗句。

“随风潜入夜，润物细无声。”如果我们在指导学生学习汉字的过程中，有意识地渗透文化的气息，让学生深切地感受到中国汉字文化的魅力，那么我们就能当之无愧地说，在传承文化的接力中，我们完成了所承担的任务。

参考文献：

[1] 中华人民共和国教育部. 义务教育语文课程标准（2011 年版）[M]. 北京：北京师范大学出版社，2012.
[2] 贾国均. 字理识字教学法 [M]. 中国轻工业出版社，1998.
[3] 樊新哲. 创设教学情境实施快乐识字 [J]. 吉林画报（教育百家 A），2013，8.

◇ **作者信息**

王海霞

中学高级教师，现任北京大学附属小学丰台分校副校长。从事小学语文教学 26 年，勤学习，善思考，参与经典诵读、整体·拓展阅读等语文课题的研究，撰写的多篇论文在市区级论文评选中荣获一、二、三等奖。

基于学段特点开展进阶式识字教学

北京市海淀区教师进修学校　柏春庆

通常情况下，很多老师都认为识字教学相比阅读和习作教学要简单、容易得多，它仅属于低年级的主要任务。殊不知，识字是学习的重要开端，对学生而言，认字的过程更是他们认识世界、形成语感、学会读书、理解文化的过程。《义务教育语文课程标准（2011年版）》也将识字要求贯串整个义务教育阶段，无论从兴趣、习惯，还是能力、态度，均体现了逐层进阶的特点，展现了学生在义务教育阶段识字发展的全过程。

为此，如何在一个整体序列的设计中，借助教材编排思路，依据汉字自身的特点以及学生各年段的识字规律科学开展识字教学呢？下面，我们就分学段加以讨论。

一、低段识字教学的趣味性

低年级学生以形象思维为主，而单独看汉字，无论是笔画，还是部件，抑或是整个字，都比较抽象，因此，低年级识字教学中要运用多种方式：借助教材特点识字、情境中识字、生活中识字、利用儿童已有经验识字等，充分体现识字的趣味性，不断帮助学生建立抽象的“形”与具体的“事物（义）”之间的联系，从而培养他们初步的独立识字能力。

以《语文》（北师大版）教材为例，在一年级上册第一单元就编排了“上学了”这个内容。编者用横跨两页的图片展现了学校生活的几个场景：欢迎新同学，认识新老师和同学，学校不同的区域环境，社会主义核心价值观，“好好学习，天天向上”的标语口号等内容。对多数孩子来说，不少词语在头脑中已经有了概念，词义是熟悉的，语音也不陌生，是不是所有的孩子都清楚字形？显然并非如此。此时教师可以充分借助图片，帮助学生借助已有的生活经验，建立字形与音义的联系，在生活中学习和积累汉字。这样，有了环境、有了熟悉的意思和声音，汉字形音义统一的基本特征就自然表现出来了。

再看第一课是“字与画”，其中出现的“日、月、水、土、山、石、田、土”学生都认识，但细心的老师也会发现，教材在每张图片上都加上了一个古文字，绝大多数是甲骨文，而且有些字还从甲骨文到楷书的字形演变均有所展示。教师要明确编者的意图，充分借助这一内容，让孩子们感受一个基本的道理：我们的汉字是从画开始的。让学生通过学习知道汉字是与画相关的，古人通过画画的方式来写字，学生会觉得很好玩，引发学生的识字兴趣。同时也帮助学生建立起汉字字理的起点，理解汉字的造字方法。在学习之中，还要帮助学生建立起一种联系：汉字是由这些构字的基本部件组合在一起的。这样，在后面讲偏旁部首时，学生就有了认知的基础。

随着学习的持续进行，学生在认了几百个字后，需要不断地整理归类，建立汉字的联系。因此二年级教材开始出现按照偏旁部首归类、在歌谣中认识一串形近字等相关内容，例如：教室的室、宿舍的宿、安宁的安、火灾的灾，都有“宀”，“宀”跟房子有关，是房子的简化符号，学生由此知道部首是汉字的构字部件，起到表意的作用，由此建立起形、义之间的联系。学生通过说一说、讲一讲、查一查等一系列探究过程，发现一类的字，通过慢慢归类，学生对字的认识就丰富生动了，头脑中也自然开始构建和形成汉字的结构化。

由此我们可以感受到，一年级的识字是分散的、感性的，二年级是归类的，逐渐系统化的。在课上，教师要尽量创设丰富多彩的教学情境，运用形象直观的教学手段，帮助学生识字写字、了解字义。既要一个字一个字地积累，在积累中逐渐了解汉字构形系统的特点；又要在整体了解汉字构形特点的前提下，一个个或者一串串地积累汉字。在课下，引导学生在日常生活中做识字的有心人，主动识字，并自觉和同学交流识字成果，提高识字实效。力求在教会知识的同时培养兴趣和能力，并传承汉字文化，上有文化底蕴的识字课。

二、中段识字教学的联系性

经过小学低段的汉字积累，到了中段，语文学习开始以阅读为主，字在词中，词在文中，因此通过语境理解字词是非常重要的。

比如《语文》（北师大版）四年级上册《孔子与学生》一课，文中有两个重要成语：有教无类、因材施教。如何更好地把握字在词中、词在文中的意思，在联系中形成对词语的认识呢？以“有教无类”为例，教师可以这样教学：

首先，可以请学生自由读读课文，看看通过这篇课文我们可以知道孔子是什么样的人？学生大体能够找到这两个关键词语。这就是通过阅读文本获得整体感知，初步概括文本的基本内容。接着，请学生查查词典理解“有教无类”的意思，即：对各类人平等看待，都施以教育。但仅仅查词典显然是不够的，要在阅读中理解词语的意思，因此，让学生再次回到文本，找到文中这句：孔子从不以家境贫穷或富裕、天资聪颖或愚笨来选择学生，所以他门下的学生，包罗各种各样的人才。可以请学生结合词典中以及书中的内容说一说孔子是如何做到“有教无类”的。由此，学生结合具体语境、联系词典意思进行的解释才是符合文境的，比仅知道词典意思更为深刻。

接着，教师还可以借助课外资料，即“有教无类”一词的出处——《论语》，告诉学生孔子是最早兴办私学的老师，从他开始，原来只有有地位的人才能读书，到后来人人可读，文化得以普及，孔子作出了巨大的贡献。由此借助这一词语，更好地理解文中所说的“孔子对中国的教育事业产生了深远的影响。因此后人对孔子十分尊敬，称其为‘万世先师’。”

这样，成语的学习放到语境中，在逐渐建立的丰富联系中深入理解课文中人物的特点与情感，通过对语言的落实来体会，更好地被学生理解，提高了识字教学的实效，也促进了学生对文本的深入理解，为他们今后有效的语言输出提供了有利的条件。

三、高段识字教学的综合性

到了高年级，阅读中还要继续把语言放在文本中理解，但“课程标准”中要求学生进行“推想”“辨别”“体会”，因此要逐渐培养学生的理性思维和阅读的高阶思维，由学生自己提取信息，建立信息之间的联系，发展学生思维的综合性。

比如五年级下册第十单元中《阅读大地的徐霞客》一课，文中第一句就点明“徐霞客是明朝末年的一位奇人”。文后的思考题为：徐霞客是一个奇人，写了一本奇书，他人“奇”在哪里？他的书“奇”在哪里？同时，形容徐霞客为“卓尔不群”。因此，教学中可以直指重点词语，围绕一个“奇”字、抓住一个“卓尔不群”，在阅读文本中放手让学生自己提取信息，并建立信息之间的联系，整合并且理解、应用信息，形成自己对重点词句的理解。由此可以根据学生的阅读过程与能力，可以设计几个这样的层次：

首先，学生通过阅读，可以知道徐霞客走遍天下、亲自考察，阅读古籍涉猎古今，并且“醉心”于读这些书。而与他同时代的读书人追求功名，只读经书，非醉心而是“埋首”于其中，通过以上的比较便把握了文本的基本信息，这是阅读的第一步。

其次，通过梳理这些信息，学生会发现这些读书人即为群，徐霞客与他们不同，所以他的奇就是“不同、特殊”，也由此感受到徐霞客的淡泊名利、不畏艰险、锲而不舍、求真求实的科学研究精神。再细读信息进行对比，学生还会进一步发现这些信息正是按照“为什么读、读什么、怎样读”这样三个基本问题构成的，由此他们不仅发现了重要信息，而且在重要信息间建立了联系。通过这样的联系，自然感悟到了徐霞客的“奇”之所在，同时也体会到了他“卓尔不群”的出众与特殊，建立了信息间的逻辑关联，体会到了构篇的基本特点，在过滤、分析信息中提升了学习力与思考力。

最后，通过调用、加工这些信息，尝试对徐霞客作出评价，学生评价为：读书人追求功名苦读经书，徐霞客淡泊名利醉心史籍。由此可以看到，学生对人物的特点理解了，对语言的感悟深刻了，对课文的把握深入了。在此过程中，学生经过提取信息、整合信息、运用信息这几个基本环节，真正理解了徐霞客的“奇”之所在以及他“卓尔不群”之处，也提升了学生的判断力与总结力。

由此我们也可以感受到，汉字是音、形、义的统一体，其形体本身就蕴含着丰富的文化意蕴和文化资源，这样审美性的文字，每掌握一个字词，理解一首诗词，阅读一篇散文或一部小说，都是给学生的精神世界打开一扇门窗。

当然，我们阅读教学并不仅仅局限在字词教学上，但是在中段、高段，字词理解是重点。如果对字词缺乏深入理解，那么阅读就不会深入，学生就不可能真正体会情感、感悟思想。因此，我们还是要让学生将字词放回文本、放到情境中去理解，打通汉字形、音、义的通道。

唐代文人马总在《意林·唐子》中曾言：“舟循川则游速，人顺路则不迷。”指办事要遵循事物的客观规律，就会比较顺利。通过以上讨论，我们也可以初步发现识字教学的年段进阶特点：低年级多从兴趣出发，由汉字的基本义入手，经历一个一个识到一串一串识，在寻找构字规律中逐渐形成独立识字能力。到了中段，教学中要利用基本义的知识和已有的学习经验，在语境中理解字词义，并尝试运用。高段则主要让学生深入辨析词语的情感色彩、语义特质等，并在运用语言的过程中构建自己的语言经验，提升学生的语言能力。

当然，不同年段的老师面对的学生是丰富多样、千差万别的，如何依据学生识字规律与识字特点，帮助学生更好地找到适合自己的学习方法与路径，成为语言运用的人，是我们每一位教师要不断探索的问题。

◇ 作者信息

柏春庆

北京市骨干教师，海淀区教师进修学校小学教研室主任，语文教研员。被聘为教育部“国培计划”课程开发及教学指导专家。参与北师大版、北京版教材的编写、修订工作。多次参加全国、市、区级评优课、论文并获奖，发表多篇论文。

小学低年级字理识字教学方法研究报告

中国农业科学院附属小学　王韬

一、绪论

（一）问题的提出

文字是人类用来记录语言的符号系统。汉字是中华文化传承与发展的基础，汉字识字教学在语文教学中占有十分重要的地位。识字不仅是阅读和写作的基础，而且是学好其他各门课程的基础。

《义务教育语文课程标准（2011 年版）》倡导在语文教学中培育学生热爱祖国语言文字的情感，认识中华文化的丰厚博大，汲取民族文化智慧。“课标”指出:“识字、写字是阅读和写作的基础，是第一学段的教学重点，也是贯串整个义务教育阶段的重要教学内容。”“识字教学要注意儿童心理特点。”“要运用多种识字教学方法和形象直观的教学手段，创设丰富多彩的教学情境，提高识字教学效率。”同时，《义务教育语文课程标准（2011 年版）》要求小学生在 1—6 年级认识常用汉字 3 000 个左右。这就要求教师在识字教学中，运用教育学、心理学以及文字学的相关知识，提高识字教学的效率，为学生的阅读和写作能力的形成与提高打下坚实的基础，从而为学生形成良好的语文学科素养奠基，为学生形成核心素养奠基。

但是在实际的低年级识字教学中，存在着教学模式化、形式化的问题。在指导学生识字的过程中，教师往往按照一定的“套路”行事，例如：先借助汉语拼音拼读字音，接下来分析字形构件，再用生字组词语，最后练习书写。这样千篇一律机械化的教学模式，忽视了汉字本身的构字特点，同时影响了学生对汉字学习的兴趣。再有，实际教学中也存在着让学生盲目自学、机械抄写的现象，容易造成学生识字效率低下、频繁出现错别字。

由此可知，在小学低年级语文教学中，如何激发学生的识字兴趣，使他们喜欢学习汉字，有主动识字的愿望。同时，在识字教学中指导学生依据汉字构字特点掌握正确、快速、高效的识字方法，形成自主识字能力是目前低年级识字教学中亟待解决的问题。

根据以上背景，本课题旨在研究小学低年级识字教学中如何依据汉字字理，即依据汉字音、形、义的关系进行识字教学的方法。从而提高识字教学效率，减轻学生学习负担，使学生受到汉语言文字的文化熏陶，并提高学生的识字能力。

（二）关键词界定

1. 字理：汉字在构造之时，其形体的拟构具有一定的理据，通常把这理据叫作字理，指的是字形跟所记语素音义上的联系。在识字教学中所讲的字理主要是指构造之理，一般不包括用字之理。

2. 识字：心理学认为，所谓识字就是意味着汉字的音、形、义三个基本要素之间统一联系的形成。只有把音、形、义这三个方面的教学统一起来，才能收到良好的效果。儿童在建立音、形、义联系的过程中往往依赖于简单的直接联想和智慧性的间接联想。

3. 识字教学：这是一种认知活动，就是使字的音、形、义在学习者的头脑中建立联系，使学生形成独立的识字能力的认知过程。

4. 字理识字教学：汉字识字教学中，把汉字的构形理据或是变形理据分析出来告诉学生，使学生知道某个字形形体的构造原理及演变过程，就是字理识字教学。

（三）研究的意义

1. 理论意义。

本研究通过对字理识字教学法在教学实践中的运用情况的调查与分析，通过与教师、学生、家长的访谈及分析，通过对教学实践样例的分析，将字理识字教学法的具体模式加以梳理并呈现，以期达到丰富识字教学理论的目的。同时，为字理识字教学实践提供策略指导，达到促进教师与学生对汉字文化内涵的理解。

2. 文化意义。

字理是汉字的构字依据和演变规律。字理识字是依据汉字的构字规律，运用汉字音、形、义的关系进行识字教学的方法，这种识字方法同时能很好地渗透汉字文化。

3. 心理学意义。

认知结构是个体在学习和经验的基础上形成的，关于事物规律的认知模式。心理学研究表明：认识的过程是通过感觉、感知、记忆、想象、思维等形式对客观现实和外界事物予以反映和揭示的认识过程。学生获得知识的途径基本上依赖于感觉和感知，并靠自我认识和比较，逐步形成和积累对事物的认识。

总的来讲，字理识字的心理学意义，有以下三方面：

（1）字理识字教学利于发展儿童的形象思维。

（2）字理识字教学利于促进儿童的记忆能力。

（3）字理识字教学利于发展儿童的逻辑思维。

（四）研究的方法

1. 文献法。

搜集和分析研究各种现存的有关文献资料，从中选取有用的信息，以达到调查研究目的的方法。

2. 访谈法。

通过与教师、学生、家长进行访谈，了解字理识字的学习功能及目前教学中存在问题。

3. 课堂观察法。

本研究选择了中国农业科学院附属小学低年级段的 5 个教学班，通过 20 节课的课堂观察，了解教师字理识字教学方法的运用及相关情况。

二、小学低年级识字教学的现状

（一）小学低年级识字量的问题

《义务教育语文课程标准（2011 年版）》提出，一二年级“认识常用汉字 1 600 个左右，其中 800 个左右会写。”第一学段学生的年龄在 6–8 岁，要累计认识 1 600 个左右的汉字，识字量大、识字教学的负担重，已成为小学低年级语文教师完成识字教学的难题。

（二）识字教学方法的问题

目前第一学段的教材普遍将教学内容分为识字单元和阅读单元，识字单元采用集中识字的教学方法，阅读单元采用随文识字的教学方法。教材的编写使得集中识字和随文识字的教学方法相得益彰，为学生更好地识记生字提供条件。

然而目前的识字教学中，部分教师对教材理解不足，教学目标定位不准，教学过程设计失当，由此导致识字教学效率不高，巩固率低，“回生”率高的问题。

（三）低年级学生识字状况的问题

首先，第一学段的学生有意注意时间约为在 15 分钟左右，因此一节 40 分钟的识字课，往往识字任务就使这些 6–8 岁的儿童力不从心。其次，这个年龄阶段的儿童空间知觉能力不强，对于结构相对复杂的字学习吃力。再者，学生学前识字量差别较大，识字基础的两极分化也给识字教学带来了困难。

三、小学低年级字理识字教学方法

（一）字理识字教学方法的探索

汉字是由音、形、义三个基本要素，按汉字构字规则组合的复合体。鲁迅先生曾说："诵习一字，当识音形义三。口诵耳闻其声，目察其形，心通其义，三识并用，一字三功乃全。"小学识字教学的具体要求是读准字音、辨清字形、了解字义，并建立形、音、义之间的联系。

所谓"字理"，是指汉字因义构形的理据。具体表现在：汉字不是假定性的符号，即汉字的"有理性"；汉字的由义构形之理；汉字的以形表意之理；汉字的声旁表音之理。

字理识字就是根据汉字构字的表意性特点，从汉字构字原理上对字的音、形、义之间的联系进行分析，运用联想来把握字的形与义、音的关系，突破字形这个难关。

在小学语文识字教学中，字形的掌握是教学的重点和难点。采用字理识字的方法，运用汉字基础知识和规律去推断、发现、联想、类比，进而识记汉字，并且将汉字的音、形、义三要素相对应。

1. 图示法。

在教学生字时，采用直观生动的图片或动画，激发学生的识字兴趣，展示汉字的演变过程。

以"川"字教学为例：

（1）出示河流的图片，引导学生观察，并说一说看到了什么；

（2）出示“川”的古体字，鼓励学生展开想象猜一猜是什么字，培养学生的想象力，发展学生思维；

（3）出示“川”的演变图示，看看猜得对不对，激发学生的学习兴趣；

（4）最后出示汉字“川”，引导学生讲一讲猜字的理由。这样，学生通过观察与联想，不仅识记了“川”的字形，而且于潜移默化中了解了“川”的字义与水流有关。

以上教学过程之后，还可以引导学生用“川”组词语，进一步巩固其对这个字音、形、义的掌握。图示法直观生动，符合低年级儿童的心理特点，能有效激发学生的学习兴趣。

2. 比较法。

汉字中存在着大量的形近字，因此如何区分形近字成为识字教学的重要内容。在教学形近字的过程中，教师往往要引导学生从字音、字义、笔画、构件、结构和造字方法等方面找异同，重点是辨“异”，即区分形近字的不同点。

以“乌”和“鸟”字教学为例：

（1）请学生观察：找一找“乌”字和“鸟”字有什么不一样？学生会说：“鸟比乌多一点。”

（2）然后请学生观察两个字的字形演变过程思考：鸟比乌多一点，这一点是什么？为什么会多一点？学生通过观察能够理解，这一点是“眼睛”，乌鸦全身黑色，看不到眼睛，所以乌字没有点。

这样借助字形演变过程，对形近字字形进行比较，使学生结合字义辨别异同，提升了识记与区分形近字的学习效率。

3. 演示法。

教学中，我们可以通过做动作或表演让学生观察，并通过观察得出结论，识记生字，从中领会汉字的意义，它有助于培养学生的观察力和思维能力。

在字理识字教学中，有些汉字的演变完全可以借助实物加以演示，让学生体会和理解。例如教学“看”字时，教师来演示向远处眺望的动作，使学生借助会意字的构字特点既记忆字形，又了解字义。

看

4. 故事法。

每个汉字的造字及其演变过程都是一个鲜活的故事。识字教学中合理、适时而巧妙地运用和讲解汉字故事，可以激发学生识字的兴趣，提高识字效率。运用精练的语言，根据汉字各组成部分的本义，用“讲故事”的方法阐明其构形原理，使学生产生合理的联想，从对汉字表层认识向深层认识递进。这样，不仅仅让学生理解记忆了汉字的音、形、义，同时还大大地调动了学生创新记忆方法的积极性。利用故事法还可以帮助学生正确记忆字形，降低错字率。例如，“鼻”字上面的“自”学生容易写成“白”。教学中，教师可以利用讲故事的方法，告诉学生，在古代最初用“自”表示“鼻”。后来，因为人们一说自己就指着自己的鼻子，所以“自”慢慢变成了表示“自己”的意思。人们又另造了一个“鼻”字。因此，“鼻”字上面是“自”，而不是“白”。这样利用造字原理及字形演变过程，为学生讲述字理故事，有效帮助学生正确记忆字形难点，降低错字率。

5. 归类法。

部首是字典、词典根据汉字形体偏旁所分的门类。辞书中的部首系统可分为三大类分别是：形体部首系统、形位型部首系统和形义型部首系统。形体部首系统中的部首多与字义无关，如一、丨、乙等；形位型部首系统的部首有的与字义无关，有的与字义有关，如“腾”字中的马部；形义型部首系统，它按字形分部，以表意的偏旁作部首，如“碰”中的石部、“胖”中的月部。

形义型部首系统是辞书中主要的部首系统，它最能体现汉字据形知义的特点。因此，教师在识字教学中，特别是在形声字的教学中，可以引导学生对同部首字的字义进行分析、归类，让学生认识到每个部首都存在着表意的类属性。例如教学中，可以引导学生归类分析“脚”“脸”“胳”“腿”“臀”“背”等字的意思，自主探究月字部的表意类属：从月的字，字义与人体的身体部位有关。同时在识字教学中，教师还可以引导学生自己编串字小儿歌。例如：“高山顶上是山峰，金属锋利做刀锋，两人走路能相逢，花间飞虫有蜜蜂。”再如“有白能拍手，有立能拉走，有丁不打人，有寺能持久。”

总之，在字理识字教学中恰当地运用归类法，有利于培养学生的逻辑思维能力和自主探究能力。

（二）运用字理识字教学方法培养学生自主识字能力

1. 观察图画，学习象形、指事字。

象形是最早的汉字造字方法，是用描摹事物形状的方法来造字。因此，象形字的教学应该根据生字的特点来进行，即先出示字的原始图形，分析图形与字义的联系。

如一年级教学“马”字，先让学生观察、揣摩一下图画和下面的字形演变过程图，让学生说说自己的感受或是想法。学生不会谈到字形演变的层面，他们会说出自己对不同字形的感受，甚至是想象。第一个“马”字，学生也许会说像一匹大眼睛的马，或者是说古代的马眼睛真大，甚至会说“画得不像马”。怎样回答都没有关系，因为我们并不是在讲文字学，而是引导学生观察字形。第二个“马”字，再让学生说说想法，学生也许会说“像一匹大马在跑”，这时我会出示一幅马奔跑的图画，让学生看看大马跑起来鬃毛都飘起来了。然后再看看第三个“马”字和第四个，学生能基本感受到汉字的字形一直是在演变的。

运用这样的字理识字方法，与学生学前“看图识字”的方法相衔接，同时又能降低识字的难度，激发学生的识字兴趣。学生能感受到一个汉字就是一幅画，汉字就是从实际事物中抽象出来的，学习汉字并不难。同时，培养了学生看图自主识记生字的学习能力。

2. 分析字理，学习会意字。

识字教学中会意字占有相当比重，引导学生理解并适度掌握会意字的构字特点，有利于培养学生独立识字能力。实际教学中，教师可以指导学生通过分析汉字的部件、编汉字故事或做动作来理解字义、记忆字形。

如教“明”字，课件先演示出“太阳图”，及汉字“日”，提示学生注意“太阳光芒四射，非常明亮”。再演示“月亮图”，及汉字“月”，提示学生注意“明月皎洁”，日月交相辉映。最后，引导学生看着课件中的图画，说出“明”字的由来和意义。

同时，教师还可以鼓励学生阅读汉字故事，用画画、字谜等方式将汉字的有趣之处表现出来，培养学生独立识字的能力。

3. 合理归类，学习形声字。

在识字教学中，形声字占有很大的比例，在低年级的识字表中，形声字的比重随着年级的增高而逐渐增加。故而，实际教学中教师引导学生建立形声字形旁和声旁之间的联系，运用形声字归类的方法，识记大量生字。

如在教学“体育”单元时，“摇、拍、跳、跑”都是形声字，而前两个字是提手旁的字，后两个字是足字旁的字。这些偏旁具有表意的功能。教师可以引导学生结合生活实际，体会这几个表示动作的形声字形旁的表意功能，帮助学生在理解字义的基础上记忆字形。从而提升学生自主识记形声字的学习能力。

四、字理识字教学中应注意的几个问题

在识字教学中，不能只讲字理，而应是汉字字理的适度渗透为学生识字服务，为培养学生的自主识字能力服务。因此在识字教学中，应避免以下几个问题。

1. 识字教学目的不明确。

有时学生学习生字的音、形、义没有任何困难，而教师不顾学情，还一定要展示自己的文字学知识，大讲字理。这样对于实现教学目标没有价值的环节设置，反而画蛇添足，降低学习效率。

2. 讲解复杂字理加大识字难度。

有些汉字学生在识记过程中不必运用字理识字方法就能完成识记，但是教师硬要加入对汉字形成理据的讲解反而加大了识字难度。如教学“角”，教师要引申到：角生于额，因此额也称作角，如“额角”“鬓角”。角是尖形的，所以又引申为角度的“角”。还引申为物体边沿相接的地方，如“角落”“桌子角”等，这样讲解，对刚入学的一年学生无疑是加大了识字的难度。

3. 讲解“字理”缺少科学依据。

在教学中有些教师将根据字形自编的一些字谜、歌诀当作字理讲授，没有尊重字理，更没有将正确科学的字理传授给学生。例如，有的教师在讲授“解”时，因为这个字出现在“解放军”一词中，就这样讲授所谓的字理，“解放军叔叔骑着牛拿着刀去杀敌。”这样所谓的字理识字不但没有提高教学效率，反而失去了字理识字的意义。

总之，在小学低年级进行字理识字教学不强求每个字都要阐释字理，字理识字方法应与其他识字方法结合运用，相辅相成。

汉字学知识是我国的传统文化，博大精深。汉字字理是古老的汉字学知识的重要组成部分。小学低年级识字教学中，引导学生合理运用汉字的基本字理知识，既能发展学生思维，又能提高学习效率。同时也有助于学生对汉字文化内涵的理解，提高对汉字的理解能力和识记效率。

参考文献：

[1] 许慎.说文解字 [M].北京：中华书局，1981.
[2] 王筠.教童子法 [M].北京：中华书局，1985.
[3] 佟乐泉，张一清.小学识字教学研究 [M].广州：广东教育出版社，2012.
[4] 王守恒.小学语文教学与研究 [M].北京：人民教育出版社，2006.
[5] 江平.小学语文课程与教学 [M].北京：高等教育出版社，2016.
[6] 倪文锦.小学语文新课程教学法 [M].北京：高等教育出版社，2015.
[7] 安子介.解开汉字之谜 [M].香港：香港瑞福有限公司出版社，2014.
[8] 时学祥.语林趣话 [M].成都：四川辞书出版社，2011.
[9] 王云峰，马长燕.实践取向小学教师教育教程语文教学基础 [M].北京：教育科学出版，2007.
[10] 王用衡.对汉字教学的思考与探索 [J].现代语文，2010.
[11] 孔凤琴.新课程下英语学习方式的转变 [J].新课程学习，2010.
[12] 王吉学.小学生趣味识字教学例谈 [J].中国教育技术装备，2009.
[13] 黄亢美.字理+自理=合理—凸显字理，领悟汉字的文化内涵 [J].小学教学参考，2010.
[14] 吕菲菲.识字教学初探 [J].考试（教研版），2014.
[15] 汪月雪.激发识字兴趣培养识字能力 [J].吉林教育，2009.
[16] 刘维钦.浅谈小学低年级识字教学 [J].学知，2016.

◇ 作者信息

王韬

中学高级教师，北京市优秀教师，连续三届评为“北京市骨干教师”，教育部“国培计划”课程开发及教学指导专家、北京市教育学会命题测评专家。承担国家、市区级研究课，获得好评；主持研究教学课题并发表论文。

寓汉字文化渗透于小学低年级识字教学之浅见

北京市门头沟区城子小学　王瑾

汉字是汉民族发展过程中所创造出的一种重要的文化现象，汉字体现着汉民族祖先的智慧，其自身结构中包孕着丰富的汉民族文化意蕴，具有表意性和象形性等显著特征。这为我们研究和改进识字教学提供了一条有益的思路。教育文化学研究认为："真正的教育应该是文化的教育。文化的教育就是根据社会文化的有价值的内容所进行的为培养个人人格精神的一种文化活动。"《义务教育语文课程标准（2011年版）》课程总体目标中明确指出：在语文学习过程中，要引导学生认识中华文化的丰厚博大，汲取民族文化智慧。作为交际工具和文化载体之一的语文教育，较其他学科而言，承载了更为丰富的文化内容。而作为汉语文本构成的支柱——汉字，更是以其特殊的构造方式，向我们昭示着丰富的文化意蕴和文化资源。

在实际教学中，教师可以充分挖掘汉字中的文化意蕴，创造性地在识字教学中渗透汉字文化，在大大提高识字教学效率的同时，还能促进学生语文素养的发展和人文精神的积淀；在学生了解中华传统汉字文化的同时，还能激发学生学习、研究汉字的欲望，并树立传承汉字文化的意识。

一、于挖掘中培养识字热情

我们的汉字不仅是历史与文化的载体，更重要的是汉字字形本身也蕴涵着丰富的文化信息。所以在平时的教学中，教师应充分挖掘汉字本身蕴含的知识、趣闻、故事、历史、文化，注意识字情感的点滴培养、熏陶，激发学生由内而外的学习动机的迸发。

生字"人"教学片段：

（出示甲骨文""）

师：同学们，你们看这个字像什么？猜一猜这是个什么字？

生：像一个人。

（出示图片“”及“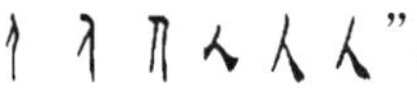”，感受人字不同时代的演变过程）

师：你们真会观察。甲骨文的“人”字正像一个人从侧面看上去的样子，它是古人在观察了人们弯腰伸臂劳动时的样子创造出来的。随着时代的变迁和汉字的简化，“人”字就变成了今天的样子。

拓展：中国的汉字是世界文字史上唯一沿用至今的文字，它的历史源远流长。

就在第二十九届北京奥运会上，“人”字变化为奥运会各单项运动的标志。图标以篆书笔画为基本形式，融合甲骨文等文字的象形意趣和现代图形的简化特征，显示了运动美感和丰富的文化内涵。每一个图标里都有一个汉字——“人”。“人”是运动员，加上其他的线条勾勒出各项运动比赛的图案。

我们可以看到“人”只用了两条线条就能展示出一个个生动的形象，这正是汉字的智慧和美妙之处。

《义务教育语文课程标准（2011年版）》加强了在情感态度方面的要求，第一学段提出“喜欢学习汉字，有主动识字的愿望”。所以，在识字教学中有效地渗透汉字文化，可使学生在识字过程中的学习动力从对外部奖赏的追逐转为对知识本身的兴趣，形成良好的内在学习动机，可使学生从汉字学习中不断发现汉字本身的内涵，从而产生自我奖赏的效果，逐渐形成崇尚知识、发现真理、探索未来的人文精神。

二、于识记中感悟字形简洁与准确

在汉字的构字过程中，其简单的线条总是运用得十分灵活，寥寥几笔就可以组成很多不同的汉字，而且善于抓住事物的特点。

生字“牛、羊”教学片段：

（出示“牛”与“羊”）

师：你们认识这两个字吗？你们知道人们为什么这样写“牛”和“羊”吗？

（生交流发言）

（出示甲骨文“”与“”的图片）

师：古代的“牛”字，是从正面看到的牛头的样子。古代的“羊”字，是从正面看到的羊头的样子。两字的区别在于它们“角”的形状是不一样的，古人在造字时注意到“牛角”大多是直的，而“羊角”大多是弯的（当然这里指的是绵羊）。

拓展：汉字用简洁的线条清楚地描绘出了我们身边这个丰富多彩的世界，让我们来看更多的例子。

（出示图片、甲骨文字）

古代的“车”字，在这个字里，车轮、车轴、车厢一应俱全。

似十字路口，变为“行”，读 háng 时，表示道路；读 xíng 时，表示行走。行走时是离不开道路的。

古代的“禾”字，形象地描绘了谷穗成熟时的样子。

井，古人常常在井口周围装上栏杆，就像这个样子。

不仅如此，在汉字的简化过程中也仍旧保留了一些象形字的轮廓。看，“飞”似鸟儿展翅飞翔时的侧影；“龟”形象再现了一只摇头摆尾的乌龟，字形中突出了乌龟的背壳、尾巴；“伞”好像一把雨伞撑开时的样子。

我们的识字教学不仅要使学生掌握汉字的字音、字形、字义，更应将汉字文化融入识字之中，使其了解汉字所蕴含的文化内涵，这对于传承优秀中华文化，培养学生的语文素养是重要的一环。

三、于比较中提升据形识字辨字能力

汉字数量庞大，难免有众多字形相似的汉字，而这些字往往给低年级学生的识字造成了很大的障碍。实际教学中，孩子们常常对“折—拆”“坐—座”“本—末”等形近字分辨不清，其实汉字在造字过程中使用了一些简单的笔画作为暗示，指示字义用于区分汉字。教学中，如能有效地挖掘汉字丰富的文化意蕴，有针对地对汉字中的指示性笔画联系字义进行讲解，则可为学生提供更多识字辨字的方法，进而提高学生辨析形近字的能力，提升识字的效果。

生字“本、末”教学片段：

（出示“本、末”）

师：你们认识这两个字吗？能分别用它们组哪些词？

生：本子、根本、本来、本色、末尾、末端

师：在平常的学习过程中，很多同学常在使用“本”和“末”两个字时发生混淆，今天老师来教你们一个辨认这两个形近字的小窍门。其实，仔细观察这两个字，你会发现“本、末”重要的区别是“短横”位置的不同，而正是这一“短横”在暗示我们两字字义的根本差别。

（出示课件，演示“本、末”的本意）

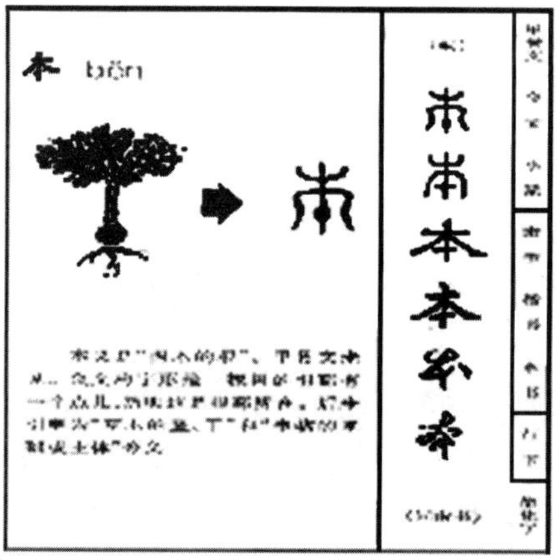

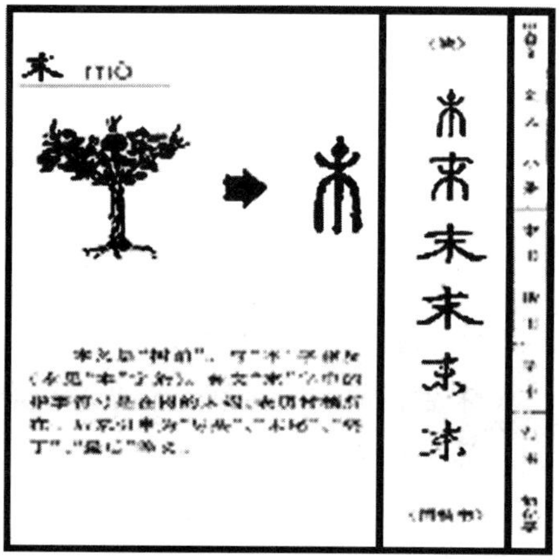

师：我们知道“木”的本义是树木，而“末”的本义是树梢。你看“木”字的上部加一短横，指的不就是树木的顶端吗？因为树梢为树的末端，所以“末”字表示的就是末尾、末端。现在你能来分析一下“本”字中“短横”的意思吗？

生：在“木”字的下部加一短横，指的是树的根，树根是树的基础和根本。没有了根，树木怎么生长呀？所以“本”字指的就是事物的根本、本来。

师：对，成语“本末倒置”字面意义就是树根与树梢颠倒。再如“刃”字中的一点表示的不正是“刀锋”吗？可见，古人在造字时使用的每一个笔画都有其深刻的含义在其中。在分析形近字时，我们要特别注意区分汉字字形上的细微差别，在联系字义的基础上进行辨析、理解、记忆，而不能靠死记硬背来学习汉字。古人在造字时使用了智慧，我们在识字时也要多动动脑。

四、于识字中感悟造字规律

汉字是世界上迄今为止独一无二的仍在使用的表意文字。汉字的字形是汉民族祖先对现实生活的写照，是在对现实事物的理解、归纳的基础上逐渐演化而来的，其形体是因其意义构建的。虽说数量庞大，但在构字时并非杂乱无章，大多数形义之间密切相关，是有一定的规律可循的。因此，识字教学中决不能把汉字“因义构形”这一核心丢失，不能为识字而识字，要重视字源识字，帮助学生在头脑中建立正确的音、形、义的联系，感悟汉字的造字规律，培养自主识字能力。

“高”字教学片段：

（出示“高”字的卡片）学习字音，谁来分析字形?

生:“高”字上中下结构，上边是“点、横”，中间是“口”，下边是“竖、横折钩”，里边是一个“口”。

师：说说你的记字窍门是什么?

生：一点一横长，口字在中央，大口张着嘴，小口里面藏。

师：你这个口诀真好，既通顺又形象。

（出示“高”甲骨文到楷书的演变过程，再引导学生观察）

师：我国汉代有一本专门分析汉字的著作《说文解字》，作者许慎在书中这样解释:“高，崇也，像台观高之形。”就好比说“高”像一幢二层小楼，上面的“、”和“一”是由楼顶演变而来的，上下的两个“口”代表房间的窗户，下面的“冂”像一楼的房间。后来，人们常将“高”这个基本字当作声符，添加不同的意符，创造了很多字。如古人管稻子麦子的杆儿叫“稿”，今天我们用的稿纸，就是用农作物的杆或木材加工而成，因此，稿纸的“稿”是禾木旁;“篙”是用竹竿做的撑船工具所以是竹字头;“镐”是刨土的工具，一般是用金属制造的，所以是金字旁。

（出示图片、甲骨文字、现代汉字）

猜一猜这些是什么字？说一说你是怎么看出来的?

古代的“舟”字，就像小河里的小船，所以现代很多和船有关的字都带有“舟”字旁。如：船、舰、艇……

古代的“犬”字，表示狗，最显著的特点是那长长的、卷起的尾巴，象小狗卷尾巴的样子。写在左边要写成“犭”，古人用它表示所有的动物，造出很多含“犭”的表示动物名字的字：猪、狗、猫、狮、猴、狼……

古代的“豕”字，在这个字中卷尾巴没有了，却有一个大大的肚子，这不是狗了，而是“豕”字，表示猪。

古代的“马”字，有着马大大的脑袋，字形突出了马鬃和马尾。古人的生活与马的关系非常密切，因而造出了很多有关“马”的字，如“驹”指小马，“骑”古人常以马为交通运输的工具，另有“驭”“驱”“驾”等。

古代的“象”字，看到它长长的鼻子就不难猜到这是大象的“象”字。

古代的“贝”字，像不像一个大贝壳，古时人们曾以贝壳作为交换的媒介，故贝字旁的字常和金钱、财宝有关。

识字教学中，教师如果能从学生已有的字形识记的角度拓展开，引导学生把字形与字义联系起来，不仅可以给学生留下鲜明生动的印象，又可以揭示汉字中一大家族——形声字的构字规律。识字教学中，教师如能长期坚持下去，寓渗透汉字文化于提高学生语文的综合素养中；寓掌握汉字构字规律于培养学生的识字能力的日积月累之中，无疑将有效地提高识字教学的效率，帮助学生在头脑中建立一套完整、科学的汉字识字体系。

五、于巩固中拓展识字途径

两千多年前，中国哲学家老子曾说过：“道生一，一生二，二生三，三生万物。”意思是：无穷的事物都是由几个简单的元素构成的。汉字也是这样，最初只是一些简单的字，再由它们组成复杂的字。于是汉字也就由少变多，源源不绝了。识字教学中，要充分利用汉字的这一特点，注意加强汉字间的联系、比较，拓展学生的识字途径。仅以“人”字为例，教学中如能引导学生将汉字联系起来记忆，一定会取得事半功倍的效果。

有趣的“人”（复习与“人”字有联系的汉字）：

（出示汉字“人”）

师：汉字是一种神奇有趣的文字，就说“人”字吧，简简单单的一撇一捺就形象地勾画出人们劳作时的样子。多神奇！其实汉字神奇有趣的地方还多着呢？快想想，汉字家族中哪些字和“人”有关？

生1：“两人从，三人众”，“从”就像一个人跟在另一个人后面，表示跟着走；三个人在一起就是“众”，古人用三或三的倍数表示很多的意思，所以“众”表示“很多人”。

生2：“人—山—仙”，我经常从电视里看见传说中的神仙都住在深山里。

生3：“人—言—信”，“信”可以组词信任、可信，它告诉我们：人说话要讲诚信，这样别人才会信你。

生 4:“人—木—休”，从字形上就可以看出是一个人靠在树边休息。
生 5:“人”还可以作为偏旁使用，凡是带单人旁的字大多都和人有关系。

……

师：大家说得很好，经过你们的讲解分析，我们一下子轻松地记住了这么多字，太棒了！老师还想告诉你们的是，据统计，用“人”造的字有几百个之多呢！其实，表示不同类型的人的汉字也能构成许多别的字。如:“妈、娘、姐、妹、奶、婆、姑、姨、好……”都和女性有关。在汉字的学习过程中，我们完全可以利用汉字间的这种联系来识字、记字，这样记字的速度不是更快、更有趣了吗？

六、于字形分析中渗透价值观引领

生字“穷、富”教学片段：

（出示“穷、富”）

师：你能分别用“穷、富”这两个字组几个词吗？

生：穷人、穷苦、贫穷、穷困——富人、富裕、富强、富贵

师：这两个字你准备怎样记？

生：我用加一加的方法，穴宝盖加“力”字就是“穷”。

生：我用换一换的方法，空字下面的“工”换成“力”就是“穷”。

师：不错，你们能运用字形拆分和换一换的方法来记字，很会记字。不过古人在造字时又是怎样想的呢？你能结合字形、字义来分析一下吗？

（师生交流）

师生总结:“富”字中，宝盖头表示房子，在一所房子里有酒器，表示生活富足，古时与“贫”相对，今跟“穷”相对。而“穷”字中的穴宝盖表示的是洞，下面的“力”是汉字简化后的结果，联想穷人是不是身无分文，只得屈身于类似洞穴的地方，经常靠出卖力气维持生活。不过在古代汉语中，“穷”的本意是“极”，特指不得志，故与“达”相对。

通过我们刚才对汉字字形的分析，还是能形象地表现出“穷、富”的显著差别。

师：生活中，面对“穷”和“富”我们该怎样看待？

（生交流发言）

师：古人说得好:“富贵不能淫，贫贱不能移，威武不能屈，此之谓大丈

夫。”现实生活中，我们应正确看待“穷”和“富”，多给予穷困的人以关怀、帮助。

在识字教学中，如果教师不止停留在让学生简单地对字形进行加一加、减一减，而是联系学生已有的认知经验……

- 想一想在哪里见到过穷人？
- 说一说他们的生活是怎样的？
- 然后让他们根据这两个字的字义说说古人的构字设想？
- 最后让学生说说自己对待“穷”与“富”的态度。

这样的识字教学过程后，学生对这些汉字的字形、字义不仅记住了，构字原理也明了了，思维也更深刻了，更可在识字过程中渗透良好的传统道德教育。

因此，在识字教学中值得一提的是，教师不仅应注意识字教学的趣味性，更要注意识字教学过程中的思想性；不仅应注意识字教学形式的新颖性，更要注意识字教学过程中价值取向的引导，高度重视学生身心健康，及其人生观、价值观的培养。

汉字不仅仅是记录汉语的符号，更是中华文化的根，是中华民族的魂，是一个巨大的文化宝库，是我们永流不止的文明源泉！对汉字的学习应该和中国的汉字文化结合起来。因此，将灿烂的汉字文化融入识字教学之中，提高识字教学的科学性、规律性、文化性，把中华民族传统文化的光辉种子播进炎黄子孙后代的心中是识字教学应承担的责任。

参考文献：

[1] 李香平. 汉字教学中的文字学 . [M]. 北京：语文出版社，2006.
[2] 刘渝民. 汉字之光 . [M]. 贵阳：贵州民族出版社，2005.
[3] 涂涛. 天地化生·汉字字源语境多媒体再现之教育研究 [M]. 桂林：广西师范大学出版社，2006.
[4] 石定果，罗卫东主编. 汉字的智慧：英文版 . [M]. 北京：北京语言大学出版社，2009.
[5] 王继洪. 汉字文化学概论 . [M]. 上海：学林出版社，2006.
[6] 吴丽君，汤云航. 汉字文化导论 . [M]. 沈阳：辽宁民族出版社，2007.
[7] 全弘茗. 汉字趣谈 . [M]. 北京：金盾出版社，2009.

◇ 作者信息

王瑾

小学高级教师，自 1997 年执教以来，在教育这片沃土上始终痴迷于“三尺讲台”，坚持站在教学一线，坚信提高自身素质是一名优秀教师的立身之本。教学中，一直致力于低年级教学，多次承担市区级研究课任务，展示课曾获市级特等奖，所撰写教科研论文多次获市区级奖项。

让字理识字成为低年级学生提高识字能力的桥梁

北京市门头沟区大峪第二小学　王淑娟

我非常幸运地聆听了黄亢美老师执教的《台湾的蝴蝶谷》一课精彩的课堂教学实录。黄老师的课，从开始的集中识字，到后来的随文识字，无不渗透了字理识字、字理析词的理念，用画图、古文字、肢体语言等多种形式为学生展示了有生命力的汉字。品读课文重点语段引导学生对关键的动词进行理解时，黄老师用改编流行歌曲的方式令人耳目一新，让我有恍然大悟之感。同样是生字教学，用字理识字、字理析词的方法学生们接受得更快，掌握得更牢固，因为这种方法不仅让学生知其然，还能知其所以然。通过字理识字教学法，我们即可以追寻祖先造字的足迹，看到历史的变迁，凸显中华五千年文化的厚重，又能够激发学生识字的兴趣，提高识字的效率，为学生形成独立自主识字的能力打下坚实的基础。因此，我在自己的课堂教学中，也尝试着让字理识字成为提高低年级学生识字能力桥梁的策略研究。

一、研究的背景

（一）时代发展的需要

21 世纪是个信息社会，一个人获取信息最主要的途径之一是阅读，及早阅读对学好各门课程，对主动获取信息、丰富知识，对学生一生发展，都具有重要意义。阅读必须先识字，识字量大了，才可能大量阅读，阅读量大了，才可能高质量表达。提高低年级学生课内识字教学效率，是低年级学生及早阅读的重要保证。

（二）课程发展的需要

《义务教育语文课程标准（2011 年版）》明确提出，小学低年级认识常用汉字 1 600 个左右，这占六年识字总量的 50% 还多，识字量如此之大，怎样化难为易，有效地提高低年级识字教学的效果，探求出既减轻学生负担又提高识字效率的方法，使学生自主高效地学习，是我们现在亟待解决的问题。

二、导致低年级识字教学效率低的原因分析

（一）识字任务重及汉字的特点

小学低段的识字量很大，《义务教育语文课程标准（2011 年版）》中明确要求认识常用汉字 1 600 个左右，会正确书写 800 个左右。再加上汉字中形近、同音、多音字多等复杂情况，给学生正确识字造成了很多障碍。

（二）教师汉字文化知识贫乏

教师自身汉字文化知识贫乏，教学方法单一。在小学语文教师的队伍中，老师对汉字的文化知识严重匮乏是普遍存在的问题。在课堂上，面对大量的生字教学，许多老师只好让学生机械地识记生字，理解字义。还有一部分教师识字教学形式比较单一，不注意激发学生的兴趣，课堂上缺乏有效的指导，教师教得累，学生学得苦。

（三）学生认知能力较弱

低年级的孩子年纪小，对抽象的事物认知能力还比较弱，因此学生辨认字形的完整性和精确性的水平就比较低。一进入小学，学生就要识记这么多生字，学生有“赶鸭子上架”的感觉。

（四）识字方法不科学

学生认识汉字的过程本质上是积累词汇的过程。我们以往的识字教学，总爱把汉字作为一个个孤立的符号来对待。教师教学时要求学生各个击破地掌握汉字的音、形、义。识字教学不是按照词义系统地引申的关系来掌握汉字的发展分化情况，而主要从汉字的形体书写入手，按照笔画笔顺，间架结构等，一个个汉字机械地练习、记忆。这种做法严重地割裂了汉字和汉语的关系，丧失了汉字最本质的功能，难免事倍功半，效率低下。

三、字理识字，提高低年级学生识字效率的基本策略

（一）关于字理识字

所谓“字理识字”就是根据汉字的构字规律，追本溯源，通过对象形、指事、会意、形声等造字法的分析，运用直观、联想等手段，采用生动活泼的形式，形象真实、深入浅出地进行识字教学。它有助于学生掌握汉字音、形、义的关系，接受汉字文化的熏陶，洞察汉字规律，提高识字效率，是一种积极高效的识字教学方法。

（二）运用字理知识提高识字教学效率的基本策略

1. 辨析字理知识，突破识字量大的教学策略。

汉字中，形声字占绝大多数，过去的识字教学中，对于形声字的教学，老师往往只告诉学生这些部首的名称，但是部首所表达的意思有的老师本人也不甚了解，也无法给学生讲明部首的意义，因此，造成学生只能机械地记忆汉字，大大降低了识字教学的效率。低年级学生识字任务虽然十分繁重，但其中形声字占绝大多数。如何让学生轻松地识记这些汉字呢？这里，我运用了“辨析字理知识，触类旁通”的教学策略。在形声字教学中，老师要利用其声旁表音，形旁表意的特点，帮助学生建立起形音、形义联系，理解字义。让学生对汉字的主要偏旁部首的意义有基本的了解，这样会便于见形（形旁）大致知其义，以后凡看见带有这些部首的字就能大致判断其与什么有关，就能形成识字的能力，进而“无师自通”地创造性地学习大量的形声字以及会意字。例如：

学了“火”字并懂得“火”作偏旁时变写为四点底“灬”（“燕”字的四点底是燕尾的变写），那么，当学到“热、煮、照、煎、熟、烈、焦、蒸”等字时就能自觉地用“火”去析解它们的形义。

学了“首”字（表人头）并懂得“首”作形旁时变写为“页”，那么，当学到“顾、颈、项、颜、顶、须、烦”等字时就能把该字与“人头”联系起来，去析解它们的形义。

识字能力是学习能力的基础。教师不仅要教会学生识记生字，更重要的是要教会学生如何学习生字，实现由“学会”到“会学”的转变，获得学习能力。例如：在学习生字“顶、颗”时，这两个字都是页字旁，怎样让学生认识页字旁，正确理解页字旁的含义，并通过今天的学习来提升学生的识字能力呢？我采取了如下步骤：

（1）了解页字旁的来历。课上，我问学生：你们认为这个页字旁可能表示什么意思呢？学生分析后，我告诉学生，其实这个页字旁是由“首”字变化而来的。“首”是一个象形字，“首”字像一颗动物的头颅的样子，头上有毛发，大大的眼睛，我边说边画，学生听得津津有味。接着，我告诉学生，“页”字就是由“首”字变化而来，“首”是头部的意思，因此，“页”字旁与头部有关。

（2）理解生字“顶、颗”的声旁和形旁。出示生字“顶”以后，我让学生说说“顶”的声旁是什么，形旁是什么；声旁“丁”的读音与“顶”的读音有什么联系，形旁页字旁又表什么义。通过扩词“头顶、山顶、屋顶”等，理解到“顶”是指人体的最高处——头顶，引申到“山顶”——山的最高处，“屋顶”——屋子的最高处。生字“颗”中的“页”字旁也与头有关：一颗脑袋，引申到颗粒状的东西，例如：一颗星星、一颗珍珠等。

（3）自编儿歌拓展学习。在理解页字旁的含义、学习生字“顶、颗”之后，通过自编儿歌，让学生读读想想，加深对页字旁的理解和印象。“页字旁，头有关，一颗脑袋一顶帽，一条领带系颈上，一把胡须迎风飘，脸颊红红精神好。”页字旁的教学，既体现了字理教学的特点，析形索义，因义记形，又照顾了小学生年龄特点，用切合学生生活实际的语言进行讲解，将不同的带有页字旁的字放在儿歌中，深入浅出，对学生汉字的理解能力和识记能力的提高有很大帮助。

在识字教学中，很多老师都是孤立地进行教学，忽视了汉字的构字规律，老师一个一个地教，学生一个一个地记，这样的教学无异于死记硬背，学生完全没有识字的兴趣和方法。汉字是一个个相互有联系的符号，它们是有类别、有层次、有理据的，老师如果抓住其中的规律，就可以由此及彼，做到举一反三，成批识读，教一个得一串，收到事半功倍的效果。总之，掌握了字理的基础知识，特别是常见的偏旁部首的含义，学生就能形成识字的能力。例如“烹饪”这个词，即使学生不会读，但是，只要他懂得四点底“灬”表示火，“饣”是食字的简写，食字旁与食物有关，那么，就能轻易地推出“烹饪”的大意是烧煮食物的意思。如此依据字理的教学，汉字出现在学生眼前时，就不再是一个个抽象的符号，而是一幅幅生动有趣的图画，使学生能有意义地识记汉字。

2. 运用字理，突破汉字易混淆、难记的教学策略。

由于汉字的基本特征是象形，客观事物之间本身也存在着一定的相似性，因此，汉字在据义构形的时候产生大量的形近字，也是在所难免的。但是，形近字给学生的认读和使用带来很多麻烦，所以形近字教学是汉字教学中的重点，也是难点。在学生的识字量达到一定程度时，经常会把音近字、形近字或音形两近的字混淆，从而造成写错别字的现象。运用字理知识让学生辨析易混淆、难记的汉字，是提高低年级学生识字效率的好办法之一。

（1）运用字理，化难为易。

皮亚杰说过：“兴趣，是一切智力活动的先导。”在过往的教学中我总认为要记住汉字唯一的途径是需要反复地机械记忆，这让学生识字的兴趣在这些反反复复的抄写、听写中逐渐消磨。众所周知，儿童的空间知觉能力较差，情绪情感占优势，缺少克服困难的意志，对于繁难的字，如教师引导不当，很容易挫伤学生学习的积极性，影响学习效果，而运用字理识字教学法进行教学，则能激趣启智、化难为易，减轻学生的心理负担。例如："即"和"既"这两个字，在字音上是低年级学生很容易混淆的一对形近字，他们经常把这两个字读成第四声。这两个字容易读错，不仅是因为字音相近，而且字形上也十分相近，学生很难区分，还有一个重要的原因是在生活中，人们习惯地把这两个字都读成第四声，也影响了孩子的正确读音。因此，不管老师怎样反复纠正，错误的字音就好像根深蒂固地长在学生的头脑中一样，很难改正。即使到了中年级，许多学生还都读不准确，而且在书写时，更是把这两个字混淆。教学中，我们不仅要引导学生从字的读音中区别两个字，更主要的是要从字义上弄明白，才能有效地预防干扰。教学中，我运用字理知识，通过以下步骤帮助学生识记这两个字：

第一步：借助字形理解字义。课堂上，我首先出示"既"和"即"的甲骨文和楷书的这两个字（"既"的甲骨文，楷书既，"即"的甲骨文，楷书即）。然后告诉学生这两个字在楷书中左边书写一样，在甲骨文中这两个字的左边虽然有点区别，但都是食器的形状，这两个字的右边画着的都是一个人的样子。接着，我让学生仔细观察这两个人有什么区别？学生经过仔细观察、比较后发现：这两个字的右边的人姿势有点不同，一个人向后跪着脸朝外，一个人向前跪着脸朝里。于是，我故意地问学生："你们知道是怎么回事吗？"学生非常疑惑。我趁机向学生介绍道：这两个字都是会意字。"既"字，左边是食器的形状，右边像一人吃罢而掉转身体将要离开的样子。"既"字的本义就是吃罢，吃过。"即"字的甲骨文像人面对食器。"即"字的本义是走近去吃东西。两个字的字理，形象地诉说着两个故事，两个场景。一个吃罢转身要走，一个靠近要吃；一个表示已经完成，一个表示即将开始。学生听后恍然大悟。

第二步：借助字源演变记忆字形。接着，我出示了"既"和"即"的字源演变让学生欣赏，并让学生比一比，看看有什么发现。

甲骨文　金文　小篆　楷书"既"

甲骨文　金文　小篆　楷书"即"

学生一边欣赏这两个字的字源演变过程，一边和现在的汉字进行对照。有的学生发现，"既"的右边的"撇"和"竖弯钩"就像人的两条腿，"竖弯钩"就好像这个人的脚尖向后，吃完了转身要离开。"即"的右边是一个"卩"(jié)，就像人的脚尖向里边跪着，正准备要吃。通过比较，把这两个字的字形、字义让学生建立起联系，使学生能够把两个字的异同加以区别记忆，避免再发生混淆。

第三步：借助词例巩固字义。我又出示了这两个字的词语，通过辅以词串的形式进行巩固字义。例如：即将、立即、成功在即；既定、既然、既来之，则安之。

第四步：借助字形记忆字音。这两个字的读音不仅是学生易混，就是有的成年人也经常读错。最后，我又引导学生观察这两个字的右半部和字的读音，看看又会有什么新的发现？目的是帮助学生区别这两个字的读音。通过观察，学生兴奋地发现，“即使”的“即”，右边的部分正好是两笔写完，读音正好是第二声；“既然”的“既”，右边的部分正好是四笔完成，读音也正好是第四声。这样识记字音，学生就再也不会读错了。

通过以上几步的教学，学生对这两个字的字音、字形、字义出现混淆的现象微乎其微，大大地提升了识字教学的效率。

（2）运用字理，化抽象为具体。

在汉字中，有的合体字不但结构复杂，而且笔画繁多，因此给学生识记汉字带来了许多困难，学生在书写这些汉字的时候更是极易出现错字现象。不过，我们应该认识到，陌生的合体字大都由熟悉的构件组合而成，合体字的音、形、义是由构件的组合关系来体现的，这就决定了合体字结构的可分性。因此，教师如果按照“从整体到部分再到整体”的教学规律来教合体字，那么学生在识记这些汉字时就轻松多了。例如：先让学生初步感知合体字的音、形、义，再将合体字分解成若干个构件，引导学生了解每个构件的读音和意思，然后再将几个构件连缀起来，引导学生理解每个构件与合体字在音或义上的联系，让学生从整体上掌握合体字。心理学研究表明，学生能牢固记忆以直观形象为依据的具体材料，对于抽象的材料，则不易记住。教学实践使我们看到，运用字理识字教学法，能化抽象为具体，减轻学生记忆负担。在识字教学中适当引进字理，能为识字教学注入活力，大大提高识字效率。例如：学习生字“藏”。大家知道，“藏”字特别难写难记，学生不是把左下边的“爿”忘记写或写错，就是忘了写“戈”右上角的一点。字理告诉我们：藏，草丛便于隐藏，故从草；“爿”是柴片的意思，隐喻柴堆下可藏东西；“臣”像人俯首下视的眼睛形。根据字理的含义，编成的谜语为：一臣被追杀，刀戈身后扎，躲进草屋里，钻入柴堆下。学生对“藏”字的字理很感兴趣，对编的谜语更是喜欢得不得了，上课的时候读得绘声绘色，下课后还忙着把谜语抄录下来，说是要给家长去猜。可以想象，在这样的教学氛围中、在这种字理教学的启发下，我们的学生想要忘记“藏”字的写法也难！字理如同引进了教学活水，其丰富的内涵、浓郁的情味，使学生学习生字成为一件非常有趣、有意义的事，随之而来的就是识字效率的提高。

四、运用字理识字的实践效果

（一）学生提高了识字的兴趣

教学中，有很多老师怕上识字课，因为量太大，字难记。学生学起来也很头疼：一个个方块字是那么乏味、枯燥，一个字多达十几画，让人看得眼花缭乱，学的字多了，记得头脑发昏，经常张冠李戴。通过字理识字教学，一个个汉字变成了一幅幅生动的图画、一个个有趣的故事，令人学而不厌。学生不再把学习生字看作是一种负担，而是一种乐趣，他们越来越喜欢上识字课了。

（二）学生的识字能力显著提高

通过字理识字教学，学生掌握了一些基本的字理识字的方法，能够举一反三地学习汉字。学生不仅知道这个字怎么写，还知道为什么这样写，不但学得快，而且记得牢，识字能力得到了很大的提高。学习生字后通过随堂检测，学生对生字的当堂掌握率在 95% 以上。

总之，在字理识字中，通过对汉字的字理分析，不仅提高了识字效率，而且潜移默化地让学生受到了汉字文化的熏陶，加强了学生对语言文字和对祖国的热爱，强化了学生的学习动力。

参考文献：

[1] 黄亢美. 文字学基础与字理识字 [M]. 广西小教培训中心出版，1998.
[2] 崔增亮. 字源识字教学手册 [M]. 武汉 . 湖北少儿出版社 .

◇ 作者信息

王淑娟

北京市门头沟区大峪二小语文教师，市级骨干。长期耕耘在教育教学第一线，工作兢兢业业，教育教学经验丰富，教育理念先进，教育风格独特，教学效果和科研成果都较突出。

基于学科整合视角下的识字教学实践研究

石景山区北京市京源学校　王琦

打破学科之间的壁垒，运用多学科知识去解决问题，是我们教学改革的一个方向。运用学科之间的联系，实现信息系统的资源共享和协同工作就是学科整合。在识字教学中，围绕一个主题，把不同学科的教师组织在一起形成新的研究共同体，进行同主题下的教学设计，来提高学生的综合学习能力。

“基于学科整合视角下的识字教学”主要是指以“识字教学”为主题，以研究“如何提高学生综合识字能力”为目的，把语文、美术、书法、信息技术等多个学科进行整合的识字教学的研究。

众所周知，汉字是世界上最古老的文字，也是现存的唯一的以象形表意为基本特点的文字。即根据语言的意义来构造文字形体的文字体系，它的形体结构具有直观性、象征性等特点，充溢着丰盈的文化意蕴。通过汉字我们可以了解当时的社会生产和生活方式、民族精神和思维方式，所谓“字里乾坤”说的就是汉字的这一文化特性。因此，从汉字诞生之日起，它就成为文化的载体，它是一个民族文化的忠实记录者。在认知世界的实践过程中创造出的汉字，也具有透过汉字折射世界，认知世界的作用。例如，我们看到“山、水、日、月”这几字，就能从形体上看出该字所表达的事物的形态；凭“江、河、湖、海”等字的偏旁就可以判定这些字所表达的事物与水有关系……所以汉字的学习涵盖了多学科的知识与应用。

基于以上思考，我们尝试着以“识字”为主题，整合语文、美术、信息技术、品德与社会、书法等多个学科展开“识字教学”。力图在识字教学中让学生理解汉字的表意性、感受汉字中的文化内涵、提高学习汉字的能力，在提高课堂教学效率的同时提升学生的文化素养。

一、基于学科整合视角下识字教学的原则

（一）学科联动原则

通过学科联动，打破单一学科的教学，多学科教师共同合作，共同研究，重组内容达成新的目标，使教育资源扩大化，课堂教学更鲜活，真正实现减负增效。

例如，在学习“日、月”这类象形文字时，语文学科从字源的角度，给学生展示“日、月”的演变过程，感受汉字的神奇和汉字背后的文化内涵；美术教师和低年级的孩子一起绘制太阳与月亮的简笔画，让学生用艳丽的色彩与生动的形象理解字义；信息技术老师带领孩子把“日、月”的演变过程和绘画结合起来用动漫的形式再现，这样把一个个汉字符号变成了“活”的故事，激发了学生对祖国汉字的热爱，提高了学生的识字能力。

（二）主题下联动原则

多学科整合视角下的“识字教学”，首先尊重学科本身的知识和学习目标的达成，因此，它并没有将分科教学对立开来，而是以分科教学为基础，降低学科教学设计的难度，再通过同一主题下各学科的相互链接，突出教师对跨学科知识之间的关系的把握与协调，整合多学科知识之间的联系，促进学生从多维度对主题进行理解和学习。我们在识字教学过程中依据不同年级的特点设定相应的主题，融入不同的学科，运用学科之间的内在联系提高学生识字技能，激发学生识字兴趣，感受汉字承载的文化内涵。

年级	主题	学科融入	目的
低年级	汉字乐园	语文、美术、书法	激发学习汉字的兴趣、初步了解汉字表意性、直观性
中年级	汉字书香	语文、美术、信息技术、书法	运用相关知识自主学习汉字、运用部件识字、字理识字、字族识字、换偏旁识字法、拆字识字法、形象识字法……
高年级	汉字寻根	语文、美术、信息技术、品社、书法	感受汉字中蕴含的丰富的文化内涵，在实践活动中不断提高运用汉字的能力

（三）实践性原则

识字教学不应只是追求个体的教学行为，“识字教学”应是一种以学生为主导者，在学生现实生活的需求层面，不断地认识、学习、内化、运用的学习

实践活动，是一种理性的自我行为。这就需要我们在有效理念指导下进行积极、正确的识字教学实践活动。

二、基于学科整合视角下的识字教学体系

我校在校本研究中逐渐形成三类学科整合的识字实践课程：第一类为学科共有知识的跨学科识字教学课程；第二类为主题实践的识字课程；第三类是以学生兴趣为主的识字教学。

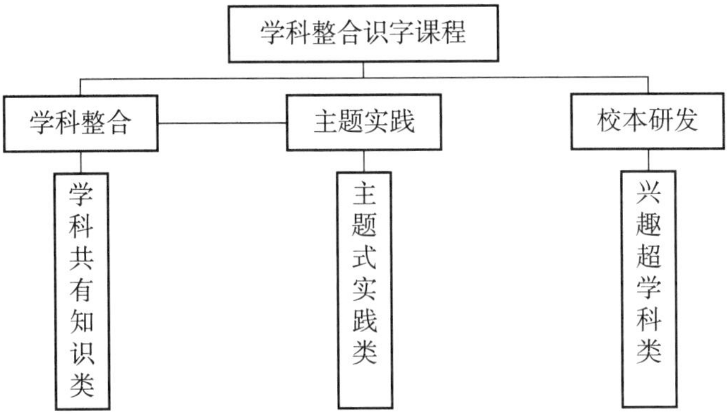

三、基于学科整合视角下的识字教学模式

（一）学科共有知识类识字教学模式

通过学科整合形成学科共有类知识实践课程体系，这是我校学科整合校本研究的切入点。以国家课程为基础，在有限的课时内，对各学科共有内容进行重组，产生联动效应，使课程更具有生命力。如五年级“胡同里的汉字文化”，就是将品德与社会、写字和语文学科教材中关于汉字的内容重新组合，赋予新的任务。从字的演变、字的发展、字的使用等不同角度认知学习，并带领学生走进琉璃厂、首博，学生将知识与生活联系，对原有知识的认知程度更高，兴趣更浓。

这一跨学科整合的识字实践活动，打破单一学科的教学，多学科教师共同合作，共同研究，重组内容达成新的目标，使教育资源扩大化，课堂教学更鲜活，真正实现减负增效。

（二）主题式识字教学模式

主题式识字教学模式，通过同一主题下各学科的相互链接，突出对学科

知识间关系的把握与协调，整合多学科知识之间的联系，促进学生从多维度对“汉字”进行理解和学习。

长期以来学校以“汉字乐园”为主题，在跨学科整体思路的基础上，进行跨学科合作校本研究，带动所有相关学科，产生集群效应，使汉字学习更深入。

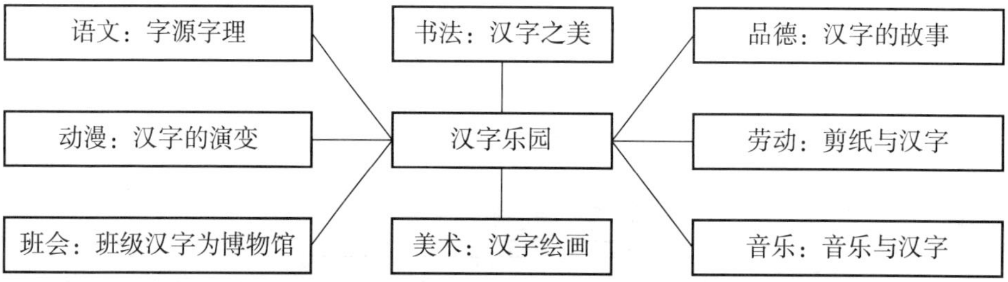

（三）超学科类识字实践模式

在识字教学模式的探究过程中，着眼于儿童的兴趣和需要，对于学生兴趣浓厚又超越教材的内容进行校本研发。通过教师通力合作，形成了具有我校特色的超学科类识字实践课程。

在汉字学习中，我们将视角聚焦在汉字的起源，从字源、字理的角度解读汉字，使学生感受到汉字之美，激发学生对汉字的热爱。学校以“汉字寻根”为主题，放手让高年级的学生走上讲台为学弟学妹讲解汉字，为了讲好一个字，高年级的学生通过自主查阅崔增亮教授编写的《字源字理手册》、上网查阅汉典网，独立撰写讲稿。并在讲解中运用美术、书法和信息技术的相关知识，进行综合讲解。在讲解的过程中高年级学生综合运用多学科知识学习、讲解汉字已成为学校识字教学中的一个亮点。

附学生自编讲义和作品：

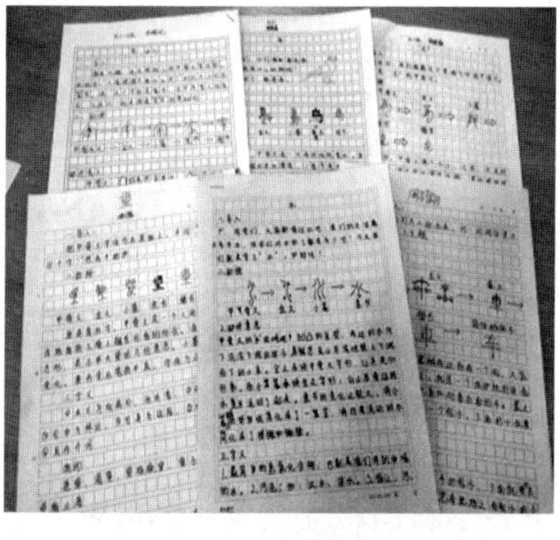

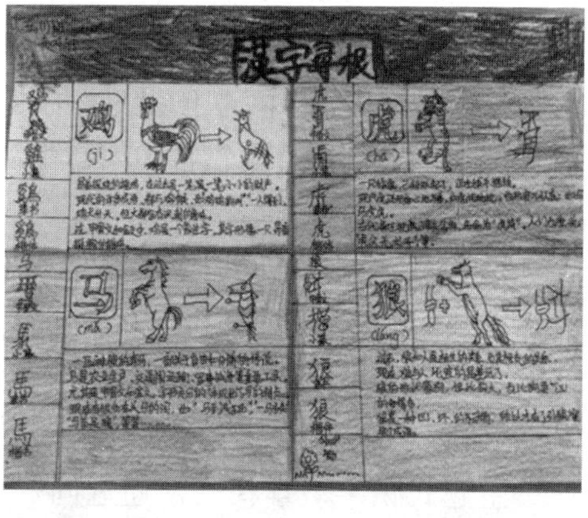

在历经了一个学期的“汉字寻根”活动后，每一个汉字在学生的眼中都是一首优美的诗，一幅美丽的画，学生们在汉字的长河中汲取先人智慧，从《说文解字》到《文字蒙求》，他们沐浴着祖国文字的璀璨阳光，感受着汉字的无穷魅力，在不知不觉中把传承和弘扬汉字文化的重任担当起来。

我校通过探索以“识字”为主题的学科整合教学，抓住“合作、实践、创新”三元素，遵循人本原则、科学性原则和实践性原则，促进了学生的综合“识字”的能力。

参考文献：

[1] 魏红艳. 巧用多媒体手段进行小学生识字教学［J］. 中华少年. 2017(03)
[2] 戴成永. 让枯燥的识字教学变得生动有趣［J］. 文理导航（下旬）. 2016(12)
[3] 齐辉. 识字教学乐在其中［J］. 中国校外教育. 2015(34)
[4] 姜俐冰. 信息技术与语文教学整合的实践与思考［J］. 宁夏教育.2011(12)
[5] 程丹. 低年级识字教学学科整合［J］. 学生之友（小学版）. 2009(07)

◇ **作者信息**

王琦

中学高级，北京市语文学科骨干教师。曾获全国真语文说课特等奖，北京市第四届阅读大赛一等奖。《经典阅读课程的探索与实践》等多篇文章发表在《北京教育》《作文导报》《创新教育》等杂志上。多次在全国及市区语文学科教学评优，展示中获得优异成绩，曾赴福建、广东，长春等地授课，并作专题讲座，参加北京市数字课堂录课多节。

开展意趣兼得的识字教学策略研究

北京教育学院石景山分院　杨红兵

汉字是中华民族没有中断、延续发展至今的文明，承载着几千年的文化，学好汉字是文化传承的良好途径之一，而识字教学又是引导学生学好汉字的关键。《义务教育语文课程标准（2011 年版）》明确指出："喜欢学习汉字，有主动识字、写字的愿望。"这一目标的达成，有赖于对识字教学策略的深入研究，促进学生在识字过程中意趣兼得。

一、挖掘内涵，归类识字

《姓氏三字经》是《语文》（人教版）一年级上册《语文园地二》中的内容，教材编排的目的是让学生通过分解姓氏的部件或描述姓氏的偏旁来分辨读音相同或相近的姓氏，重点是引导学生熟读儿歌、记忆字形。鼓励学生用这个方法识记其他的姓氏，同时还引领学生走进姓氏文化，了解每个姓氏背后意蕴深远的故事。

在姓氏的学习过程中，教师从学生自身的姓氏讲起，学生乐于接受，引发了他们学习汉字的极大兴趣。进而教师引导学生将具有特点的一些姓氏拓展归类。在归类的过程中，学生不仅了解了这些姓氏的结构，同时还发现了其规律。比如"熊、虎"这类姓氏是以动物类来划分；"孟、季"为排行类；"司徒、司马"是官名类；"商、魏"是封地类；"陶、巫"是职业类；"西门、东郭"是居住地。像"熊、虎"这些姓氏跟动物关联，学生觉得很好笑。见此情景，教师没有责怪学生，而是发出追问："孩子们，我们追寻祖先的足迹，看看你的姓氏中有怎样的含意呢？"教师将姓氏汉字与姓氏图腾联系起来从故事讲起：比如"刘"姓，是尧帝的后代，其姓氏图腾是由一位长者手持刻刀契刻春天和秋天气候运行规律，是掌管契刻春秋分点的氏族。再如，"王"姓图腾是由天齐建木和盖天图组成，王姓是首创盖天图的氏族之一。由此引发出姓氏的精神价值，学生的心中立刻对自己的姓氏有了敬畏和自豪感。对汉字内涵的挖掘既关注了规律，又注重了文化的传承。

二、依据字理，形象识字

在《雷雨》一课的教学中，讲到“雷雨前”的景象时，教师提问：大风中除了“树枝”还有什么？学生抓住“一只蜘蛛从网上垂下来逃走了”这句话了解到还有“蜘蛛”。其中“垂”字笔画多不容易记忆，教师出示“垂”字早期的写法，让学生观察这个“𠂹”字。学生能感受到这个字像一棵树，树叶要落下来了。教师因利施导，使学生明白古人在造这个字的时候就有这样的想法。“垂”的意思就是东西的一头向下，学生由此感到汉字十分有意思。接下来通过组词——垂直、低垂、垂落，进一步加深对汉字的理解。又通过思考“这里为什么要说垂下来呢？”促使学生认识到蜘蛛逃走的速度快，表现出汉字的深意。

在结合“雷雨后”的情景学习时，教师引导学生展开想象，引发思考：雷雨后，又形成一幅怎样的画面呢，这幅画面中带有哪些景物？学生了解到这幅图中有美丽的彩虹，还有蜘蛛、蝉、青蛙等。教师引导学生发现这几个字的特点是都有虫字旁。教师提问：虫字旁跟彩虹有什么关联呢？学生都摇头，表示疑惑不解，此时教师展开讲解——古人认为彩虹是天上硕大的两头蛇在饮水，饮水之后，就从天际消失了，所以是虫字旁。学生听了豁然开朗，又一次感到汉字的神奇与美妙。

三、有序阅读，随文识字

随文识字是指教师一边带着学生读书，一边引导学生识字，字不离词，词不离句，句不离篇，将汉字贯穿于课文学习的始终。随文识字就意味着识字是从文章入手的，学生更容易记忆、理解，容易将音、形、义结合在一起，从而提高学习汉字的效率，进一步促进儿童语言的发展。

在《画家与牧童》教学中，**首先，随文读准字音**。教师从题目入手，引出“戴嵩”一词，指导学生读准字音，同时加入人物介绍，让学生了解他是以画牛而闻名的画家，再出示他画的《牛柳图》《乳牛图》《斗牛图》，此时学生获得了对人物的感性认识，便容易记住他的名字。**其次，随文记住字形**。在课文的第一自然段写到“看画的人没有不点头称赞的，有钱的人还花大价钱购买”。教师引出“价、购”两个生字。“购”字为什么是贝字旁呢？教师引发学生思考，在教师讲解后，学生明白了古代的人曾经拿贝壳当钱币使用，所以“购”字里的贝字旁与钱紧密地联系在一起，很快学生就记住了这个字形。又如：学习文中牧童说的话“……您画的牛尾巴是翘起来的……”教师提问：其中“翘”字哪些笔画像翘起来的尾巴？此时，学生根据关键的笔画“竖弯钩”展开了形象记忆，同时也充分感受到中国汉字就像一幅幅的画，真是神奇无比，魅力无穷。**再次，随文了解字义。**比如：文中描写戴嵩画《斗牛图》时写到“他一会浓墨涂抹，一会轻笔细描，很快就画成了”，句子里有两个生字“墨”和“抹”。“墨”字可以通过组词引导学生了解字义，如：墨汁、墨水、黑墨等。而“抹”字左边是个提手旁，右边是个周末的“末”，这是一个形声字。教师让学生共同做动作——抹眼泪、抹脸、抹嘴、抹鼻子、抹汗等，通过组词和做动作理解字义，学生掌握起来降低了难度。进而教师出示国画“荷花图”，让学生区分什么是“浓墨涂抹”，什么是“轻笔细描”，学生在情境之中很快突破了认知的难点。在这样的语文环境中，学生对汉字的理解更为深刻。

四、情境创设，体验识字

（一）在图画情境中识字

在《荷叶圆圆》一课的教学中，讲到“荷叶圆圆的，绿绿的”这句时，教师引出“圆”这个生字，同时配以“荷叶”插图，又圆又大又绿的荷叶给人以直观的美感，对于荷叶的形状、颜色学生一目了然。插图给了学生以形象之美，一看就让人产生爱慕之心，学生在朗读时也带有满满的喜爱之情。这时，教师引导学生根据画面进一步感受圆圆的荷叶带来丰富的想象：荷叶上的小水珠把圆圆的荷叶当作摇篮、小蜻蜓把圆圆的荷叶当作停机坪、青蛙把圆圆的荷叶当作舞台、小鱼把圆圆的荷叶当作凉伞，此时，学生对“圆”字有了丰富而形象的认识，在汉字学习中获得了审美体验，对学生积累与表达也起到了促进作用。

（二）在诵编儿歌情境中识字

教师把一些汉字编成儿歌，让学生诵读儿歌，在诵读中既进行了识字，又辨析了字形，取得了事半功倍的效果。像学习“清”这个字，教师便引出“请、情、晴、睛”一串字，学生在比较中进行辨析，形成记忆。但字的数量一多，学生就容易混淆，于是教师采用诵编儿歌的形式帮助学生记忆，既有趣又上口，深得学生喜爱。如：“有日晴空万里，有水清澈见底，有目火眼金睛，有心情真意切，有言讲请是礼。”这样的汉字儿歌，激发了学生学习汉字的兴趣，更好地掌握了记忆汉字的规律。而模仿这个方式，学生还能编字谜，进行创造性的学习，真是一举多得。

（三）在生活情境中识字

生活的空间有多大，语文学习的空间就有多大。教师在学生学习了生字后，将生活的场景再现。比如：学习了“园”字，就将“公园”“苹果园”“香山公园”“水上乐园”等标牌以图片的形式呈现出来，还原生活情境，让学生学习辨认，获得切身的感受，建立识字与生活的密切联系。再有，就是让学生到真实的生活中去寻找学习过的汉字，然后再回到课堂中来进行交流汇报，让学生感受到了学习汉字的意义和价值。生活中识字扩大了学生学习的空间，促进学生学以致用，灵活学习汉字，大大提高了识字的效率。

五、实践活动，快乐识字

《语文课程课标》指出：“应拓展语文学习和运用的领域，并注重跨学科的学习和现代科技手段的运用，使学生在不同内容和方法的相互交叉、渗透和整合中开阔视野，提高学习效率，初步获得现代社会所需要的语文素养。”由此，我们带领教师以教材为依托，引导学生在广阔的时空中了解中国汉字，通过多种途径激发学生热爱汉字的情感，学习运用汉字进行语言积累和表达，在审美体验中感受汉字的魅力。

（一）开展“汉字寻根之旅”实践活动

我区京源学校小学部在五年级开展了“汉字寻根之旅”语文实践活动。在活动中，学生选择低年级学生容易读错或写错的汉字开展研究，担起当小老师的任务，为低年级学生进行汉字讲解。这些小老师在上讲台之前都做了精心准备，从汉字的演变、字源字义、拓展组词、古诗词积累等方面展开探究，制作生动有趣、图文并茂的讲义。在讲解中还有互动环节，比如：围绕“木”字，提问这个动画讲的是哪个成语？谁能把“木”字写在黑板上？谁能来进行拼读？……有时还请小同学来提问，有时在讲解之中还插入搜集来的小资料。这样的实践活动颇受小同学的欢迎，激发了他们对汉字的热爱之情，同时帮助他们了解了汉字文化。对于小老师而言，在讲解中巩固了识字，提高了汉字的运用能力，也培养了传承汉字文化的责任担当。

（二）开展“遨游汉字王国”实践活动

北大附小石景山学校开展了“遨游汉字王国——走进八大处中华精印谷”活动。这次活动分为“汉字之趣”“汉字之韵”“汉字之渊”“汉字之惑”四个板块展开。“汉字之趣”为学生们提供了字谜活动空间：有猜字谜、收集字谜，也有自编字谜，在丰富多彩的字谜活动中，学生掌握了汉字组成的规律，在有趣的实践活动中与汉字交上了朋友。除字谜游戏外还有收集对联的活动，如“长长长长长长长，长长长长长长长”，这个只有一个汉字组成的对联看上去极其普通，但读起来却又意味深长，妙趣横生。在“汉字之渊”板块，教师引导学生利用地域资源，到八大处中华精印谷了解印章文化，同时还引导学生自己设计印章，体验汉字之美。同时让学生去寻找字源，了解汉字的来历、变化及特点，了解蕴含其中的文化。在“汉字之惑”板块，学生们把生活中用错字的现象搜集来，写出自己的看法，教师引导学生警示自己或他人，不写错别字，对汉字怀有敬畏之心。在“汉字之韵”板块，教师带领学生了解书法艺术，了解书法家及他们的作品，欣赏汉字的神韵。同时，还收集用书法写成的对联，体会形、神、音、义兼备的汉字之美。通过这样的实践活动，学生对汉字有了更深厚的情感，对汉字神奇的魅力及源远流长的文化有了更深刻的理解。

通过识字教学不仅让学生认识更多的汉字，更要在识字中激发学习汉字的兴趣，培育对祖国语言文字热爱的情感，不仅掌握识字的方法，更要增强主动识字的意识，更要在识字过程中感受汉字之美，感受蕴含其中的文化，真正感受到中华汉字的神奇魅力。

◇ 作者信息

杨红兵

北京市特级教师，从事教育事业36年，现为北京教育学院石景山分院教育研修中心副主任兼语文教研室主任。曾出版专著《小学语文实践活动研究》《在小学语文实践探索之路上且思且行》。主编出版《爱我家乡石景山》地方教材。曾指导多名青年教师在全国及市区获奖。所写论文获全国论文评比一等奖。有数十篇文章在全国、市区刊物上发表。

遵循汉字规律进行识字教学

北京市顺义区教育研究和教师研修中心　苏静林

不久前，我在阅读《中国教师报》时，看到了《“学生太多”岂能成“评语出错”的借口？》这篇文章。作者对陕西省榆林市榆阳区补浪河乡中心小学一位班主任在给学生填写的评语中出现四个错别字，班主任老师以学生太多，加之受到身体影响，才导致出错，为笔下之误。看到这则评语：“你是一个玩（顽）皮的孩子，学习上注意力不够集中，能团结学习（生），参加各种活动，希望今后多炼（应为锻炼）毅（意）志，增（争）取有更大的进步。”作为一名班主任老师，我感到汗颜。当读到“作者对自己小学语文老师所教的‘尴尬’部首是‘九’深信不疑，直到高中才被治学严谨的语文老师点醒，为此尴尬十年”这个故事时，我不禁反思自己的课堂教学。幸运的是我得到了《北京教育丛书》这位良师益友的帮助，其中《遵循汉字规律改革字词教学》这本书，让我在识字教学中少走了很多弯路，课堂也变得科学、有趣、高效。

一、遵循汉字规律，使识字教学更科学

古人云：“人非圣贤，孰能无过？”老师也如此。关键是有错要敢于承认及时改正，当然，更重要的是认真学习、虚心求教、充实自己，避免犯那些不该犯的错误。这样才不会谬种流传、误人子弟。

我反复研读了《遵循汉字规律改革字词教学》这本书，对汉字的规律有了明确的认识。即：（1）音形义密切结合；（2）以义为核心的有机组合。这也是汉字区别于其他文字的主要特点，当然这一特点也决定了我们识字教学的方法。以往，孩子总把“出”字写成上下两个“山”，反复强调了笔顺也不见好转。这是什么原因呢，“出”字为什么写成这样，到底和“山”有没有关系？通过查阅工具书，我才恍然大悟。“出”是会意字，甲骨文从止（脚）从凵（古人穴居的门口），会走出之意。再次教学“出”字，我利用图片把它的演变过程讲给孩子们听，原来竖折、竖、竖这三笔表示的是迈出的脚，后两笔

指的是古人穴居的洞口。通过这次实践，我发现孩子笔顺错得少了，学习汉字的兴趣浓了，课下也会跑过来问：“老师，您说我的名字什么意思呀？古字长什么样？”望着孩子们好奇的眼神，我想，在今后的教学中再也不能对汉字主观臆断、随意妄解、编那些没有科学性的顺口溜，一定要顺理合情地给孩子讲明白，使识字教学更具科学性。

二、遵循汉字规律，使识字教学更有趣

《义务教育语文课程标准（2011 年版）》把让学生“喜欢学习汉字，有主动识字、写字的愿望”列入教学的目标。教学中，我们有很多激发学生识字兴趣的方法，例如讲故事、猜谜语、玩游戏、编儿歌、创情境，多媒体带来的动画演示、声音图片等。但这些方法都是外在的一种干预，时间长了学生的兴趣难以保持，教师也劳累疲倦。我想在激发识字兴趣的方法上，用知识本身的魅力感染学生，挖掘汉字的趣味，从中体验发现带来的成功和愉悦，对孩子的影响会更深远。

教学《汉字真有趣》一课，我是这样引导孩子发现笔画“点”的秘密的。教学“一点做记号，点在刀刃上”一句，我结合图片，用讲故事的方法告诉孩子：古人是看着事物的样子来造字的，就像我们以前学过的“日、月、水、火”等，所以就根据刀的样子创造了“刀”字。刀刃可就难画了，怎样能让别人一下子就知道这最锋利的地方就是刀刃呢？只好在刀口的地方点上一笔“、”，表示这里要注意，是锋利的刀刃。这用来做记号的“、”多么了不起呀，我们祖先的聪明才智令人赞叹！随后拓展识字，孩子了解到“鸟”字中的“、”表示眼睛，“兔”字中的“、”表示尾巴，可千万不能丢呀。教学“两点冷冰冰，寒冬加衣裳”一句，我从冰（古字是“仌”）字的字源讲解：看，“仌”多像水不能曲折弯曲流动而冻结挺直的样子，后来写成两点，所以两点水的字都和冷有关。当然也有特殊的，如“次”字，它左边的两点就不是冰，而是二，表示二等品，比好的优等的有所欠缺，所以写成“二”“欠”。三个点、四个点也分别有着不同的含义：“州”中的三点表示水中的小岛，“雨”字中的四点表示落下的水滴，“燕”字中的四点表示剪刀似的尾巴，“热”字的四点是火简化而来。孩子聚精会神地看着这一幅幅图画，听着一个个有趣的故事，从中感悟着汉字的无穷乐趣与魅力。

三、遵循汉字规律，使识字教学更有效

汉字的常用字有三千多个，一年级第二学期每课就有七八个四会字和十几个认读字，如果不了解汉字的规律，一个一个单独机械记忆，确实繁难。如果教学中老师把汉字的规律和特点渗透给孩子，使他们了解字与字之间的联系，学习汉字就会更有效。我们都知道汉字中绝大多数为形声字，如果能教会孩子借助形声字的特点识记生字，那么孩子在识字数量和质量上都会有所飞跃。

对于形声字的教学，要利用声旁表音，形旁表意的特点进行引导。如果学生能对一些主要偏旁表示的意义有基本的了解，那么对于学习汉字是有很大帮助的，因为他们看见字的部首就能大致判定其与什么有关。如学生能对带“亻、冫、氵、艹、辶、讠、月”这些偏旁的字的含义有基本了解，那么不但能很快说出这个字与什么有关，而且在书写时也不容易写错。此外，在学生不清楚字的读音时，还可以通过声旁表音的特点进行识字。如教“仿、防、访、纺”时，引导学生发现这个字群的规律：都与“方”有关；字的读音和右半部分的读音相近或相同。通过这些字可以告诉学生，对于大多数形声字我们都可以根据它的意义记忆它的形旁，根据它的声旁推测它的读音，达到记忆字形的目的。

教学《客人到家我说请》一课，如“请”字，儿歌是这样介绍的：“青字加言组成请，客人到家我说请。”每出现一个“青字族”的字，在读准音、记清形的同时也能了解字的意思，充分体现了汉字音、形、义三位一体的特点。形声字的形旁可以帮助我们了解字的意思，要教会孩子运用形旁辨析形近字，从而防止和减少实际应用过程中错别字的出现。课后我利用一首小儿歌对孩子的学习情况进行了检测：

小（　　）蛙

河水（　　）（　　）天气（　　），

（　　）（　　）草地飞（　　）蜓。

稻田处处呱呱叫，

小小（　　）蛙大眼（　　）。

保护禾苗吃害虫，

做了不少好事（　　）。

（　　）你保护小（　　）蛙，

它是庄稼好卫兵。

只有一名随读生没能填正确，其他孩子都能在具体语境中正确运用。

当然区分字形、理解字义的方法还有很多。如：运用形声字声旁辨析、对比区分（音形义要结合起来）。就拿“有”和“友”两个字来说：学生在运用中会写成“朋有、有好”，进行对比区分使学生明白“有”是手里拿着肉，表示有；而“友”是两个人的右手握在一起，表示朋友。在我们的识字教学中，只有遵循汉字以义为核心，音形义紧密结合的规律，才能达到正确理解和运用这一目的。看看我们生活中见到的场景：

这难道不令人担忧吗？祖先用聪明才智创造的文字，我们就是这么运用的吗？前面提到的那篇文章的作者在高中语文老师的帮助下，最终明白了“尴尬”的部首不是“九”。（尴；尬，部首为“尢”，读 wāng，表示一条腿畸形的人，尴尬一词的本义是人足跛勉强行走的样子，引申指处境窘困，不易处理。）虽然相隔了十年，但毕竟改正了错误。又有多少人对所犯的错误仍不自知呢？

作为一名语文老师，如果能在课余时间静心琢磨汉字的构字规律，那么或许会为学生另辟一条识字蹊径。实践证明，遵循汉字构字规律，科学有效地进行识字教学，是达成识字教学目标的一个有效途径，因为它既生动有趣，又能提高识字教学的兴趣和效率。要是由于自己对汉字本身的理解和掌握水平不够，把错误的知识传授给孩子，造成他们错误的认识，感到尴尬的是写错字的他们还是我们呢？让我们静下心来，回到原点，好好地去重新认识一下那一个个像画、像诗、蕴涵生动故事的汉字吧，勿让学生因我而“尴尬”。

◇ 作者信息

苏静林

顺义区小学语文教研员，高级教师。北京市语文骨干教师，顺义区绿港特级教师。潜心进行低年级识字教学研究，主持研究的课题《小学字源识字教学实践研究》获第一届中国基础教育教学成果二等奖；第五届北京市基础教育教学成果一等奖。

借助思维导图，提高自主识字能力

北京市西城区康乐里小学　马可洁

识字、写字是阅读和写作的基础，是第一学段的教学重点，也是贯串整个义务教育阶段的重要教学内容。《义务教育语文课程标准（2011 年版）》中指出，在第一学段“喜欢学习汉字，有主动识字、写字的愿望”，“初步感觉汉字的形体美”，“学习独立识字”。

将思维导图引入识字教学，可以直观显示汉字内在构造特点，全面展示学生思维过程。在识字过程中引导学生通过自己的想象、分析以及综合，画出自己的思维图解，有效地促使儿童感知汉字的组合结构，记忆汉字的书写方法，理解字与字之间的意义关系，形象直观地促进识字教学工作，提升识字的效率，养成儿童自觉识字的习惯并形成自主识字的能力。

一、运用思维导图，指导学生读准字音

汉字学习是小学阶段语文学习的主要任务，学习生字的目标是读准字音、认清字形、理解字义，因此，识字教学的首要任务就是读准字音。而对于低年级学生来说，这又是一个难点，思维导图可以有效地帮助学生将易错字音读准。

（一）区分易错字读音

《义务教育语文课程标准（2011 年版）》中指出，能准确地拼读音节，能借助汉语拼音认读汉字。因此教师在识字教学中要不断巩固拼音教学，达到帮助学生识字的目标。在部编版《语文》一年级下册的第三单元中有 10 个生字是前鼻音“信、跟、喊、身、单、邻、怎、篮、连、运”，5 个生字是后鼻音“行、静、种、绳、讲”。“死、怎”是平舌音，“捉、直、身、招、绳、只、种”是翘舌音。这些生字出现在本文中，无疑成了学生朗读文本的障碍。在学习新课时，在引导学生借助拼音，读准字音的基础上，我请学生为这些生字找家，将前后鼻音和平翘舌音分别归类，利用导图进行梳理。这样的区分既有条理性又有直观性，学生的思维过程与导图同步进行，通过归类引发一系列思维活动，从单

纯的认识记忆，过渡到理性思考，这样一来，既帮助学生区分了难读的生字，降低了读准生字的难度，又有效地再现了生字，为阅读做好充分准备。

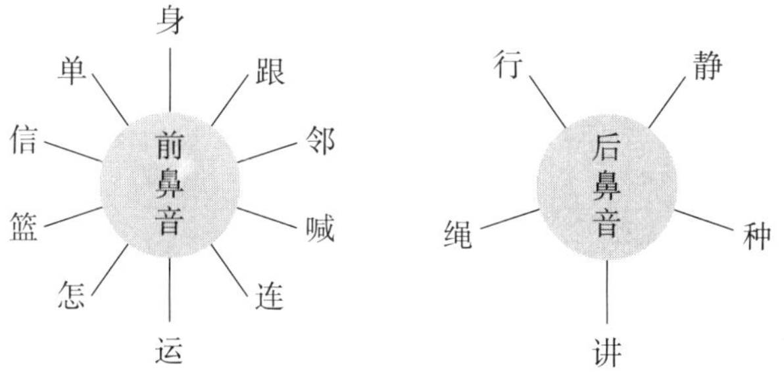

（二）辨析多音字读音

汉字是音、形、义的结合体，正确掌握汉字的读音是朗读和口语交际的基础。但汉字中为数较多的多音字，对认知和理解能力相对较弱的低年级学生造成了极大的识记困难。学生在朗读时，会经常误读，给正确朗读课文带来了阻力。大多数多音字的不同读音，分别代表着不同的字义，在具体的词汇或语境中只能使用一种意义，分辨这类多音字的最好办法，就是掌握音义对应关系，从而据义定音。利用思维导图就能将多音字的音与义进行链接。

部编版《语文》一年级下册第七课《怎么都快乐》中的“得 děi”这个多音字有三个读音，可以放在不同的句子中帮助学生认读和了解用法。先让学生了解“得”的三个读音，然后尝试放在不同句子当中让学生读一读，在具体语言环境中，学生很快将三个读音读正确，同时在读中体会到读音和意思之间的联系，děi 是必须的意思，讲故事必须有人听才行；dé 指获取，接受，我们班取得了流动红旗；de 用在形容词后，表示天空很蓝。思维导图直观地呈现了“得”的读音，以及相应的语境，帮助学生从这一表象出发得到概念性的提炼，发现多音字的特点——不同读音表示不同意思，培养学生从语言现象入手，发现其规律的思维能力，为正确掌握新的多音字打好基础。

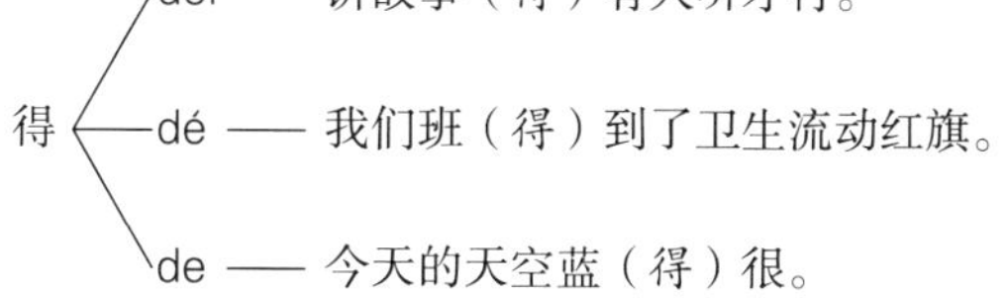

二、运用思维导图，指导学生识记字形

思维导图可以增强学生思维的条理性。学生在绘制思维导图时，必须将脑中产生的各种想法按照一定顺序排列或按照属性予以分类，绘制成思维导图，让学生的思维变得更有组织、更清晰、更有条理。

在部编版《语文》一年级上册《语文》的识字中思维导图这样的学习方法已经出现，孩子非常喜欢运用这种方法识字。如在一年级下册《怎么都快乐》一课中以生字“玩”字为例，教师运用思维导图让学生在小组内写一写和“玩”相关的汉字，集思广益，学生运用形声字的形旁表意，声旁表音的特点写到了“园”和“完”，通过观察偏旁写出了一组按相同偏旁归类的带有“元”的字，一字带多字。我们可以看到孩子的思维过程，这种训练形式既扩大了识字量，又提高了识字的效率。

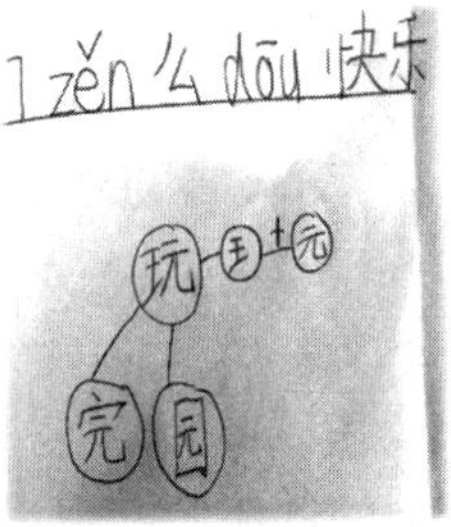

汉字是最富有表现力的文字，每一个字的形成都有它的含义。据统计，汉字中绝大多数是形声字。形声字是由两个文字复合成一体，其中的一个文字表示事物的类别而另一个表示事物的读音。学生熟悉了基本字以后，可以很快地熟悉一大串字。例如利用声旁归类，带有同一种声旁的字往往读音相似，字形相近，容易混淆。如一年级下册《小公鸡和小鸭子》一课中“也”“他”“地”三个字都带有相同部件“也”，加上单人旁和提土旁就组成了不同的字。可以让学生联系生活，想一想还能给“也”加上什么偏旁组成新的字呢？由此，学生想到了学过的生字“她”和“池”，以及同学名字中的“驰”。

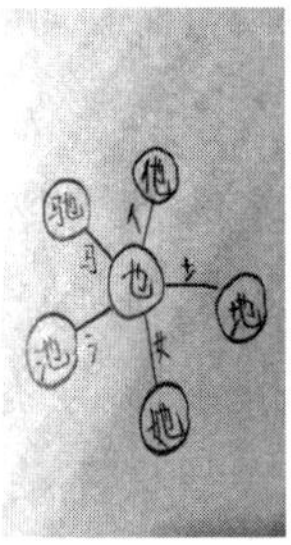

通过画思维导图的形式把新旧知识加以归类，画出一些有系统性的思维导图，并展示交流，加深了同一类字的记忆，提高了识字的有效性。

三、运用思维导图，了解汉字文化

汉字是世界上最富有诗意的文字，是中华文化的根。《义务教育语文课程标准（2011 年版）》的总体目标也谈到了“认识中华文化的丰厚博大，汲取民族文化智慧”。在教学中尝试将思维导图与字理识字相结合，在立足于汉字构字规律的同时，发展学生思维，提高自主识字能力。

部编版《语文》一年级下册《怎么都快乐》一课学习汉字“行”时，教师利用图片解读：“行”的本意就是“道路”的意思。为了突出直观性，教师先出示“行”字的原始图形，分析图形与字义的联系；再讲解由图到字的演变过程，分析图形与字形的联系；然后综合分析图形、字形与字义的联系。让学生直观地看到“行”字由甲骨文金文、小篆，最后演变成现在的楷体的过程。此时此刻，学生一边观图，一边聆听教师的讲解，图文并茂，形象直观，有助于学生了解汉字据形知义的特点，这样做既培养学生的观察能力和思维能力，更重要的是让学生了解一些汉字文化知识。

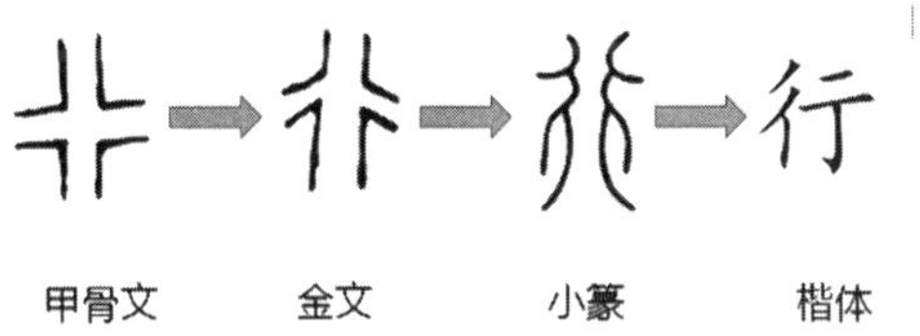

四、运用思维导图，发现书写规律

郭沫若先生曾经指出：培养中小学生写好字，不一定人人都成为书法家，总得把字写得合乎规范，比较端正、干净、容易认。这样养成习惯有好处，能够使人细心，容易集中意志，善于体贴人。《义务教育语文课程标准（2011 年版）》中指出：第一、第二、第三学段，要在每天语文课中安排 10 分钟，在教师指导下随堂练习，做到天天练。要在日常书写中增强练字意识，讲究练字效果。

在课堂教学中的指导书写环节，将思维导图引入课堂，可以帮助学生发现汉字的书写规律，从而掌握间架结构，写好每个汉字。

如教师在指导部编版《语文》一年级下册第三单元的生字书写时，让学生动手进行生字分类，力求引导学生发现每个汉字的结构特点。利用儿童的好奇心让学生探索发现汉字中的“秘密”。“河、听、哥、说、居、招、呼”这些字都含有“口”，它在不同字、不同位置的书写不一样。“听”和“呼”中的口作偏旁，占左上格；“河”中的“口”写在

田字格正中;“哥”中的两个口大小不一样。在书写时，先要引导学生观察，利用思维导图进行归类，进而发现口的不同写法，再进行书写练习。学生在探索发现的过程中，练就了敏锐的观察力，又初步知道了读帖的方法，为提高书写质量打下了坚实的基础。

识字、写字教学是低年级教师在语文教学中的重要任务之一。识字、写字教学是阅读、写作教学的基础。较强的独立识字能力、良好的识字写字习惯，不仅对学好语文，而且对终身学习都是一笔极其宝贵的财富。因此，教师要运用多种识字教学方法和形象直观的教学手段，创设丰富多彩的教学情境，提高识字教学效率。

思维导图作为一种将大脑思维过程具体化、直观化的方法。在语文教学中，力求能够让低年级学生在面对大量生字时掌握方法、并充分挖掘学生智力潜能，发展学生的记忆力、组织力与创造力，逐步形成自主识字的能力，进而切实有效地提高课堂识字效率。

◇ 作者信息

马可洁

一级教师，从教20年，长期从事低年级语文教学工作，被评为西城区骨干教师、教育系统优秀教师、语言文字先进个人，多次执教国家、市、区级语文教学公开课，多篇论文、课例、案例获国家、市、区级一等奖。

尊重差异，提升不同层次学生识字实效性的策略研究

北京市西城区北京小学　马志宏

《义务教育语文课程标准（2011 年版）》中指出：识字、写字是阅读和写作的基础。识字量的多少、识字能力的强弱，会影响到阅读开始的早晚和阅读能力的强弱。因此在低年级阶段，不断提升学生识字的实效性是至关重要的。然而，一个班几十个学生来自不同家庭，学前教育、学生自身的智力因素、非智力因素均存在较大差异。如果不考虑学生的差异，整齐划一地同等要求，必然扼杀部分孩子的学习积极性。识字量多、识字能力强的吃不饱，就会失去求知的欲望，使原本高效的识字速度放缓；识字量少、识字能力差的吃不了，也会丧失学习的信心，造成“滚雪球”式的识字障碍。

美国著名心理学家、教育家布卢姆认为：若学习者未能取得最优异的成绩，问题不在于智力方面，而在于未能得到他所需的适合自身特点的教学帮助和教学时间。差异教学是指班集体教学中立足学生差异，满足学生个体需要，以促进学生在原有基础上得到充分发展的教学。划分学生识字层次，目的是为了教学从学生不同的水平、兴趣和风格出发来设计差异化的识字教学内容、过程与方法，最终促进不同层次学生在原有水平上均得到发展。

实效性是指实施的可行性和实施效果的目的性。实施的可行性是方案的创意、设计、理念以及使其操作的可行性，而实施效果则是目的的到达程度或结果。识字实效性，是针对不同层次学生，在承认个体间存在种种差异的前提下，充分尊重学生的个性，通过采取可行性策略，使每一位学生在识字量与质上发生根本变化，并在识字情感与态度方面获得进一步发展。

一、基于不同层次学生识字实效性的分层化教学目标

课堂教学目标是指教学活动预期达到的结果，是教育目的、教学目标和课程目标的具体化，也是教师完成教学任务所要达到的要求和标准。将教学目标分层化，就是在设定教学目标时，改变传统教学中依据学习内容和班级学生的

平均水平制定统一目标的做法，尽量兼顾到优秀的和相对较弱的学生，考虑不同层次学生的要求，着力于挖掘学生的潜力。

目标设定在不同层次学生的最近发展区，由易到难，从基本的字音字形到字词的综合运用以及拓展相关的课外内容。让学生自由、轻松地按他自身的学习能力达成相应水平的目标，让不同层次的学生在最近发展区均有所收获。

《语文》（人教版）一年级上册《日月明》一课的教学中，我将教学目标设定为：

1. 认识13个字，学习“力”“手”并能正确书写。
2. 认识“笔尖”“鲜花”等8个词语，能正确地朗读儿歌。
3. 初步了解会意字的构字特点，并根据这种特点识记生字。
4. 能根据会意字的特点拓展识字，激发学生对祖国语言文字的喜爱之情。

以上目标呈现训练的坡度性，由易到难，从基本的字音字形到对字理的综合运用，既有达成课标要求的底线目标，也有在底线目标基础上的一般性提升目标，同时，还设定了针对水平高、能力强的学生提出的拓展识字的高目标。教学目标在教学流程中有序地达成。

教师鼓励识字能力强的学生以上四级目标都能很好地达成；而相对较弱的学生可引导其达成第一和第二项目标，在此基础上后两级目标可由能力强的学生做示范后模仿说，这样既关照了学生能力的差异，也让能力较弱的学生参与其中，让不同层次的学生在最近发展区有所收获。长此坚持，不同层次的学生便可在原有基础上均获得有效的提升。

二、基于不同层次学生识字实效性的生本化教学过程

（一）尊重学生已知经验，调动识字热情

学生是学习的主体，尊重学生的基础来研究识字教学，才能真正达成个性化识字的目标。小学生在入学时并非全是一张“白纸”。他们从生活中接触到一些汉字，并有意无意地识记了一些。课堂上，作为新授内容出示的生字，有的学生感到似曾相识，有的可能已经熟记于心，尊重学生的生活体验和学习积累，充分利用他们的前期经验，助其积极识字。

《语文》（人教版）一年级上册《日月明》一课的教学中有这样的教学环节，在全班自读整首儿歌，了解全文后——

师：这一课的生字朋友，有不少同学在平时生活中就已经认识了，请大家自己先指着蓝线中间的字读一读。

（学生自读生字）

师：谁能准确地读出它们的名字呀？

（请一位举手的学生读）

师：你真是个“识字小能手”，全都读正确了！

师：这么多的字，有的同学可能还认得不够全，请同桌互相读一读，你读我听，我读你听。如果有不会或读得不对的，请你帮他圈出来，再和他多读两遍。

这样一来，在识字教学中，识字量大的学生在展示后听到老师真诚的鼓励，获得了成功的愉悦，自主识字的愿望会更加强烈；而暂时不会的学生在同学的帮助下也获得了提升。更重要的是，在长期的坚持中，以前不愿识字的学生，也希望在课堂上展示自己，逐步养成了预习的习惯，识字的积极性明显得以提高。

（二）信任学生认知能力，激发识字兴趣

人在儿童时期大脑发育速度最快，成熟量最大。七岁时儿童的大脑重达 1 280 克，相当于成人脑重的十分之九。教学中，要重视学生的这一生理特点，信任学生是具有很强的认知能力的，基于此而创设活动，激发学生的兴趣来识字，指导学生愿意自主地识字。

《语文》（人教版）二年级上册《识字 5》的教学中，充分信任学生的认知能力，引导学生识字学词，收效非常好。在学生自由读韵文、按小节读、指名读的基础上，创设了“猜灯谜”这一教学环节，激发了学生识字的兴趣。

师：读得真好！奖励你们猜灯谜！答案就在你们面前的小袋子里。倒出里面的字卡，摆放在桌子的右手边，一边摆一边读。

（生兴致勃勃地把字卡从袋子中倒出，边摆边读：折、挑、焰、搓、绳、满、斤、容、易、根、计、谋、独）

师：第一个是动作谜。仔细看！（教师将教鞭放在肩膀上，做出挑东西的动作）

生：（学生喊）挑。

师：从你面前的字卡中找出一个表示这个动作的字，从里面把它挑出来。一起读。

生：（一齐举起“挑”字的卡片读）挑。

师：请大家像我这样把这个字放在第一个灯笼上。（课件显示灯谜谜面，第一个灯笼上显示答案“挑”）

师：第二个还是个动作谜。（教师手中拿一根筷子折断）

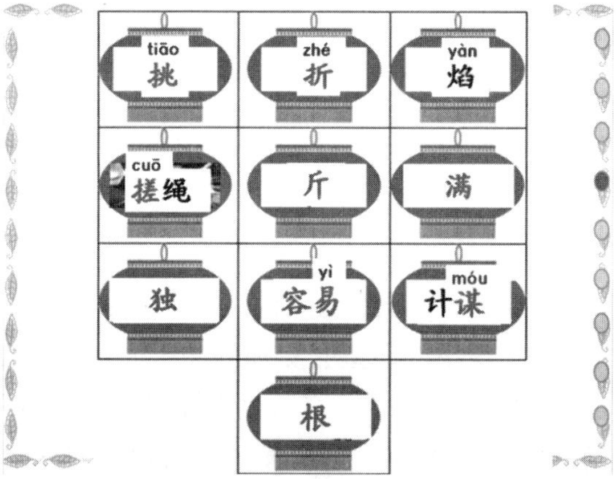

生：（兴奋地说）折。

师：找到这个字放在第二个灯笼上。

师：喜欢猜吗？

生：（异口同声开心地回答）喜欢！

师：下面的灯谜就由你自己来看一看、找一找、摆一摆。有的谜底是字，有的是词。

（每个学生都根据谜面内容认真思考，寻找答案，教师私下和同学交流，答疑解难）

师：摆完的同学可以自己读一读。

师：（约一分钟后）现在可以和同桌读一读，对一对。他没猜出来你猜出来的要讲一讲。

（同桌相互交流，读字、读词、讲解）

这样的环节设计，是在充分信任学生的基础上进行的。把学习的主动权交给学生，当他们全身心地投入，去想各种各样巧妙的办法认识和记忆生字时，识字教学不仅变得容易，而且充满了趣味和快乐！

在新课程的识字教学中，教师必须具有崭新的学生观，相信学生是具有巨大潜能的生命体，是独特的个体又是发展的个体，充分尊重学生的学习积累，结合学生的思维特点、年龄特点设计教学，使他们积极地参与识字，让他们用自己的眼睛观察，用自己的心灵感受，用自己的方式研究，只有这样，识字课堂才能焕发出生命的活力。

三、基于不同层次学生识字实效性的多样化教学形式

（一）利用汉字造字原理助识字

作为汉字的主要特点、汉字教学的独特资源——字理，成为识字教学的重要理论依据理所当然。在识字教学中，以适当展示汉字形体演变过程的办法阐明字理，根据汉字特点及学生年龄特点适当引入字理识字，可以很好地提升学生的识字效果。

1. 寻求规律助识字。

识字教学中，我利用汉字造字原理创设情境，把汉字这种抽象的符号形象化、生活化，帮助学生更好地识字。例如，讲象形字时，我用简笔画画出这些字表达的图案。学生一看就明白了，这些字原来是依照物体的外貌特征造出来的，一个个汉字一下子变得鲜活起来，还被赋予了一种孩子最能体验到的自然美。讲《日月明》一课中典型的会意字时，我请学生利用已有经验通过猜出构成每个字每一部分的意思，了解整个字的意思，来了解会意字的特点，而不同层次的学生相互启发，使本课、本册乃至课外引入的会意字都被一一识记。

2. 辨析易混助识字。

形近字给学生的认读和使用带来很多麻烦，不论对于识字量多还是少的孩子都是学习中的难点。如果我们能从字源上讲清楚形近字各自的构造原理，让学生不但知其然，而且知其所以然，那么学生的印象肯定很深，读错用错的机会就可能大大减少。如《语文》（人教版）二年级上册《识字 3》的教学中，有“川”和“州”的对比。我出示了这两个字的古文字让学生观察、比较，从而了解了“川”的本义指的是“河流”，而“州”的本义指的是“水中陆地”。在后来的使用过程中，学生很少出现用错的情况。

（二）调动学生多种感官助识字

识字量大时，学生学起来单调乏味。教学中，我充分调动学生的各种感官，激发他们的学习兴趣，使他们在轻松、愉快的氛围中积极主动地学习。当学生的无意注意被充分利用时，有意注意也就被调动起来，从而达到良好的识字效果。

1. 创设情境助识字。

教学中，抓住学生心理特点，抓住汉字规律创设情境，会极大提升学生的专注力和参与识字的积极性。

如学习生字“拔、拍、跑、踢”这几个字时，引导学生联系生活经验，给生字配上动作，让字形在脑海里如动画般流出来，让一个个静止的生字都活起来。在识记汉字的同时也体会了这些字的部首与意思的关系，有效地提高了教

学效率。

2. 快乐游戏助识字。

游戏是学生喜闻乐见的活动形式，可以满足他们好动好玩的心理，使注意力不但能持久、稳定，而且注意的紧张程度也极高。利用这一心理，我将“闯关游戏”“摘苹果游戏”“文图对照游戏”等引入教学环节，采用多种生动活泼的方式复现生字新词，调动了学生的眼、耳、口、脑等多种感官参加活动，学生始终处于兴奋之中，学习热情高涨，在愉悦的氛围中不知不觉地识认了生字。游戏难易程度的不同，也为不同层次学生均提供了参与的平台。

（三）丰富语文实践活动助识字

作为母语教育，语文课程资源无处不在，无时不有。生活是知识的海洋，引导学生利用生活空间识字，不仅是识字本身的需要，也是现代化多元化教育的需要。因此，引导学生在课堂内外、校园内外主动识字，可以极大丰富学生的识字量，在不知不觉中习得新知。

1. 识字，不拘泥于课堂。

学生可以利用的识字渠道是多种多样的，校园里的墙报、作业本上师生的姓名……均是识字的“课本”。鼓励学生帮助老师发作业，学生们的名字便渐渐被大家熟知；每次在校园中行走，“思源厅”“篮球馆”……我往往指着场馆名字带着学生们走进那里，下一次，就会有学生大声说出，主动学习汉字的种子也就此栽下。

2. 识字，不拘泥于校园。

教材中，“展示台”为老师们充分考虑课程资源的开发和利用、鼓励学生在生活实践中主动识字指引了方向。我利用这一平台，鼓励学生把眼光引向校园外更广阔的世界，让学生知道生活中的一切时间和空间都是他们学习的课堂。

比如，鼓励学生制作“识字课本”，如：蔬菜、水果、动物等，由学生根据相应的专题积累词语，带领大家学习，将一人的学变成了大家的学。图、文及拼音相结合，充分发挥汉语拼音、实物、图片帮助识字的作用。

又如，每个周末，每位学生都要记录或剪贴一条生活小常识，利用每日晨检的时间在全班交流。每次需要在记录后熟读下来。最初，不少学生都会出现很多字读不出来的现象。我就让读得熟练的学生介绍自己的经验：问父母、注拼音、多练习。渐渐地，读得熟练的学生多了，识字量也在这样的积累中不断扩大。

在识字教学中针对学生的差异，创设让学生主动识字的情境，铺设让学生复习巩固的路基，引导学生利用课本以外的学习资源、课堂以外的学习渠道自主识字，帮助学生寻找出隐藏在汉字中的童趣，那么识字将不再是他们的负担，而是一种乐趣，一种享受。

四、基于不同层次学生识字实效性的动态化教学评价

（一）有层次的激励评价促学生乐识字

在平时教学中，设定每个环节的小目标，对于简单的环节，请平时相对较弱的学生更多地参与，在课程教学目标达成的前提下，适当引入拓展的内容，在丰富学生知识视野的同时，也给能力强的学生提升的空间。而在每个环节的参与中，师生、生生间就可以适时给予评价：“你的进步真大！”“你真了不起，认识这么多字！”“你真会动脑筋，想出了这么巧妙的识字方法。”这种不同尺度、相对宽松的评价，可以让学生感受到学习进步的快乐。

（二）有梯度的评价方式促学生乐识字

为了使不同层次的学生都能在宽松、愉悦的氛围中掌握本学期需要认识的汉字。我在评价策略上进行了变革，尝试“目标达成式”检测方法。这一策略的实施，是根据前测中学生表示更愿意将检测放在平时，而且愿意由同学之间进行互测而制定的。

在具体的识字检测中，我针对学生识字能力强弱的不同，在他们原有的识字能力基础上，给予不同的识字掌握时间。识字能力强的学生可以提前检测完毕，利用剩余时间学习更多的内容，还可以帮助那些需要帮助的同学；对于识字能力弱的学生而言，循序渐进的学习可以使他们比较轻松地掌握应有的知识，同样达成学期目标。这样，不同层次的学生在识字学习过程中也就没有了太大的优越感或识字压力。激发了不同层次学生自主学习的愿望，使每一个学生能有不同程度的发展。

（三）多元性的评价方式促学生乐识字

《义务教育语文课程标准（2011 年版）》注重评价主体的多元与互动。评价要理解和尊重学生的自我评价和相互评价。要尊重学生的个体差异，有利于每个学生的健康发展。在识字过程中，我调动学生、家长的参与，将评价变为多主体共同参与的活动。低年级学生的表现欲极强，无论是在学校还是在家庭中，给他们创设一个个展示的平台，在台下“观众”的注目和积极的评价中，学生的识字积极性、主动性会不断提升，识字效果尤为突出。

总之，在识字教学中，我们要结合学生的差异，调动不同层次学生的求知

欲和表现欲，处处从学生主体的实际出发，激发学生主动识记生字的兴趣，探寻让学生主动识记生字的策略，设计多形式、多层次的复习方法，以满腔的热情为学生铺路搭桥，帮助学生寻找出隐含在汉字中的童趣，那么识字将不再是他们的负担，而是一种乐趣、一种享受，识字教学也将成为培养学生发现兴趣和不断探索的热土。

参考文献：

[1] 华国栋. 差异教学论[M]. 北京：教育科学出版社，2001.
[2] 理查德 L. 达夫特（Richard L.Daft），多萝西·马西克（Dorothy Marcic）. 管理学原理[M]. 高增安，张璐，马永红，译.北京：机械工业出版社，2012.
[3] 桑德拉·阿莫特，王声宏. 大脑开窍手册[M]. 刘宁，译. 北京：中信出版社，2009.

◇ **作者信息**

马志宏

西城区骨干教师。多次执教市、区级语文教学研究课，承担北京数字学校名师同步课程授课任务，曾获“小学语文教学与语文现代化”说课特等奖，区课堂教学评优说课、现场课一等奖。多篇论文、课例获国家、市、区级奖项。

开展字理教学，提高教学实效

北京市西城区白纸坊小学　王冬梅

关于识字教学，《义务教育语文课程标准（2011 年版）》明确要求，要运用多种识字教学方法和形象直观的教学手段，创设丰富多彩的教学情境，提高识字效率。经过长期的教学实践，我以为依据汉字本身的规律（字理）进行识字教学，当是比较有实效的识字教学。

一、运用字理教学的原因

在我们的实际教学中，随着学生的年龄增长，年级的增高，学的汉字越来越多，但是要求会写的一类字在使用方面出现问题：形近字容易混淆，如，喝和渴；同音字也容易混淆，如，盯和钉、望和忘。特别是学生在习作或写话运用时，问题就更为明显。静心反思，学生之所以会出现这些问题，其中很重要的一个原因是教师在教学过程中，比较重视字形和字音的教学，觉得学生记住了字形，知道了读音就学会了这个汉字。偏重于帮助学生记住这些字怎么写？怎么读？而忽略了汉字本身在造字时的来龙去脉，忽略了这来龙去脉与汉字字义之间的密切关系。在《义务教育语文课程标准（2011 年版）》中曾指出：“培育学生热爱祖国语言文字的情感……”我国的汉字文化源远流长，那么，如何让学生爱上祖国的语言文字？如何激发起学生“爱”的兴趣呢？实践证明，使用字理教学法是比较好的识字方法之一。

二、运用字理教学的主要做法

所谓“字理教学”又名字理识字法，是依据汉字的构字原理和规律，运用汉字的形、音、义的关系进行识字的方法。实践证明，这种识字方法，可以很好地将汉字的音、形、义相结合，在帮助学生追溯字源的基础上达到学会、理解、使用的目的。对于减少学生的错别字和预防错别字的发生有较大的帮助。

（一）抓住特点，明白字理

每个汉字都有它的特点，有的汉字是象形字，有的汉字是指事字，有的汉字是形声字……教师在备课前要针对学生易错的字，认真研究分析每个生字的特点，巧妙地将汉字的音、形、义相结合，开展字理教学。例如：我在教《酸的和甜的》一课时，抓住了“兔”是象形字的特点，展开教学。首先，我带领学生回忆，在一年级上册出现过“兔”这个象形字，初步引导学生回忆象形字概念。接着，在课上出示“兔”字的甲骨文写法。学生很明显看到了一只小兔子的形象。然后，出示“兔”的篆体字，让学生找一找篆体字中汉字的每个部分代表小兔子的哪个部位。通过学生仔细寻找，学生发现了“兔”字的最后一笔就是小兔子的尾巴。紧跟着，出示楷体“兔”字，再次强化最后一笔是小兔尾巴的概念。这时的教学还没有结束，我让学生看到了一只哭泣的小兔子，小兔旁边有个大大的“兔”字，并好奇地问：“同学们，谁知道这只小兔为什么哭得那么伤心？”学生看后说：“因为小兔子的尾巴丢了。”“是啊，那让我们快速地把兔尾巴添上吧？”学生频频点头。当这个“点”添上后，哭泣的小兔子破涕为笑了。生动的画面留在了学生们的脑海中。后经过当堂测验，没有人写错“兔”这个字。可以说，在明字理的同时，达到了学会的效果。又如：我在教学“茂盛”的“茂”字时，通过看《汉字字源》这本书，我知道“茂”是形声字。便在教学中，利用幻灯片让学生看到“茂”字的“草字头”表示植物，下半部分表示武器——宽刀大斧。通过引导，学生知道了“茂”的意思就是表示草太丰盛了，用宽刀大斧去砍草开路。这样，很好地将音、形、义结合起来，孩子们记忆起来容易了，不错了。运用这样的字理教学，最大的变化是学生不写错别字了，学习兴趣提高了，汉字在学生脑海中不再枯燥，不再是简单的几个笔画组成的方框字，他们觉得祖国的语言文字真有意思，都期盼着多多去探索汉字背后的文化知识。

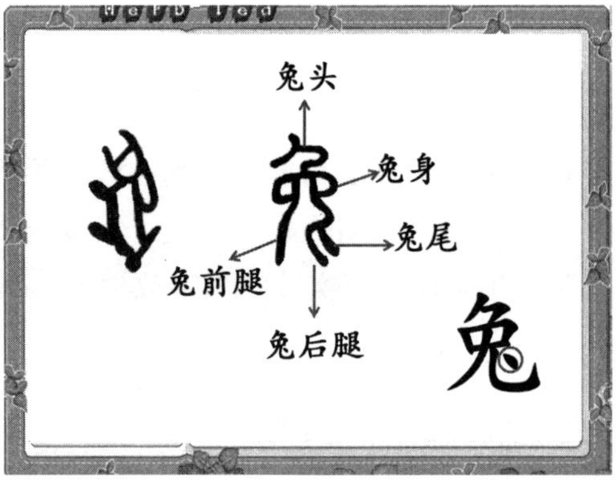

（二）分析比较，清楚字理

在我们的教学中，有些汉字字形相近，学生在学习时特别容易混淆，我在教学中，就采用比较明理法帮助学生理解字义、记忆字形。

1. 借助形旁，比较明理。

在小学语文课本中形近字很多，大部分是拥有相同或类似偏旁的形声字。遇到这样的汉字，学生学起来会分不清。在课后的习题中，我们经常会看到编者也会设计一些辨析形近字的练习。一般在教学中，老师只让学生们分辨一下汉字的相同点和不同点后就结束了，认为这样就起到了区分的目的。其实不然，这样做只从表面让学生知其然，而不知其所以然。因此，我在教学中采用字理教学法，在引导学生知道不同的基础上，还要让学生知道为什么不同？例如：教学《坐井观天》一课，学习“蛙”时，我先问学生可以用什么方法记住“蛙”字？由于平时有训练基础，学生很快地回答：“我用形声字的特点记住‘蛙’，左边虫字旁表示字的意思，右边表示读音，两部分合起来就读‘蛙’，青蛙的‘蛙’。”学生回答后，我问：“把虫字旁换掉，你还知道哪些和它相近的字？”学生回答：“洼、哇、娃。”我板书这一串字后，让学生看看它们有什么不同？学生回答偏旁部首不同。我追问：“谁知道为什么不同？”学生先迟疑了一会儿，后把小手高高举起。有个学生说：“青蛙是动物，虫字旁与动物有关，因此‘蛙’字有个虫字旁。”说后，我就将青蛙的图片出现在屏幕上，让学生看清。有个学生说：“水洼就是小雨后，路面比较低凹形成的小水坑，所以这个‘洼’字有个三点水旁。”还有个学生说：“哇哇叫的‘哇’字需要用到嘴发出声音，所以是口字旁，而娃娃的‘娃’字，就不用说啦，一般圆圆脸蛋的小女孩我们都叫娃娃，所以是女字旁。”学生分辨后，我相继出示图片，将这几个字的形旁涂红放大，与图画一一对应，变抽象于具体。就这样，将这几个形声字很清晰地分辨开了，在使用过程中，学生错误率为零。其实在教学中，不仅是这组形近字的区分，还有很多形近字区分都可以采用这样的方法。如果学生的能力强，就完全可以放手，如果学生能力弱些，对于形旁表示的意思不太清楚时，教师完全可以帮助。在这里多用点时间明白字理，多下些功夫读懂字理，才能帮助孩子更扎实地学好汉字，减少错别字的发生。

2. 借助声旁，比较明理。

在实际的教学中，有些字光用区分形旁的方法是不够的。我们根据汉字的特点，还可以借助区分声旁，帮助学生明白字理。例如：“狼”和“很”这两个字学生特别容易混。在教学这两个汉字时，我通过让学生区分声旁的方法进行辨析。先问学生：“你还知道哪些右边带有‘良’字的汉字？”学生回答：“浪、娘、狼、粮。”这样，运用基本字“良”引出一串字“浪、娘、狼、粮”，接着引导学生发现规律——“良”的韵母“iang”。“浪”跟水有关，偏旁部首是三点水；“娘”指女性，偏旁部首是“女”旁；“粮”是粮食，包括大米、面、豆，偏旁部首是“米”旁。“良”是狼的声旁符号，所以整字读“láng”。接着再引导学生看“很”字，我告诉学生，“很”的声旁符号是右偏旁，读艮（gèn）声，整字读“hěn”。“那有谁知道右边是‘艮’的汉字？”学生回答：“狠、跟、恳、垦。”接着，我问学生：“你发现它们的读音和谁有关？”学生说和右边“艮（gèn）”有关。就这样，通过让学生比较辨别声旁，帮助学生把这两个字区分开了。

（三）创编儿歌，懂得字理

为了能够达到调动学生学习积极性的目的，在教学过程中，我发现带领学生编儿歌也是一种很好地了解汉字字理的方法。在我们共同编儿歌的过程中，我给学生讲汉字知识，教他们编的方法，引导学生积极地参与进来。例如：学习“囚”字，“囚徒一人在牢房，四面紧闭，没处藏。”“囚”是个会意字，口表示四周封闭的牢房，牢房中的人就是罪犯或者囚徒。学习“灾”字，“房屋里着火，大灾已来不可躲。”宝盖头就表示房屋。学习“灭”字，“灭火需要玻璃盖。”一就表示玻璃。学习“暗”字时，师生共编儿歌“立在两日旁，反而不见光。”学习“臭”字时，师生共编儿歌“自大多一点，真是惹人厌。”可以说，这种编儿歌的方法，非常有益于学生掌握汉字的形体和意义，使识字教学生动活泼、兴趣盎然，学生参与度很高。在刚开始编时，学生会觉得有些难，但是渐渐地，通过我们的引导，学生就喜欢上这种形式，有的还会调动起父母、老师、伙伴一起开动脑筋，发挥所有人的创造力。这一过程，寓教于乐，取得识记汉字和娱乐益智的双重功效。同时，学生通过编儿歌这一过程，懂得了字理。由于在编的过程中，特别注意了汉字音、形、义的联系，又一次减少了错别字的发生。

三、字理教学在识字教学中的重要意义

（一）字理教学激发学习兴趣、提高识字能力

《义务教育语文课程标准（2011年版）》指出，在语文学习过程中，要“对学习汉字有浓厚的兴趣”。实践证明，字理教学法能够帮助学生把由点点画画组成的方块汉字变成形象生动的图画，变枯燥为生动，更让学生愿学、乐学、爱学汉字，培养他们对祖国文字的热爱，提高学生的学习兴趣。学生在课上的学习兴趣有增无减，乐此不疲，双边活动开展得相当好，教师教得轻松，学生学得愉快。同时，字理教学通过引导学生观察、思考，在认识汉字和事物的同时，加深学生的感性认识，发展形象思维，符合学生学习汉字的规律和年龄特点。在简述汉字大体演变过程时，还能发展学生的逻辑思维，加深对汉字构形的理解，

使学生不是机械识记，而是能够通过意义识记，减轻记忆负担，提高识字能力。

（二）字理教学剖析汉字特点，有效减少错别字

在识字教学中，如果我们尽量利用汉字构形的理据，给学生讲清楚所教字的形与音、义之间的关系，就能帮助学生深刻地理解汉字的构形原理从而大量地消灭错别字，提高识字教学的效率。字理识字教学法的关键落到字形上，这就抓住了识字教学的重点，让学生进行精细识别，降低错误率，从根本上保证了识字教学的成功。

（三）字理教学扎根汉字字源，传播汉字文化

《义务教育语文课程标准（2011 年版）》指出，在语文学习过程中，要“培育热爱祖国语言文字的情感”，使学生“认识中华文化的丰厚博大，汲取民族文化智慧”。这样的目标，正依附于每一个汉字的学习、每一篇文章的品味之中。语文教育的文化特质以及汉字本身所蕴含的文化内容，要求识字教学既具有工具性价值，同样也要具备文化的特性与功能。既要为学生以后的阅读和写作提供工具符号，同时也要引导学生发现蕴藏于汉字中的历史文化，增强对民族文化的认同感和自豪感。字理教学扎根于汉字字源的追寻，很好地传播着祖国的汉字文化，让更多的学生爱上祖国的语言文字。

我记得一位名人曾经说过：“世界上有一个伟大的国家，她的每一个字，都是一首优美的诗，一幅美丽的画，我说的这个国家就是中国。”读了这段话，我想：从我国汉字的源流、构字原理看，汉字有着它独特的魅力。中国的汉字谱写着中国的历史，反映出中国人民的智慧，历经了千年的演变，内涵极为丰富、厚重。在识字教学中，我们要抓住汉字本身的特点，运用字理识字教学法，向学生展示直观形象的图画来分析字理，理清字理，充分调动学生的视觉器官，让学生在识字的同时感受到汉字的美，让学生真正领悟到汉字的如诗如画，真正热爱祖国的语言文字，切实提高语文教学的实效。

◇教师简介

王冬梅

小学高级教师，从教 23 年。被评为北京市“紫禁杯”班主任一等奖，西城区教育系统霍懋征奖，多次荣获西城区优秀教师称号。曾多次执教区级语文教学公开课，承担教研活动经验介绍任务。积极参与全国、市、区级各项比赛，多篇论文、课例、案例、微课等荣获全国、市、区级一等奖。

加强识字教学　传承母语文化

北京第一实验小学　毕然

识字是小学语文教学的重要内容之一，是学生从运用口头语言过渡到书面语言的桥梁。从工具性角度来说，识字教学的质量关系到小学生的听、说、读、写能力的发展。从人文性角度来说，识字教学有着肩负传承汉字文化意义的重要作用。如何在识字教学中注重挖掘文化内涵，营造浓厚的识字教学氛围，使学生在掌握汉字的同时，感受母语文化的熏陶，是一个需要重视的研究课题。

汉字是世界上唯一连续使用了几千年的文字，而且随着我国的世界影响力的不断增强，汉字文化对人的影响力也在不断增强。汉字是世界上最漂亮的文字，人们都知道汉字书法有着其他文字书法不能比拟的魅力。行如流水的草书，秀丽的楷书，端庄的大篆小篆，不仅使中国人、海外华人着迷，而且有的外国朋友并不认识汉字，却把汉字条幅挂在客厅，以示对中华文化的向往。但是随着外语教学的强化和电脑的普及，汉字浓厚的文化内涵以及书写都受到了极大的冲击，特别是语文教师的母语文化素养，对识字教学的质量也发生着深刻的影响。

基于对上述问题的认识，我认为在识字教学中加强母语文化意识、改进课堂教学方法是十分必要的。作为语文教师要注重从字理、字义和规范汉字书写入手，既要在课内为学生打好识字基础，同时加强识字教学中文化元素的渗透意识，使学生在识字、写字过程中，感受汉字文化魅力，从而使母语汉字文化得以传承。

一、加强字理识记，感受汉字的文化魅力

小学语文识字教学是基础教育的根基。要提高识字教学的效率，首先要提高学生识字的能力；要提高学生识字的能力，就必须进一步研究小学识字教学的规律，包括学生汉字学习的认知规律和汉字本身的规律。大量的教学实践证明，识字教学机械记忆容易遗忘，意义识记则印象深刻。因此，评价一种识字

方法的优劣，首要的标准就是看它能不能尽量地减少死记硬背的内容，提供更多易于联想的线索，更快更牢地识记汉字。万事万物都有其内在的规律，依理而行则兴，逆理而为则衰。从这个意义上讲，汉字教学中依据字理进行识字的方法是最根本的方法。

运用字理进行识字教学的重要特点是通过溯源图学习象形字，通过“分解——组合”学习会意字，通过辨析字的表音、表意部分，学习形声字等。就是把象形字还原成图画，把会意字编成一个个小故事，把形声字分成两部分按规律来记。如：教学“鱼”字时，可通过出示“鱼”字的演变图，让学生观察“鱼”字的变化图与汉字“鱼”之间的联系。从古体到楷体“鱼”，表现出了“鱼”字的大体演变过程。在教“牧”字时，把它演绎成用鞭子赶牛去放牧的小故事。还可以充分调动学生的想象，先让他们在头脑中把汉字还原成景物形象，再恰当运用图片、幻灯、录像等手段把大脑中的景物形象转化为视觉形象，使学生生动、真实、身临其境地感知汉字的形象美，强化发现美的效果。

从字形的构件看，汉字字形与古代社会生活的方方面面都有联系，字形附带了社会生活的很多信息。如从“采、鱼、耕”等字的甲骨文，我们可以看到古代采摘、渔猎和农耕的生活图景；从“猪、家、牧”等字形，我们可以感知古代畜牧业的发展；在小篆中，凡是跟钱财有关的字多以“贝”作表意构件，如“财、货、资、赔、赚、贵”等，可以了解古人曾经用“贝”作为货币来交换货物；凡是与思维和心理活动有关的字大都以“心”作表意构件，如“思想、悲愁、惧怕、愉悦”等，这说明古人认为人的心脏具有思维功能，而现代医学证明人的思维器官是大脑而不是心脏，由此也可以发现古人认识的某些局限。

《义务教育语文课程标准（2011 年版）》中指出：“认识中华文化的丰厚博大，汲取民族文化的智慧。”“喜欢学习汉字，有主动识字、写字的愿望。”因此我们从低年级开始利用课堂识字的机会，向学生介绍汉字文化知识，介绍汉字字理特点，使学生增加感性认识，增加对汉字的认同感。比如，讲到“安全”的“安”，我们不妨用“会意”的方法来帮助学生记忆，上边的“宀”表示房子，下边的“女”表示女子，这个字的意思就是“一个女子静处家中，就是安宁、安稳”。这样学生不仅记住了“安”的字形，同时也记住了这个“安”字的意思。再比如“冕”“冒”两个字的上半部分既不是“日”也不是“曰”，其中间的二横是平行的，也不与边上的两竖相连，因为从文字学的角度来看，那是人的眉毛，在“冒”中这二横眉毛和下面的“目”联合起来表示人的头部，而“冂”则是盖在人头上的帽子，非常形象。

因此，语文老师如果多了解一点汉字文化知识，多讲一点字义的“所以然”，不仅对学生了解字义有帮助，还有助于增强学生学习语文的兴趣，何乐而不为呢？

二、加强字义教学，品味汉字的丰富内涵

汉字是中华文明的重要载体，对中华文化的传承起着重要作用，教学生熟练地运用汉语言文字来表达自己的思想情感，是我们每个语文教育工作者应担负的责任。现在，随着网络的兴起，拼音输入所造成的错字堂而皇之地在网上流行，并大有走出网络进入寻常百姓家的趋势，这对汉语的发展究竟是祸是福，仁者见仁、智者见智。

汉字经历了几千年的文化积淀，蕴藏着丰富的人文内涵。伽达默尔说：“语言是人类社会性遗传的主要渠道，精心地把自己的精神生活的全部痕迹都保存在民族语言中。”其实，汉字也是如此。因此，作为语文教师就有责任让孩子学会领略汉字中蕴含的情感和积淀的人文内涵，并能自如地运用语言文字正确地表情达意。

学生认识了汉字，理解了字义才能在读写过程中正确运用，理解字义对字音、字形的掌握也有重要作用。教会学生查字典，并训练他们结合语言环境正确选择义项，是最根本的理解字义的方法。此外，教师在教学过程中要经常利用图画、实物或结合上下文和生活实际，帮助学生理解字义。如为了比较“体”“休”这两个形近字，教师引导学生从字义上区分它们的字形，“身体是人的根本，这个字就是‘体’”；“人累了靠着树休息，这个字就是‘休’”。

学生在运用汉字的过程中，产生错别字的原因，大多是因为对字义的不理解而导致运用错误。如最常见的“再接再厉”一词，使用中常常被写为“再接再励”，这个错误主要来自对词义的不理解。“厉”，有“严格、严肃、猛烈、勉励”等意义，由此，我们可以推断“再接再厉”中“厉”的意思是“勉励”“努力”“前进”的意思，结合这一词义，我们可以把“再接再厉”这个成语的意思解释为“一次又一次地继续努力、前进”。而“励”的意思是“劝勉”，可组成“励精图治”“奖励”等词语。显然，写成“再接再励”是错误的。

因此，教师在教学中帮助学生建立起字音与字义、字形的联系，有利于学生理解记忆汉字，有利于品味汉字丰富的内涵，从而提高汉字教学质量。

三、加强字形指导，欣赏汉字的优美神韵

汉字和汉字文化作为传承中华文明的载体，其独特的形态，深刻的内涵，是我们中华民族传统文化的瑰宝，是我们祖先智慧的结晶，是我们中华民族的骄傲。随着时代的发展，当今写字与书法已从单纯的工具性走向艺术范畴，成为中华文化的一部分。因此，在写好汉字进行交流的同时，教师要引导学生进行汉字欣赏，初步了解汉字发展史，激发他们热爱中华民族源远流长的深邃文化，增强民族自豪感。

教育学生继承汉字文化和汉字书写文化是学校教育的基本任务之一，写好汉字，这既是学生学好科学文化知识的基础，也是学生文化素质的一个重要标志。识字、写字教学则是小学语文教学中基础之基础。写字和识字有着非常密切的关系，写字是巩固识字的重要手段。学生通过长期写字训练，可以受到美的熏陶，陶冶高尚情操，培养坚强意志，有利于提高学生的道德、文化素养。

低年级是学生写好字的起步阶段，为学生打好写字基础，显得尤为重要和紧迫。写字还能培养孩子耐心、细致、有始有终的品行，给他们带来审美的愉悦。

第一，激发学生的写字兴趣。给学生讲清写好字的重要性，用各种方式激发学生写字的积极性，渗透汉字的形体美，使学生对字形分析感到有趣，因为写字是在分析字形的基础上进行的。在分析字形时，除了一般地分析笔画、结构外，要特别注意采用形象直观的办法。适当利用汉字的造字规律，对字形进行形象的分析：有些象形字，就用图画直观地表现；有些指事字，告诉学生这个字的来历；会意字，一般是合体字，结构比较复杂难记，可以根据字义用编故事的形式；至于形声字，利用声旁表音，形旁表意的规律来分析字形，学生一般是不会感到枯燥的。这样的识字教学自然比单纯分析结构更能引起学生的兴趣。运用造字规律来分析字形，特别要注意学生的年龄特征和接受能力，要有选择地作通俗的讲解，不能滥用。

第二，培养学生的写字能力，就要教给学生写字的方法。字的笔画、偏旁、结构的书写方法是最根本的写字方法，要由简入繁地教学生掌握。学生开始用铅笔写字时，要先学习独体字，认识汉字的基本笔画，了解每种笔画的形态特点和写法。写字前，要认识田字格，学会观察每一笔在田字格里的位置，是由哪起笔，在哪收笔的；并严格按照田字格里的范字来书写。学生学习合体字时，要学习偏旁的写法，了解某些独体字作偏旁时笔画、笔顺的变化，还要让他们通过观察、比较了解偏旁的位置、比例。尤其是学生升入中高年级以后，要练习用毛笔写字。教师要教学生各种笔画起笔、行笔和收笔的方法，逐步提高学

生用毛笔写字的能力。

第三，培养良好的写字习惯。要培养学生边写边想边记的习惯。写字不应该是一种机械劳动，而应该是有意识有目的的行动。写字的目的是要记住这个字，因此要教育学生边写边想这个字的音、形、义，特别是形，要记住每个字的形状特点，努力把字写正确、写端正。在写字前，让学生把写的生字字形复述一遍，以加深印象。良好的书写习惯应贯穿在小学语文教学的始终，教师更应该以自身的良好书写习惯影响学生，教师良好规范的书写习惯对学生终生会产生极大的影响。教师应当认识到自己承担的这一意义重大的使命。

汉语言文字蕴含着中华民族五千年的精神财富，我们要真正地热爱汉字。识字、写字教学不但为学生运用祖国语言文字进行听、说、读、写打好基础，而且肩负起传承汉字文化，激发学生热爱母语的使命。因此提高语文教师母语文化素养，加强小学识字写字教学研究，意义深远。

参考文献：

[1] 左安民. 细说汉字 [M]. 北京：九州出版社，2006.
[2] 左安民，王尽忠. 汉字部首讲解 [M]. 福州：福建人民出版社，1998.

◇ 作者信息

毕然

北京第一实验小学语文教师。先后获得北京市小学教师基本功大赛一等奖，北京市小学阅读教学大赛一等奖。获得全国五一劳动奖章、北京市优秀教师、北京市“紫禁杯”优秀班主任特等奖、北京市学科德育先进个人、北京市经济技术创新标兵、北京市骨干教师、西城区优秀共产党员、西城区学科带头人等称号。

“一脉贯通”字乃成

北京市燕山向阳小学　郝明月

“问渠哪得清如许，为有源头活水来。”识字便是语文乃至其他学科的源头，在语文教学的初期阶段打下坚实的基础，才能为以后的学习和生活布下一步好棋，使其水到渠成。

王国维在《人间词话》里说：“古今之成大事业、大学问者，必经过三种之境界：‘昨夜西风凋碧树。独上高楼，望尽天涯路。’此第一境也。‘衣带渐宽终不悔，为伊消得人憔悴。’此第二境也。‘众里寻他千百度，蓦然回首，那人却在，灯火阑珊处。’此第三境也。”这是读书的三重境界，明确的目标和方向是基础，辛勤的劳动与付出是过程，专注的精神，研究的态度，才能达到融会贯通的境界。识字教学也是如此，无论是教师的教学，还是学生的学习，若要有所得，有所获，必要经过这三重境界，才能方得始终。

一、昨夜西风凋碧树，独上高楼，望尽天涯路

王国维对于这句话是这样解释的：做学问成大事业者，首先要有执着的追求，能够登高望远，并善于在至高点勘察路径，明确所要追求的目标与方向，才能了解事物的概貌。我们做任何事情贵在有明确的目标和方向，持有一种积极的态度，识字教学也是如此。一年级的学生对于字词的认识只是只言片语，并没有一个整体的感知，因此，教师在教学上首先要给学生一个整体概念、一个目标和方向，使学生在脑海中对于学习汉字、认识汉字、了解汉字形成一个网状图形。

（一）汉字是什么

汉字是现在仍在使用的历史最悠久的文字。世界上没有一种文字像汉字那样历尽沧桑青春永驻，汉字在我们的生活中起着至关重要的作用。在识字教学时，要激发学生对汉字学习的兴趣，培养学生对祖国文化的崇拜和热爱之情，增强学生的爱国情怀和民族自豪感。因此，学生第一次在课堂接触到汉字时，教师在教学中应让学生自己体会到汉字的乐趣，感受到学习汉字的重要作用。

可以从以下三个方面激发学生的学习兴趣：

1. 最悦耳的文字。

汉字兼具节奏感和音乐美，是世界上动听的语言。诗词歌赋讲究平仄、对仗，使人读起来朗朗上口，因此在教学中，教师可以从学生耳熟能详的古诗词入手，引导学生发现古诗押韵和对仗的规律。在教学过程中，根据学生的心理和思维特点进行教学，如押韵小游戏：

师：同学们，我们玩个小游戏，“韵母都一样”。游戏规则很简单。老师说只有五个字的一句话，请你听清最后一个字的韵母，跟它一样就可以，看谁接得多？你可以选择 PPT 上的答案，但我更希望你们可以自己创作。第一个，我爱吃面包。第二个，我在种核桃。第三个，天空飞小鸟。谁来接？

生：我要放鞭炮。我有一只猫。我和你拥抱。老农种水稻……

在教学过程中，从易到难，先给学生一些选择，让学生有一个借鉴的平台，再鼓励学生自己创作，让学生品尝到诗歌押韵的开心滋味，从而感受汉字的悦耳动听。

2. 最优美的文字。

汉字的书写是一种艺术，是任何其他文字所无法媲美的。教学中可以让学生欣赏中国古代的四大书法家的作品，感受欧阳询、颜真卿、柳公权、赵孟頫的笔道，可以关联生活中处处可见的书法作品，让学生通过联系自己的生活阅历感悟汉字之美！学生还可以通过观看时下流行的电视节目《汉字宫》《中国诗词大会》等，去感受汉字的神奇，在观看中了解汉字演变的过程。

3. 关联性的文字。

汉字中的形近字有很多，将汉字的某些形近字放在一起，常常会引发有趣的联想，教师可以和学生一起创编一些小诗，让学生进行形近字的识记和积累，如“包”字族可以这样记：有水把茶泡，有足快快跑，有手轻轻抱，有饭能吃饱，有衣穿长袍，有火放鞭炮，有刀把地刨。如“皮”字族可以这样记：有土堆成坡，有水连成波。碰石擦破脚，走路跛一跛。披上皮大衣，有被多暖和。透过玻璃窗，夕阳正西下。外婆来看我，带来大菠萝。如“隹”字族可以这样记：有土小土堆，用手来推推，两点来准备。多种形式并驾齐驱，让学生的思考走向深入，思维得到发展。

（二）汉字与其他文字的对比

《语文》（人教版）一年级识字课的第一课是《一去二三里》，要求认读的字和会写字都是数字，可以让学生把汉字的数字和阿拉伯数字做一下对比，对汉字的理解和掌握有更清楚的概念，还可以利用书中篮球队员的号码与汉字进行比较学习，在比较的过程中，也可以联系学生的生活，让学生回忆一下生活中见到的汉字和数字，让学生学会发现，培养学生的观察能力。

（三）汉字的组成

汉字由笔画组成，基础笔画是横、竖、撇、点、折。汉字的结构复杂多样，而低年级的学生知觉还比较笼统，不容易发现事物的特征及事物之间的联系，因此，在汉字书写教学时，可以给学生搭建支架，让学生在书写之前，用参照物来帮助学生更清楚地认识汉字各部件之间的关系，提高学生的书写水平。

1. 用心观察田字格中的竖中线、横中线及边线。

教学中引导学生先以中线为参照物，找准一个字的关键笔画，确定部分首笔或主笔的位置，许多主笔直接压在横中线和竖中线上，如“十”“小”“千”“木”等字，还有的在中线附近，如“花”“草”的首横在横中线上约三分之一或三分之二处；其次用边线作参照，衡量字是否占中间。上留天，下留地，占中间是字在田字格中的基本要求。

2. 用心思考笔画之间的内部联系，注意穿插避让。

教学中要循序渐进，按部就班，先确定中心线的一两笔，因为中心线是一个字的支撑。大部分上下结构的字，首笔和第二笔可以帮助确立中心线。如“居”“正”的首笔是和下边的中竖构成中心线，其他笔画均匀分布在两侧。像宝盖头的字、广字框的字、春字头的字等，第一笔都可以作其他笔画的参照。

3. 用心探索部首与部件的关联。

左右结构的字先写左边，可以为右边的字提供坐标。竖心旁、木字旁中间或撇或点，差不多在一条中心带上。这条中心带和右边部首的交集地带就是中宫。“凡字无论疏密斜正，必有精神挽结之处，是字之中宫。”中宫收紧字就有魂魄。其他笔画以左侧中间笔画为参照，进行分布，就收紧了，字就有神而不散了。右上部首的字以横笔为参照，如走之旁、建之旁等先里后外的半包围结构的字，要引导学生掌握书写的规则，如“近”字，有学生写的走之偏高或偏低。如果能以“斤”字的横笔为参照，可以看到点画在该横笔的上方一点，横折折撇的横在“斤”横笔平行，这样就能写优美。其他走之旁、建之旁的字均可如此，学生在书写的过程中举一反三，感受书写的乐趣。

学生在写字的过程中，有了依托，就能够帮助学生更好地掌握汉字的书写规范，但参照物只是起辅助作用，要在运用的过程中培养学生写好字，形成良好的书写习惯，提升书写能力。

二、衣带渐宽终不悔，为伊消得人憔悴

王国维先生用此句来比喻成大事业，大学问者，不是轻而易举，随便可得的，必须坚定不移，经过一番辛勤劳动，废寝忘食，孜孜以求，直至人瘦带宽也不后悔。识字教学比较单调，需要在教学方法上不断创新，多角度多方式进行教学，让识字教学充满乐趣。

（一）识字方法多样化

教师在识字教学过程中，要遵循儿童认知规律，根据汉字的结构特点和小学生的心理特点进行教学。儿童的认知规律具有阶段性，小学生以整体轮廓为主的感知特点、以形象思维为主的特点。识字教学要充分调动学生的多种感官识字，在大脑中呈现字形、字义、字音。根据艾宾浩斯的遗忘规律曲线，要及时对所学汉字复习巩固。识字教学要遵循学习语文的规律，字不离词，词不离句，句不离段，字词句段相互之间的联系，激发学生主动识字的欲望，通过学生的观察、交流和语境分析来全面了解汉字。

1. 趣味化识字：游戏、谜语、实物、图像、生字卡片、白板功能

低段学生注意力的持久性差和耐力较弱，思维方式以形象思维为主，对新鲜的事物有强烈的好奇心。根据这一阶段的年龄特征和心理特点，在识字的过程中，要采取新颖、生动的教学方式，吸引学生的注意力，让他们对汉字产生强烈的好奇心。教师可设计“开火车”“摘苹果”“心有灵犀”“找朋友”的游戏，在游戏的过程中，还可以根据课堂环境，及时创编识字歌，边读边识字。在原有游戏的基础上，还可以利用白板中的写字、选择、连线、归类等功能，和学生互动，更能激发学生的学习兴趣。教师和学生的生字卡片可以这样用：如课堂上让一个学生用动作进行演示，其他学生根据演示，快速抽出生字卡片，寓教于乐，既可以加深学生对汉字的印象，又可以提高小学生识字的兴趣。猜谜语是较为常见的形式，如“小狗身上长满了嘴：器”“形单影只等日出：但”“石头撑起一座山：岩”“一人一张口，口下长只手：拿”“夫人何处去：二”等谜语，都是学生喜闻乐见的学习形式。教学活动中可以把汉字与实物相结合，让汉字在学生的头脑中呈现直观的形象。有的汉字可以与图片相结合，记忆汉字时，联想到教师所出示的图片，使记忆更加稳固。教师可针对每节课所教汉字的不同特点而采用多样化的教学方式，让学生轻松学汉字。

2. 生活化识字：留心观察、竞赛评比、实时记忆

学会发现，学会观察，对于学生来说至关重要，教学中要让学生留心观察他们周围的生活，在生活中识字，是最好的识字方法，因为汉字与人们的生活

密不可分。教师可以利用学生的课余时间制作“生活中识字”资料夹，将学生在课外生活中认识到的生字收集起来，根据自己的喜好，可以制作成小报、思维导图等，按期评比出“识字小能手”，激发学生的识字动力。识字后要让学生总结识字方法，“熟字加笔画”“形近字对比”“同音字”“熟字去偏旁”“拆部件”“减笔画”等方法对学生自学生字的能力会有所提高。

（二）识字教学注重字义的理解

学生识字时，如果是死记硬背，这种识字的记忆很快就会消失。在教学过程中，引导学生理解字义，音、形、义相关联去识记，对字的掌握有很大的帮助。生字开花、生字故事等都是学生对字义理解的有效方法。教师在备课时，要做到刨根问底，不能留有疑问。在教学过程中，学生可能会出现同音字、形近字混淆的问题，教师要及时纠正错误，并把正确的字书写在黑板上，让学生一看就明白，知道如何运用。学生口语表达时，出现的语法错误也要及时纠正，在运用的基础上对口语表达进行训练，起到一箭双雕的作用，还应注意观察学生说句子时的语气，如用“真”造句时，学生的语气就能够表现对字理解是否到位。

三、众里寻他千百度，蓦然回首，那人却在，灯火阑珊处

王国维先生认为做学问、成大事业者，要达到第三境界，必须有专注的精神，反复追寻、研究，下足功夫，自然会豁然贯通，有所发现，有所发明，就能够从必然王国进入自由王国。同样，识字教学要通过重视积累和复现，促进学生融会贯通，学有所得。

当学生学习一个生字时，一系列的知识应复现于脑海中。首先是字的拼音，学生应该意识到是两拼音节、三拼音节，还是整体认读音节；其次是字的结构和部首；最后是发展关联性思维，合纵连横，随机应变。如生字是“远”，学生脑海中可以浮现出远的反义词、形近字、有远字的诗歌等内容，形成一张知识网，老师可以根据学习情况回顾其他相关内容，增加生字出现的频率，生字频率出现越高，对它的记忆就会越深。生活就是课堂，文字随处可见，要让学生在生活中学会识字记字，在脑海中建立关联性的思维。

识字教学要注意知识之间的联系，要随着时代的脚步不断地探索和研究，使其一脉贯通，真正的汉字便在学生的心中活了起来，让文字浸润学生的心灵，让汉字学习不断深入，水到渠成。

参考文献：

［1］李桂霞.小学低年级语文识字教学浅议［J］.甘肃联合大学学报自然科学版，2011.
［2］张凤雪.提高小学低年级识字教学效果的方法与途径［J］.南昌教育学院学报，2015.
［3］董正春，陈明祥.汉字形义分析与识字教学［M］.济南：山东教育出版社，1986.
［4］王静.汉字规律与识字教学［M］.北京：光明日报出版社，1990.
［5］佟乐泉，张一清.小学识字教学研究［M］.广州：广东教育出版社，1999.

◇ **作者信息**

郝明月

燕山区语文骨干教师，曾获“北京市2017年第三届小学语文课堂教学观摩交流会暨北京市小学语文课堂评优活动”一等奖。教学中引导学生爱上语文，爱上文学。愿做“师生平等中的一员”，愿和学生共享知识的源泉。

向识字更深处漫溯

——小学语文识字教学思考

北京市燕山向阳小学　郑建丽

新的《义务教育语文课程标准（2011年版）》在其总体目标中提出要“培育学生热爱祖国语言文字的情感”，在第一学段中提到了要“有主动识字、写字的愿望”，在第二学段中提出要“养成主动识字的习惯”，在第三学段中则提出要“有较强的独立识字能力”，三个阶段对于识字的要求是稳步提升的，可见识字贯穿于学生的语文学习过程之中且应该是学生主动识字能力的习得过程。识字教学，绝非易事。

语文教学对教师来讲是一门非常具有挑战性的学科教学，中华文化的广博深厚、源远流长，使得任何试图将语文教学简单化的思想或者行为都如坐井观天。小学语文的学习，也正应了刘勰的论述“人之立言，因字而生句，积句而成章，积章而成篇，篇之彪炳，章无疵也；章之明靡，句无玷也；句之精英，字不妄也。”“字”“句”“章”“篇”环环相扣，其放射性脉络也成为无数教育者语文教学中梳理经纬的重要依据。而“字”，作为整座建筑的砖瓦之角色，理所当然成为学生的撷取之物。

一、汉字——纸上的诗意舞蹈

在执教《语文》（人教版）一年级时，教师发现识字量很大，对于学生来讲有难度，单以一年级上册为例，需要学生认识的汉字就有400个，因而，识字教学就不能单纯靠死记硬背或者机械重复达到“识”的目的，要将理性的识字之库与感性的识字之境联系起来。

作为表意的汉字，其身后蕴含着令人为之着迷的文化意义及美学意义。虽童子尚幼，但是一颗稚嫩之心却不缺少美的观感。为此，教师在进行识字教学时，要为字创造一种美好的意境，从而使汉字的习得过程成为一种美的领悟过程，这样学生对于文字的印象才能如沐春风，而非沉重的负担。

大学时曾经读过文人余光中在《听听那冷雨》中写的一段话："太初有字，于是汉族的心灵，祖先的回忆和希望便有了寄托，譬如凭空写一个'雨'字，点点滴滴、滂滂沱沱、淅淅沥沥，一切云情雨意，就宛然其中了。"读时喟然长叹，想着这样美的大大小小的雨自小不知浴了多少，却不能在见到"雨"这个字时生出如此多的画面，精神的世俗从中可见。于是当自己再面对"雨"字的教学时，便产生了断不可粗略解决的念头。

先为学生找了细雨、小雨、中雨、大雨的图像，发动搜集了关于雨的四字词语，接着又有雨打窗棂带来的动态视频与声音，这样的准备还不够，《早春》《春夜喜雨》等浅近而又充满意境的相关古诗也带来了，名家的朗诵带领学生进入了一个个由雨构筑的洗尘之境，如此这般之后，雨对学生就不止简简单单是一个字，而是如舞动的精灵，于眼帘是如酥的小雨、纤纤的细雨、如跳珠的乱雨、霏霏江雨；于耳朵是细无声、是枯荷之上听雨声；于情感是细如愁、是更伤春、是雾雨愁。

"雨"之后，"雪""雾""月""秋"等字同样在如此的立体情境中展开，学生的识字效果果然不同，学生对于文字不是平面的，而是立体的、多维的。

二、汉字——在线性串联中发展

由于低段学生的思维和认知发展特点，教材在编写的时候一年级主要为学生呈现以后作为部首的独体字，在此基础之上，于课文教材的编选中不断发展学生的认读字数量，这些字由于文章的内容所限，不能够呈现出基于部首意义之上的"生字串"。因而，就需要教师在教学中充分利用基础性的部首，在基于义的基础之上为学生串联同类生字，从而使学生发现生字的构字规律，发展识字能力。

低年级学生图形思维要强于抽象思维，因而，我们可以采用图字结合，分类归纳之法。在笔者进行一年级识字教学时，曾经带领学生做了这样的事情：每周一个主题，带学生画生活中的物品，比如在"美丽的花"这个主题周，带学生游览了学校周围的公园，公园中的各色鲜花被学生用自己稚嫩的笔描绘下来，同时被记下来的还有花的名称；为学生播放关于花的视频，让学生画下其中印象深刻的花；周末和家长一起查资料，还可以在那个主题本上粘贴自己查找或者剪切的花。这样一周下来，学生对于与图画相联系的花名中众多带有草字头的字都有了初步的认识，然后在接下来的"挺拔的树"的主题周中，以此方法推进学生对带有木字旁结构的字的认识，然后对比两种植物，从而了解带有草字头的是比较柔弱、小的植物，而木字旁则是比较高大的树木。在这种主题活动之下，学生对于汉字的认识是基于事实和图文理解之上的，印象更为深刻，且记忆更能够串联。

同时，对于同一个部首的字在理解之上应该进行归纳，使之回溯到一系列的字群当中。《语文》（人教版）一年级识字课《操场上》就为我们的归纳识字提供了一个平台。提手旁和足字旁的字为学生呈现了一部分，这时教师要做的就是带领学生通过做手部和脚部动作的方式来使学生认识更多的带有这些部首的汉字，基于此，让学生利用画小火车的形式，以部首作为火车头，拉动一个个以此为部首的汉字。

三、汉字——于群体中构筑意向

汉字之所以美，在于它的群体意象性。正是这种群体的特性，才使得汉字在单独拿出来的时候会在人的头脑中勾连一系列的特征，这些有着结构的疏密、墨色的淡浓、行笔缓急的汉字在纸上舞蹈着，组合着，抒发着或浓或淡的感情，创造着或喧闹或寂静的意境。正是这种不可分割性，恰恰就成为我们在阅读教学中贯穿识字的重要依据，因而在通常课文的学习中，我们引导学生尝试去品味一些关键的字词，就是这些字词，成为我们体味文章的关键。

《语文》（人教版）三年级下册第三课《荷花》中有这样的一句话，“白荷花在这些大圆盘之间冒出来。”这个“冒”既是本课需要重点掌握的字，又是需要重点理解的字，因而课上需要细细地揣摩，以字带动文章的理解。查字典，字典中有这样的解释：①向外透或往上升；②不顾（恶劣的环境或危险等），顶着；③不加小心，鲁莽，冲撞；④冒进（不顾具体条件，急躁进行）；⑤用假的充当真的，假托。字典的解释虽然不少，但如果放到本文中，显然第①项的解释不够，将字放在文本中进行品味、理解便不可缺少。课上便有了这样的引导：

师：你认为这个冒字该怎么样理解？

生 1：我觉得冒字说明了白荷花长出来的样子，和旁边的荷叶相比特别的美，比较显眼。

师：对，艳丽夺目，从一个冒字就体现出来。

（当教师刚刚想用换词的方式再引导学生进行学习时，一位学生的发言带来了不同的思考。）

生 2：老师，前面写着“荷叶挨挨挤挤的”了，所以，这个冒字就写出了荷花在这些荷叶中长出来也是克服了重重困难。

生 3：是啊，所以说明了白荷花也特别坚强。

师：(顺势而导)：一个冒字，既让我们联系上文感受到了荷叶的挨挨挤挤，又让我们感受到了荷花冲破荷叶遮掩的努力，生机勃勃，那换成“钻”字怎么样？

生 4：不行，请大家看看这段话“有的才展开两三片花瓣儿。有的花瓣儿全展开了，露出嫩黄色的小莲蓬。有的还是花骨朵儿，看起来饱胀得马上要破裂似的。”因为下文中的荷花写得特别美，用“钻”就没有“冒”显得美，轻盈。

师：一个“轻盈”用得真妙！虽然有挨挨挤挤的荷叶的重重阻拦，但白荷花依然轻盈地立在我们面前，没有“钻”后的狼狈，而是有了仙女般的气质。

在对于“冒”这个字的理解中，学生不仅利用上下文对这个字有了理解，更用这个字勾连起了这一段的荷叶与荷花，承上启下之中，呈现出了“接天莲叶无穷碧，映日荷花”的意象空间。这样的关键字的品读，就不单单是识字，而是与阅读相关联了，让学生真正感受到识字背后的意义，当然也会使学生对于文字组成的文本阅读充满期待。

◇ 作者信息

郑建丽

从教近十年，喜欢课堂上与学生在语文构筑的世界中恣意徜徉，感觉那个时候是最美妙的时刻，因而也就对语文教学有了诸多感受，喜欢以文字记载那一个个思维灵动的瞬间。

走出字理引入的误区

——从一个识字教学片段谈起

北大为明教育　程晓红

汉字具有“因义构形”特点，其背后隐藏着一定的构字理据，即“字理”。近年来，随着新一轮课程改革的不断推进与深化，识字教学的准确性、有效性和趣味性越来越受关注，于是汉字的“字理”渐受青睐，在识字教学中的运用越来越广。在实际教学中虽不乏运用得当、恰到好处者，但也有教师走入了误区。

一、字理引入四误区

误区一：蜻蜓点水“秀”字理

近日，笔者听了一节一年级的语文课。请看这个教学片段：

师：我们来看看“雨”字从古至今的演变过程：（甲骨文）、（金文）、（小篆）、雨（隶书）、雨（楷书）。师指着投影说：“古时候的雨是这样写的，然后逐渐变化，现在我们这样写雨。伸出你们的小手指，跟着老师一起来书空‘雨’字”（师边说边示范“雨”的书写，生跟读）。

师：一笔横。

师：二笔竖。

师：三笔横折钩。

师：四笔竖。

师：五笔点。

师：六笔点。

师：七笔点。

师：八笔点。

师：注意观察它们的占格，上面的两个小点要点到横中线上。

这位教师引入字理时出示了“雨”的字形演变图，但仅停留在了演示，犹如蜻蜓点水，更多的时间用在了以笔画为核心的书写指导。显然，像这样的字理引入有走过场“秀”字理之嫌，乃误区一。

误区二：过度讲“理”

在教学中，也有一些教师在引入字理时没有根据学生及汉字本身的特点适度讲解，过分追求完整、透彻，将识字课上成了汉字研究课。

比如，有教师在教“神”字（人教版二年级上《识字 3》）时这样处理：首先，出示“神”字的金文“”，对着图片讲解：“左边是‘示’，右边是‘申’，是闪电的象形。”然后，出示“电”的字形演变图：“”（金文），“”（篆文），“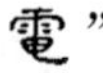”（隶书）和“电”（楷书），饶有兴趣地讲：“‘電’是会意字，上面是‘雨’，下面是闪电的象形‘申’，合起来表示下雨时的闪光，即闪电。后来经过演变，到隶书时，下面的‘申’就写成了‘电’，而到楷书时又省掉了上面的雨字头。”最后，再回到“神”字的字形。教师继续解说：“在‘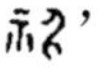’字里，表示闪电的形象‘申’，经过演变，到楷书时，原来表示闪电的形状没有了，‘示’也简化为了‘礻’，写成了‘神’”。

像这样从“神”讲到“电”，不仅引申过度，也令二年级学生难以理解，更不用说激发识字的兴趣了。

误区三：见字即讲“理”

也有教师奉“字理”为神明，步入了见字即讲“理”的误区。

如有教师教“在”字时，出示了“在”的字形图：（甲骨文）、（金文）、（小篆）、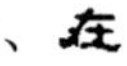（隶书）、（楷书），然后对着投影认真地描述：“‘在’字原来是象形字，你们看甲骨文就像一棵小树破土而出，表示事物的存在。金文变化比较大，成了形声字。到小篆又发生变化，成为半包围结构。而楷书已基本看不出它原来的形态了。”

“在”这个字，学生已经知其音、懂其义，字形也不难掌握，并且字形演变过程中已没有了原来的形态，意义也大不相同，不必见字则讲“理”。

误区四：重本义，忽语义

汉字中有一些字古今字义不同，但有些教师过分注重对汉字本义的解读，而忽视了其在具体语境中的意思。这也是一个误区。

比如：有教师在教“为”字（人教版一年级下《四个太阳》）时这样处理：首先，出示“为”的字形演变图。然后，指着屏幕讲解：“‘为’是一个会意字，它的甲骨文是“”。左边是手的象形，右边是一头大象的象形，合起来表示

用手牵着一头大象帮助人们劳动。到金文“”，‘手’变成了‘爪’，大象的样子已经不太像了。而到了隶书“爲”，笔画变得平直，字形更规整。”最后，教师说：“今天我们要学习的是简化了的楷书‘为’，读‘wèi’，可以组词‘因为、为了’”。

上面的“为”字在这一课读作“wèi”，用作介词，表示“原因、目的”。而教师费劲讲解的是“为”的本义“牵着大象帮助人们劳动”，读作“wéi”，此义今已消亡。教师没有将字理的运用与解读文本了解文中义结合起来，孤立、刻板地讲解本义，而需要学生了解、掌握的文中义却没有关注，有本末倒置之嫌。

二、走出误区三原则

如何走出字理引入的误区呢？笔者认为应把握以下三个原则：

（一）准确

引入字理，首先要准确。目前，有关汉字字理的书籍很多，也有一些相关的网站，教师要善于思考和分析，分辨其准确性。

第一，要力求所演示或板书字形的准确。比如，有教师在讲解“捡”字时，板书的字形是一个杂合体：左边的提手旁写的是篆书“”，右边的“佥”写的是楷书简体。但教师跟学生说这是“捡”的甲骨文。其实“捡”字本无甲骨文字形，只有小篆“”，这就丧失了字形引入的准确性。

第二，要力求“字理”解释的准确。比如“彰”，是个会意兼形声字。从“彡”，表示其形像纹饰、光彩；从“章”，有文彩、花纹之义；章兼表声。本义是画的色彩纹路鲜明，故从三撇旁。有教师将“彡”解释为“玉发出的一种光，很明显”，是不够准确的。再如“灭”字，有教师将“一”讲解为灭火的工具。其实，“一”不是灭火的工具，而是表示覆盖、隔离。教师生动形象的讲解是为了利于学生理解，但应做到以准确为前提。

要做到准确，需要教师在讲解每一个字之前，多查资料进行辨别。

（二）适度

引入字理，关键要适度。根据《辞海》的解释，“度”有十多个义项，在这里为“程度、限度”之意。笔者认为应在这几方面做到适“度”：

1. 适合接受度。

字理引入要适合学生的接受度。小学阶段尤其是低年级学生主要以具体形象思维为主，因此，在引入字理时，应有意识地将其图画化、直观化，而不要强硬枯燥地讲解。比如在学习“宿”字时，可以出示一幅图画和其甲骨文与楷书：

宿

在图与字的对照中，让学生认真观察，明白“宿”原来就是在一所房屋里，一个人正躺在竹席上睡觉。为了书写方便，把人和席子分开了。然后再将甲骨文与楷书字形进行比对，形象记忆。这样，直观形象的画面可帮助理解和识记“宿”字的字形和字义。

除了要适合小学生心理特点，力求形象直观、浅显易懂，同时也要根据不同学段的识字要求进行不同程度的处理。《义务教育语文课程标准（2011 年版）》第一学段识字与写字目标中要求学生“喜欢学习汉字，有主动识字、写字的愿望”。“喜欢、愿望”两个词说明教师应注重培养小学生识字的兴趣、情感。那么在教学一些基本字时，应以图文并茂的形式让学生感受汉字的神奇和图画的美感，激发学生喜欢学习汉字的情感和学习汉字的兴趣与意愿，让识字变得有趣。而第二学段则要帮助学生“养成主动识字的习惯”。应引导学生运用不同汉字的构字特点，养成见到生字便产生根据字形对其进行分析、探求字义的习惯，一方面可帮助学生养成形义关联的习惯；另一方面也可以帮助学生关注字形特点从而避免错别字。第三学段的学生已具有一定的抽象思维能力，并且理解和接受能力都有很大的提高，识字量已有一定积累，这时可适当渗透汉字文化，更深刻地理解古人造字的智慧。

2. 取舍有度。

每一个汉字都有它的构字理据，但并不是所有的字都需要追溯到源头去讲解。“怎么去讲”要根据汉字和学生的实际情况而定。首先，生活中已掌握的字和字理特别深奥的字不用讲字理。比如“爸、妈”这两个字，在学习之前学生都已经会认、会读了，在使用上也得心应手，那么上课时就不需要费劲讲字理，点明“爸、妈”是形声字即可。再如《邓小平爷爷植树》一课中“邓”字的金文“”很难，“”表示登，表“上殿献祭”之义；另一部分“”，表示城邑，本义是指古代的国名。后简化为“邓”，用作姓，原意义消亡。字形这么复杂，意义和现在又没什么关联，也不用讲字理。其次，字理的引入可从有助于学生掌握字形、了解字义的任何阶段讲起。请看这则片段：

生：就是把高兴的“兴”去掉一个点，然后在底下加一个“皿”字底，就念“益”。

师：听清楚了？高兴的兴上面是两点一撇，她说去掉一个点，是不是呀？

生：对。

师：但吴老师告诉你呀，上面跟“高兴”的“兴”可没有关系。你知道上面这个字是什么吗？

师：吴老师告诉你，实际上是“水”(出示甲骨文“”)。不过呢，是倒过来的“水”。你看(师板书倒过来的“”)，把“水”倒过来就是上面的那个部件了。在古时候呀，这个“益”是这样写的：(小篆)，下面是一个装东西的器皿，后来就变成了“皿”字底。器皿里面装的是什么呀？

生：水。

师：水多得都从器皿边上流出来了，这就是“益”。不过，“益”字现在没有这个意思了，现在是什么意思呀？

生：很，更。

师：很，更加的意思。好了，我们就这样记住这几个字了，你记住了吗？

生(齐)：记住了。

在这个片段中，吴老师的取舍就很适度。她没有溯源“益”字的演变，也没有讲它与“溢”之间的关系，而是从字形出发，边板书边讲解，不仅让学生明白了“益”原本的意义和现在的常用义，而且对其容易写错的上半部分有了更深刻的印象，它是“水”而不是“兴”字少一个点。

3. 偏重有度。

字理引入的另外一个重要目的是为了析词、读文，是为了理解该字或词在文中的意义，是为了更好地理解文本。即是说，字理引入要注意处理好本义与文中义的关系，要偏重有度，不要孤立地使用字理，更不能不顾其在文中的意义而只解本义。

字理引入的侧重点有不同。当本义与现在的常用义一致或接近时，或者文中所用即是本义时，则可根据“字理”重点讲其本义。若字的本义与现在的常用义差别很大，或者文中用的是其引申义，与本义已完全没有关系时，教师应重点讲其文中义。若该字的本义虽已不用，但其字形变化不大，且学生记忆有难度，则可从字形的比对入手，简单了解本义重点讲解现在的常用义或文中义。假如字形变化很大，且字形难度不大，则可略讲或不讲本义，直接分析其现在的字形、字义即可。如黄亢美老师这样讲“穿”字：

师：哦，它的生活习性决定他飞不高。这个“穿”字是什么结构？

生：上下结构。

师：下面是什么？

生：牙。

师：上面是什么？

生：穴。

师：下面是牙齿，上面有个洞。怎么就有了“穿”的含义呢？有句话：龙生龙，凤生凤，老鼠生儿会打洞。

师：是呀，会打洞。要打洞，穿过洞，就要用牙齿咬那个洞，咬那些泥巴，是不是呀？这样它就可以穿过那个洞了，是吧？所以，这就是“穿”的意思。我们说“穿”字应该有一个穿洞的过程。

师：注意，早晨起床，把衣服拿过来搭在肩膀上，这叫穿吗？

生：不叫，那叫披。

师：对，那就披。要穿衣服，要有个什么动作？

生：伸手。

师：伸手到哪里去？

生：袖子。

师：那袖筒像什么？

生：洞。

师：哦，就像洞穴。穿呢，就要有个穿洞的过程。

师：是呀，小蝴蝶要穿过树林，树林里面有洞吗？

生：有。

师：有洞、有缝隙，这缝隙就像是洞一样，是不是？

生：对。

师：不是真的山洞，是像山洞一样。洞在哪儿？

生指。

师：所以有缝隙、有洞，才能说穿过呀。

这个片段中，黄亢美老师没有纠缠“穿”表示“穿通”的本义，而是从对“穿”字结构与部件的分析入手，借助“老鼠生儿会打洞”这个俗语，联系学生常见的“穿衣”动作，再聚焦到文本，通过形象的图片找到了小蝴蝶可以过去的树“洞”，从而理解了“小蝴蝶是‘穿过’树林而不是‘飞过’树林”，理解了“穿”在本课所使用的引申义“通过、连通”。黄老师运用字理很好地将识字与理解词义、与文本解读密切联系了起来。

（三）灵活

字理引入的方法不用拘泥于某一种，可以字理为基础，采用多种方法，灵活处理。比如，“朝”字除了可以采用溯源对照法，也可以采用韵语进行教学：“一轮红日升草间，一弯残月挂天边；此时操场公园里，男女老少在晨练。”用这种以字理为基础的韵语方式可使学生加深对“朝”字的字形和字义的理解，同时朗朗上口，生动活泼，便于记忆。

除此之外，还可采用演示法、图示法等。比如教学“看”“掰”这样的字，可以让学生动手演一演，在表演中了解并掌握字形、字义。用两只手分开一个东西，便是“掰”；手搭在眼睛上方，向远处望去，便是“看”。而像“燕”这个字，则可通过生动形象的图片，将其“头、身、翅、尾”等各个部位分别与“燕”字的不同部件进行对照，建立一一对应的关系，这样看似复杂、难写、难记的“燕”字这样轻轻松松地记住了。如下图：

（甲骨文）燕（楷书）

潜心研究汉字，了解汉字的字理，并且有意识地运用于教学中，这是非常好的实践。但是在引入字理时需要走出一些误区，明白字理的引入要准确、适度，并且应在不违背字理的前提下灵活运用，尝试多元方法。

参考文献：

[1] 崔增亮. 字源识字教学手册 [M]. 湖北：湖北少年儿童出版社，2011.
[2] 黄亢美. 小学语文字理教学手册 [M]. 南宁：广西人民出版社，2002.
[3] 李乐毅. 汉字演变五百例 [M]. 北京：北京语言大学出版社，2010.11.
[4] 顾建平. 汉字图解字典 [M]. 上海：东方出版中心，2011 年版 .

◇ **作者信息**

程晓红

北大为明教育集团学校业务部小学语文教研员。首都师范大学教育学硕士，研究方向课程与教学论（语文）。公开发表多篇教育论文，参与了大学教材《儿童文学理论与教学》、新世纪儿童文学阅读丛书及多功能字典的编写工作。

字理，文本解读的一把钥匙

北京市海淀区民族小学　吴楠

一

字理的讲解对于古诗解读作用十分突出，比如说苏轼的《饮湖上初晴后雨》。“饮湖上”即为“饮于湖上”的省略，在西湖上饮，“饮”什么呢？饮酒、饮茶抑或是饮水？老师若定义为其中一个，那么学生会质疑为什么不是其他。其实“饮”字已经告诉我们一切。

“饮”的甲骨文为，左下是“酉”，酒器的象形，右边是一个俯首的人，张着大口，伸出舌头对着左下的酒器就饮的样子，合起来表示饮酒。苏轼泛舟西湖，怡然惬意，细细品味着美酒，更是在细细品味西湖。湖上饮酒，绝非匆匆过客，这才体味了“初晴”和“后雨”时不同的西湖，才有了“淡妆浓抹总相宜”的感叹。学生只有真切感受作者当时的心境，才能更好地理解诗文。

但是在一线教学的老师们是否意识到这一点呢？来看看一位小学老师对于《赠汪伦》的“忽闻岸上踏歌声”一句的教学：

师：李白乘上小船就要出发了，就在这个时候……来读一读诗的第二句。

生：忽闻岸上踏歌声。

师：你能用“忽”字组一个词吗？

生：忽然。

师：李白和汪伦是特别要好的朋友，李白都要走了，为什么会没想到汪伦会来送自己，出乎自己的意料呢？……这肯定是有原因的……谁能说说为什么？

生：因为汪伦想给李白一个惊喜。

师：真有这个意思吗？

生：嗯。

师：其实啊，老师告诉你们，这背后还有很多故事……头天晚上汪伦已经为李白送别过了，可是第二天汪伦又领着全村的人，在欢快的踏歌声中，用这种最隆重的形式，又一次为李白送行……所以李白感到意外。

这一段教学给笔者的感觉就是老师在扮演一名思想的灌输者，首先，她直接告诉学生李白对于汪伦带领全村百姓以踏歌形式的送别十分意外，出乎意料。可是作为课堂主体的学生还没来得及感悟，或者说还不知道从哪儿感悟诗人这份出乎意料之情时，就被强行告知了答案，面对接下来紧凑的教学内容，只好敷衍地接受老师的观点，不再做进一步的思考，这种不融入自己思想的文本解读是行不通的。其次，学生顺着老师说的“李白十分意外”，总结出李白感到意外是因为汪伦给了自己一个大惊喜，这原本没有错，有惊喜自然会感到出乎意料，可问题在于李白要走了，作为好友的汪伦来送自己是理所当然的事，李白没有必要意外。老师似乎也意识到这一点，所以又加上了自己的一段关于“已经送别一次”的想象，笔者觉得这一处的想象不如交给学生，直接灌输的效果远没有学生自己思考得来的效果好。

细细品读会发现，“这似乎出乎李白的意料，所以说‘忽闻’而不用‘遥闻’。”诗人的出乎意料很明确地表现在“忽闻岸上踏歌声”的“忽”字上，让我们通过字理，来看看“忽”的字义。“忽”的金文为上面是“勿”，是云层间射出的阳光的形状，表示变幻不定；下面是“心”，合起来表示的是心神不宁，“勿”也兼表声，“忽然”即出乎意料之意。“忽闻岸上踏歌声”的“忽”，首先，表示的是速度之快，是突然一下听到了岸上的“踏歌”之声。其次，“忽”字的本义是表示心神不宁，诗人的心情由离别的平静到听到踏歌之声的猛然波动。

讲完“忽”字，学生就能清楚知道李白的意外体现在哪儿了，不再是老师的外在灌输，而是自己的体悟。接下来，就是让学生明白为什么李白会感到“意外”。这时候可以让学生们大胆想象，教师引导学生想到诗人第二天要离开，作为好友的汪伦肯定已经送别过了，但是当自己第二日踏上小舟，准备平静面对离开之时，突然听到踏歌声，回头看，是好友汪伦带着全村的百姓踏歌而来为自己送别，面对好友的再一次隆重送别，诗人的惊喜、喜悦之情可想而知，所以才有了诗人那一句感叹：“桃花潭水深千尺，不及汪伦送我情。”

正是通过对“忽”字字理的讲解，学生就有了品读诗句的钥匙，知道该从哪个角度来解读诗句，独立完成感悟诗文中诗人想要表达的感情。

二

字理的讲解不仅对于古诗解读的作用突出，而且对于现代文的解读也能起到很好的作用。

黄亢美老师在教《台湾的蝴蝶谷》一课时，就很好地运用了字理来帮助学生解读文本：

师：小蝴蝶穿过树林，说飞过树林行吗？

生：不行。

师：为什么呢？

生：因为树太高了，小蝴蝶要飞过去的话，还没有飞到一半就掉下来了。

师：因为树很高，所以要穿过树林，是不是？

生：是。

师：穿是什么结构？

生：上下结构。

师：下面是什么？

生：牙。

师：上面是什么？

生：穴宝盖。

师：穴宝盖表示什么？

生：洞穴。

师：下面有个牙齿，上面有个洞，怎么得出穿的含义呢？

（生没有回答）

师：有一句话叫作“龙生龙，凤生凤，老鼠生儿会打洞”。老鼠用牙齿咬了个洞，然后就可以穿过这个洞了，所以就有了穿越的意思。今天我们说“穿”字，一定要有一个穿洞的过程……小蝴蝶要穿过树林，树林里面有洞么？

（引导学生看 PPT 上树的枝杈树叶之间的缝隙）

生：有。

师：有缝隙，这些缝隙就像洞一样是不是？这不是真的山洞，而是像山洞一样的缝隙，是不是？

生：是。

师：所以小蝴蝶就……

师生：穿过了树林。

黄亢美老师借助“龙生龙，凤生凤，老鼠生儿会打洞”这个俗语，通俗易懂地解释了“穿”字的意思。学生在理解“穿”字字义的基础上进一步体味课文语句，在树林里，枝杈树叶的缝隙形成了小洞，所以小蝴蝶才要“穿”过树林，而非“飞”过树林，这样的教学对于学生独立感悟作者用字之妙与解读文本内容都起到画龙点睛的作用。

《语文》（人教版）小学一年级下册有一篇《小伙伴》的课文，文章的内容围绕着“伙伴”展开，通过维加、安娜、安东对玛莎的言语和行为的对比，解释了真正的伙伴应该是什么样的。所以“伙伴”成了学生解读整篇文本的关键点，当学生理解了什么是“伙伴”，对于文本内容的解读便能水到渠成。

笔者通过对一节《小伙伴》教学视频的观看，从中发现了一些问题。老师的教学是如下进行的：

师：他们去干什么啊？

生：春游。

师：发生了什么事情？

生：玛莎的背包丢了。

师：背包丢了，最重要的是玛莎的背包里装着什么？

生：面包和水。

师：安娜是怎么对玛莎说的？

生：安娜说你把背包丢在哪儿了？真粗心！

师：原来是安娜责怪玛莎太粗心了。那么维加呢？

生：维加说真糟糕！现在离回家还有好长时间呢。

师：哦，原来是离回家还有很长时间，这件事情太糟糕了！那么安东呢？

生：安东把面包掰成两半，大一点儿的给了玛莎。

师：原来安东是走到玛莎面前，把夹有黄油的一大半面包给了玛莎。这几个小伙伴中你最喜欢谁啊？

生1：安东，因为安东乐于帮助人。

生2：安娜，因为他会安慰玛莎。

生（部分）：安娜是在责怪玛莎！

师：其实安娜这么说也是在安慰玛莎。

师：谁愿意与安东交朋友？（全班学生都举手了）都愿意啊，因为安东是怎么样的孩子？

生：一个乐于助人的孩子。

师：当别人有困难时，要给别人最需要的帮助，才是乐于助人，大家记住了吗？

生：记住了！

这段教学出现了几个问题：首先，老师的一句“原来安娜责怪玛莎太粗心了”造成了大多数学生都认为安娜的那句话是责怪的语气，当有学生回答说喜欢安娜这样的小伙伴时，立刻遭到了其他学生的反对，他们认为安娜的话是责怪，自然不符合好伙伴的标准。其实，对于安娜的那句：“真粗心！”学生可以理解为责怪，也可以理解为是一种关心。所以在教学时，老师要注意不要把自己的意识强加给学生。其次，老师在最后强调的是让学生做一个乐于助人的孩子，似乎忽视了本课的重点——让学生明白什么才是真正的伙伴。最后，还是教师意识的强行灌输。老师问学生：“谁愿意与安东交朋友？”只提到安东，这不仅是对于前面说想与安娜交朋友的学生想法的一种否定，还在向学生们传递这样一个信息——安东才是值得交的朋友，才是真正的伙伴。

可是为什么安东这样的才是伙伴呢？作为“伙伴”的标准是什么呢？为什么课文采用“伙伴”一词而不用“朋友”呢？到底“伙伴”与“朋友”之间区别在哪里？对于这些疑问老师并没有解答，只是强行定性了“伙伴”等于“安东”，这绝非学生自己的理解。问题出现在哪儿？笔者认为，是老师没有很好地解释清楚什么是“伙伴”，而正确理解“伙”“伴”的含义，才是本课教学关键之所在。

“伙”是会意兼形声字，左边是“亻”，右边是“火”，“火”也兼表声。本义是表示军营中共同炊煮用饭的几个人，引申指同伴。“伴”是形声字，从“亻”，“半”声。本义是表示一起出行或活动的同伙人。《玉篇·人部》：“伴，侣也。”元魏时军人以十人为火，共灶饮食，故称同火者为火伴，引申为同伴之意，后多写作“伙伴”，现指有着相同的梦想走到一起，同甘共苦，值得信赖，共同奋斗的最坚实的永不背弃的朋友。

何为“朋友”，“同门为朋，同志为友”，即跟从同一个老师学习的人为“朋”，也就是今天所说的“同学”；志同道合的人为“友”，也就是今天的“同志”。“伙伴”是能一起出生入死的战友，是能相濡以沫的爱侣。相比而言，“朋友”不及“伙伴”与自己关系亲密，“伙伴”是能与你同甘共苦、能为你无条件付出的人。所以，即使自己带的吃的也不多，仍会把“夹着黄油的面包掰成两半，把大一点儿的放到玛莎手里”的安东才是真正的伙伴。

学生们理解了何为“伙伴”，接下来文本的解读便不再是难题，对于课文想要表达的意思也能了然于胸。

上述的教学案例告诉我们，基于教师对文本重点字、词的字理讲解，学生能够更好地理解文章想要表达的含意，更深层次地领悟作者蕴含在作品中的思想感情。相较于教师把大段大段的文本解读直接灌输给学生的授课形式而言，通过字理解读文本使得学生对文章的理解更加自然、自主、深刻。“对文本理解不了、感受不到、欣赏不着，主要是由于语文经验不足，即学生没能掌握与特定文本相呼应的阅读方式。用心理学术语讲，是缺乏相应的图式。”教师合理、适时地通过运用字理解读文本的方式进行教学，学生就会有意识地从模仿到掌握这种解读方式，真正做到掌握这把打开文本解读大门的钥匙。

参考文献：

[1] 崔增亮. 字源识字教学手册［M］. 武汉：湖北少年儿童出版社，2011.

[2] 周汝昌，萧涤非，俞平伯，等. 唐诗鉴赏辞典［M］. 上海：上海辞书出版社，2004.

[3] 王荣生. 阅读教学的基本任务与路径［J］. 课程·教材·教法，2012（7）：87.

◇ **作者信息**

吴楠

北京市海淀区民族小学语文教师、班主任。曾承担区级公开课，获评市级优秀论文二等奖 1 次，三等奖 1 次。

识字教学中的游戏教学研究

——以名师识字课实录为例

北京市景山学校大兴实验学校　吴蒙蒙

《义务教育语文课程标准（2011版）》积极倡导自主、合作、探究的学习方式。同时指出："学生是学习的主体。语文课程必须根据学生身心发展和语文学习的特点，爱护学生的好奇心、求知欲。""注重语文与生活的联系，注重知识与能力、过程与方法、情感态度与价值观的整体发展。""学生在感兴趣的自主活动中全面提高语文素养。"可见，以学生为主体，关心学生的生活和兴趣成为新课改的主旋律。课程的生活化也成了新课改的主题。正如杜威指出"学校必须呈现现在的生活——即对于儿童来说是真实而生气勃勃的生活。像他在家庭里、邻里间、在运动场上所经历的生活那样。"课程理念的变化必然引起课程内容、方法和整个课堂的变化。在教学方法上教师们也越来越多地从传统的枯燥的教学方式上转变为以学生兴趣为主的教学方式。因此，以游戏为手段的课堂教学，在新课改下，尤其是在低年级越来越受到教师的青睐。

现阶段，以游戏为手段的教学在低年级的各学科广泛应用，同样在小学低年级语文课堂中也受到教师和学生的喜爱。众所周知，小学低年级语文课堂的重点是识字教学。田本娜老师曾指出"低年级语文教学必须要以汉字教学为重点"。当前低年级识字教学枯燥、学生厌学，识字教学方法单一、机械，识字效率低，课堂中"师本位"和"教材本位"等问题层出不穷。基于对现实的思考，这些问题怎样解决值得思考。《义务教育语文课程标准（2011年版）》中提出的"培育热爱祖国语言文字的感情"，如果学生失掉的是"对汉字的热爱"，这将是可怕的事情。面对上述问题，笔者重新审视识字教学和识字教学中的主体——儿童。

早在几次识字教学方法改革中就出现了"游戏识字法"，这种识字方法是将游戏作为达成识字目的的手段，寓教于乐，通过游戏这种喜闻乐见的方式，吸引儿童的注意力，提高儿童的兴趣，从而达到儿童认识汉字的目的。20世纪90年代以后多种识字方法如雨后春笋，其中的游戏识字法，在一定程度上取得了不可忽视的成果。但是教师在使用游戏教学的时候，存在很多问题，比如游戏还只是“老师的游戏”，是以教师为主导的，学生完全被教师牵着走，游戏过程忽略了儿童。

一、低年级语文识字课堂游戏教学的常见问题

要解决和分析低年级识字课堂中游戏教学存在的问题，首先就应该了解在游戏教学中存在着哪些不足。我国受传统的“凯洛夫”式的教育的影响，游戏和教学一直是两个相悖的领域，虽然新课改以来游戏教学逐渐出现，但是问题很多。

（一）游戏性不足

语文是一门基础学科，识字教学是基础中的基础。然而，教学中有的教师只强调它的工具性，把学生当作储存信息的“电脑”，将生字的结构、笔画等信息机械地输入学生的大脑，然后再进行一系列程序化的死记硬背，全然不顾对学生识字能力的培养，以及语文素养的提高。教学缺乏趣味性、方法单一老套便是对学生兴趣的扼杀，能力的忽视。

游戏性也就是指趣味性。顾名思义，在识字教学中开展游戏教学的最主要的目的是让学生能在快乐的气氛中识字，达到寓教于乐，并且培养起学生对祖国语言文字的热爱之情，从有趣的游戏中培养学生的语文素养。在现实教学中，游戏识字法确实被许多低年级教师使用，但是，这其中是否真的有足够的娱乐性、参与性、体验性等却有待商榷。常见的现象有，一提到识字课上的游戏教学，大多数教师只有单调的几种形式，比如：开火车，摘苹果，读儿歌等。这些游戏固然是教师们长期经验积累下来的好游戏，但是如果游戏形式固定就这么几种，一成不变，或者在开展游戏时只有这些规则简单的、参与度不高、合作程度低的游戏，这必然不是学生心中理想的游戏，这些游戏从某种程度上来说还是“师导游戏”。

（二）教学性不足

值得一提的是，这里既然是游戏教学就一定有别于游戏。游戏教学它不单单是要让学生感受到游戏的快乐，体会轻松的气氛，最重要的是它要肩负教学的使命。识字课堂就一定要完成识字任务，运用游戏这种手段达到“帮学生建立起音、形、义三者之间的关系”。但是在课堂上一些脱离“教学目的”的识字游戏屡见不鲜。比如，有些教师开展游戏的目的是为了应付检查；或者在开发编制识字游戏时，只顾其趣味性，忽视汉字的构字规律，让学生高高兴兴地玩

游戏，但传达的却是错误的汉字知识。结果“丢了西瓜捡芝麻”，本末倒置、得不偿失。

二、语文识字课堂游戏教学内涵

识字游戏教学不等于简单的“游戏”加“教学”，本研究将识字游戏教学定义为在识字教学课堂中借助游戏方式以达到识字为目的（即游戏任务）的动作行为。同时，识字游戏教学不是以识字目的作为唯一的目的，而是注重学生的自主、合作、探究的培养，以学生的经验和兴趣为主导，以学生为主体。常见的游戏识字法有：找朋友、摘苹果、接力赛、开火车、变魔术、表演识字法，并且这里将儿歌、猜谜语也归为游戏识字法。

识字课堂中的游戏教学是将游戏与教学相结合的一种引起学生学习兴趣，提高课堂教学质量，超越传统学习方法理念的一种新型教学方式。在小学低年级语文教学中，游戏教学作为学生喜欢的一种方式，应该在语文课堂教学中加以推广和利用，游戏教学的展开，可以抓住小学低年级学生的好奇心，使学生对语文学习产生浓厚的兴趣。除了完成教学目的以外，好的游戏教学它要能达到培养学生的兴趣，促进学生的认知，发展学生的智能，促进学生的社会化。如果对识字课堂中的游戏教学有了本质的认识，就能避免上文所提的游戏性不足和教学性不足的问题。

三、游戏案例分析

识字课堂中的优秀的游戏教学不仅让学生轻松掌握汉字、培养学生兴趣，而且还可以培养学生的合作能力、再现生活场景。有些角色扮演游戏能让学生体会到社会中的成人角色带来的责任感。下面，笔者对名师识字课实录中挑选的几个案例进行分析，并总结规则。希望能对教师在识字课堂中使用和开发游戏教学起到启示作用。

（一）看表演找节目单

请几名学生带足球、篮球、皮球、排球、绳子上台表演，其余学生迅速找出自制卡片举起来，大声念出相应的体育活动的名称。比比谁找得快、说得准。师相机出示：拍、拔、打、跳、跑、踢。并总结这些动作和偏旁的关系。

这是黄育慧老师在讲《操场上》识字课时，学习生字环节中的一个游戏。这个游戏使学生容易理解和接受。同时，在讲述过程中，老师适时配以表情动作，化难为易，变枯燥为生动，使学生乐学，教学效果不言而喻。最后归纳总结，点睛在“教学目的”上。

（二）课堂导入中运用游戏

（播放《找朋友》歌曲，师生拍手）

师：同学们听出了是什么儿歌了吗？

生:《找朋友》。

师：好，老师就和大家一起玩“找朋友”的游戏，等会儿我请一位同学当小老师，他出示拼音卡片，下面的同学赶快找生字卡片进行抢答。我就是小老师的大助手。（生出示拼音卡片）

师：你太能干了，祝贺你成为今天的“识字大王”并奖给你一个奖品。（其余学生鼓掌）

这是卢艳老师在讲授《四季》识字课时的课堂导入，同样这也是最常见的儿歌游戏，但是，这其中教师还请学生扮演“小老师”而自己却变成了“小老师”的“大助手”,“老师”是每个学生都向往的“角色”能引起学生的兴趣，调动学生的积极性。

进行抢答能给学生一定的竞争意识，最后对“识字大王”给予正强化。在导入环节，开展游戏，调动了学生的兴趣，利于引入课堂的下一环节。

（三）拓展识字，训练说话

师：你们收集的与四季有关的生词卡都带来了吗？想不想告诉小组的同学你的生词卡怎么读？是什么季节的景物？

（生在小组内互认互读）

师：把你的生词卡给大家看看，再教教大家怎么读，好吗？

（生上台展示、教读）

生：我带来了“燕子、知了、菊花、雪人”。它们分别是春、夏、秋、冬的景物。

生：我收集的卡片是“游泳、稻谷”。我喜欢夏天去游泳，秋天是农民伯伯收获的季节。

师：通过合作学习，同学们认识了更多的景物，同学们想不想当小作家，自己来编儿歌？

生：想。

师：老师可喜欢春天啦，忍不住地想编儿歌：花儿红红，它扬着小脸蛋说：“我喜欢春天。”

（生纷纷举手，迫不及待想自己编首儿歌）

师：我这里有几顶漂亮的帽子，你能根据帽子上的物品来编儿歌吗？

生：（戴黄叶头饰）黄叶飘飘，她跳着舞蹈说：“我是秋天。”

生：（戴灯笼头饰）大红灯笼高高挂，她高兴地说：“我是冬天。”

生：（头戴西瓜头饰）西瓜圆圆，她挺着大肚子说：“我是夏天。”

师：编得真好听，其余的同学也能像他们一样编得这么好吗？

（生自由编儿歌，情绪高涨）

◇ **作者信息**

吴蒙蒙

景山学校大兴实验学校语文教师、班主任。曾承担校级公开课。参与市级研究课题，获评市级论文一等奖2次，区级论文二等奖1次。

追本溯源提高识字效率

——“字源识字”教学方法的实践研究

北京市东城区前门小学　赵连杰

识字教学是小学语文教学的重要组成部分，是阅读教学和作文教学的基础。《义务教育语文课程标准（2011年版）》提出，在小学阶段要培养学生“有较强的独立识字能力。累计认识常用汉字3 000个左右，其中2 500个会写”。因此，识字教学在小学语文教学中占有举足轻重的地位。《义务教育语文课程标准（2011年版）》不仅对每个阶段的识字量都做了明确的要求，而且对识字过程、识字方法也作了精心的指导。在识字教学的实践中，不少老师努力运用多种方法进行教学，从而培养学生的识字能力，其中就包括“字源识字”。虽然我们自身的认识有限，现有的资源匮乏，但是教学实践告诉我们，字源识字教学方法是针对当今识字教学中出现的“重形轻义”“因形害义”的现象展开研究的，挖掘汉字本身的结构规律，帮助学习者从字源出发，借助汉字形义结合特点、古文字的演变，准确识记汉字，提高学生识字效率，同时也感受和了解汉字的造字之美，培养学生传承优秀文化的决心与信心，树立文化自信。

走在“字源识字”教学方法的实践与研究的道路上，我们广泛学习字源知识，不断探究识字规律，随时积累研究素材，努力上升为值得大家借鉴的经验。在实践中使我们的识字教学更加科学、规范、高效，并努力传承中华民族优秀的传统文化。

一、总结字源识字教学原则，使教学有章可循

在实践中，我们一直思考着“字源识字”要遵循的原则，从而对“字源识字”的教学行为起到指导和制约作用。

1. 趣味性原则。

小学生的思维还多属于形象思维为主，字源识字的教学设计应顺应儿童的这一心理特点。呈现方式要生动活泼，宜于以看图识字、游戏识字、猜字谜识字等为主。

2. 直观性原则。

脑科学告诉我们，儿童的思维发展过程表现为，先有右半脑的形象思维，然后再学习语言，继而才出现左半脑的抽象思维。由此我们也可以知道形象思维对于学生语言发展的重要作用。运用直观手段进行字源识字教学，能够较快地进入记忆状态。

3. 可接受性原则。

字源识字教学的设计应建立在儿童可能达到的认知水平的基础上，并据此来确定教学设计的深度与广度。《学记》上说："语之而不知，虽舍之可也。"如学习会意字，就应当选择比较典型的、学生比较容易理解的。又如象形字，应当选择至今字形仍保留较多形象"基因"、比较容易看出演变轨迹的；有的已经面目全非，就应当慎选。

4. 适用性原则。

一课书中，哪些字可以用上字源识字这个方法。通过我们分析、研究、实践，得出这样的结论：

- 重难点的突破上
- 易错字的掌握上
- 生僻字的学习上

而且还得根据每节中所有字的情况，有针对性地进行细致分析、比较后，再进行教学，从而避免字源识字教学的盲目性。

例如一年级的《识字三》一课，一共有13个要认识的生字。老师认真分析发现，三个带"雨字头"的"雾、霜、霞"，两个带"木"字的"李、杨"；两个带"虫"字旁的"蝶、蜂"，以上这些都可以用熟字、归类识字等方法来进行。还有"碧、紫"两个字，熟悉的部件组合也是很好记的识字方法。而"千、秀"是要写的字。那就剩下"朝、夕"两个字了，朝字左边为什么是两个"十"，右边为什么是"月"，"夕"为什么是这个模样？大家可能也有这样的问题，于是上网、找来相关的书籍查阅，原来都有字源的出处，这些问题就一下子迎刃而解了。

所以要想用好"字源识字"教学方法，准确分析是前提。

二、研究字源识字教学策略，让识字有法可依

通过研究我们发现，不同年级的学生运用"字源识字"的方法也有所不同：低年级为教师主导为主，通过猜一猜、连一连、讲讲故事、玩玩游戏等方式，

通俗而浅显地讲解，让学生明白字的形义；中高年级要注意教师主导与学生主体相辅相成：通过学生查阅资料，对比分析等，充分调动学生学习的主动性，老师适时适度地引领、讲解、提升认识，培养学生自主识字的能力。通过研究，我们还总结了以下一些教学策略：

（一）先猜后教，激发学习之趣

1. 看图猜字。

例如《惊弓之鸟》一课，出现三个相关联的生字，“弓、弦、箭”。我们就通过一两幅图，完成了先猜后讲。

上课初始，老师出示一幅图，请学生来猜猜是哪个字，然后进行讲解：在很久以前，“弓”写成这个样子，由弓背和弓弦组成。后来省去了弓弦，只留下了弓背，又把弯弯曲曲的笔道变成了直笔。也就变成了我们今天认识的“弓”这个字。带学生认读后写这个字，然后引出课文的学习。

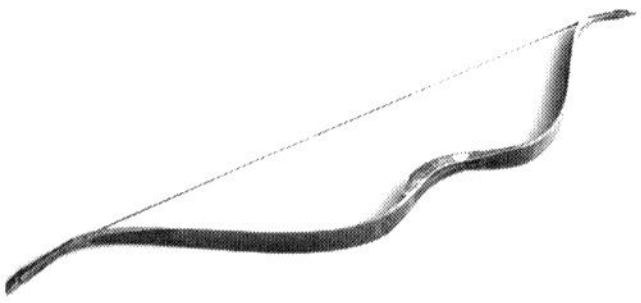

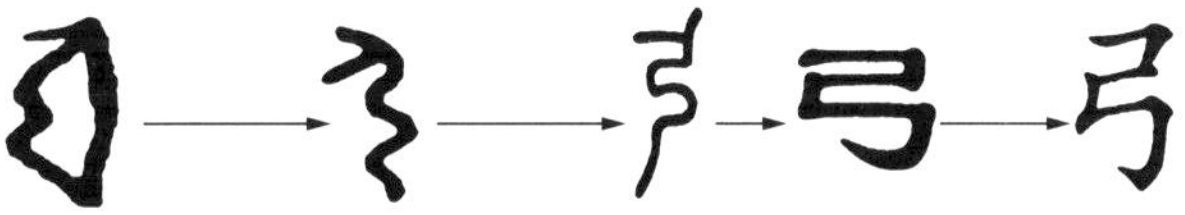

学习“弦”时还利用这张图，让学生指指弦在哪里？并讲解弓上的这条细绳就念“弦”，并让学生试着组组词。

接着，再出示一幅图：

学生们一下子就知道了这是“箭”，并让学生做做射箭的动作，读读“箭”字的识字口诀：最初竹子来制成，上面“⺮”头能证明。古时兵器中一种，瞄准发力箭飞行。

出示相联系的几幅图，先看后教，三个字就这样都记住了。

2. 看字猜字。

比如在学习“美”字时，出示“美”的原始字形，即：一个羊头加上一个大字：

让学生猜测一下，古人原本想要表达什么意思？教师适时讲解，“大”就是一个人形，而古人把羊头作为装饰佩戴在头上认为这样很美。古时候没有什么饰品，就地取材，可见爱美之心从古就有。了解了这个字的来历，大家对于“美”字有了新的认识，这样一猜一讲，学生们被深深地吸引住了。

（二）比较发现，辨析易错之处

《饮湖上初晴后雨》一诗的生字中，学生特别容易把“初”字的“衤”写成“礻”。针对这一问题，在教学时，教师采用字源识字的方法，达到了较理想的效果。

上课伊始，板书诗题：饮湖上初晴后雨，特意将“初”写错为“礻”，观察仔细的学生会即刻指出老师写错了，引导大家一同查看教材，并引导质疑：为什么“初”字是“衤”？从而激发学生思考探究的好奇心。

在学生思考之时，出示“初”字的字源——甲骨文，请学生猜一猜图形像什么？（左边是“衣”字，右边是“刀”字）进一步提问：把刀放在衣服旁边，是要做什么呢？学生想到——裁剪，这是教师讲解“初”的字义，它和剪有关系，合起来表示裁衣，有开始的意思。再请学生将“初”字扩展词语，理解“初”字义。由此学生牢牢地记住“初”字的部首是“衤”，不再写错。

（三）游戏活动，寓教于乐之中

做做动作：平时学生容易把“看”下面的“目”写成“日”，而且也不懂上面是什么意思？于是在学习时让学生做做举手遮光，向远处眺望的动作，出示“看”的甲骨文，上面是“手”的变形，下面表示眼睛看的意思，学生就理解了。用到这个字时想到这个动作就不容易错了。

还可以连一连线，亲自画一画等，让学生在游戏中学习，在游戏中记忆理解。

（四）查找分析，培养自学之力

中高年级学生经过一段时间的学习，对字源有了一定的了解，有时放手让学生在预习中查找，既培养了他们主动学习的能力，又培养了学生对汉字文化喜爱、理解与追寻。

例如“尊”字的学习，老师放手让学生去查找资料，有的还把字源的演变过程用图画画了出来，老师适当提问，“尊”字为什么不能少中间那一横？学生就边看图边谈出自己的理解：“尊”字开始时好像是一个人用两只手举着一个器皿，在祭祀。字在演变，但那像器皿中间圈的一小横一直有，后来演变得有点像器皿上的花纹了。所以我们不能丢这一横。

相信学生，放手让学生去自主学习，他们会给我们带来惊喜。

三、注重其他方面的联系，提升整体教学效果

（一）与教学内容之间的联系

利用“字源识字”教学，也要和其他识字教学一样，努力跟理解词、句、课文内容的意思相关联起来。

举个例子，一年级《小青蛙》一课，开课时学习“青”字：

老师出示这个“青”的金文，让学生猜猜是我们今天要学的哪个字？讲讲“青”下原来是“丹”，表示颜色的意思即可。什么颜色为“青”呢？引出古人对“青”的理解。然后围绕课题，理解字义的同时了解“小青蛙”的特点。为什么叫小青蛙呢？接着引出课文的学习。

一个课题中“青”字的学习，掌握字形、字义，了解“小青蛙”这个动物的特点，自然引出了下文，同时也激发了学习情趣。

（二）与其他识字教学的联系

例如二年级的《识字三》一课的识字教学，就通过准确分析后，运用了熟字、归类识字、部件组合、“字源识字”等多种方法一起进行，让孩子们来识记生字。

（三）合理发挥多媒体作用

多媒体运用使字源识字独具优势。如利用多媒体展现汉字从实物到古文字、再到现代文字变化的过程，就非常生动有趣。又如，利用多媒体，以转转盘的方式显示不同的形旁与同一个声旁相匹配的情况，就非常直观，形声相配的规律可使学生一目了然。

“字源识字”是课堂上行之有效的识字教学方法，具有鲜明的特色，取得了出人意料的效果。学生喜欢这样的识字方法，沉浸于汉字文化的学习之中。教师热情洋溢地投入研究与实践，自觉在课堂中运用，提升自身文化和学科素养。

◇ **作者信息**

赵连杰

北京市东城区前门小学教学副校长，中学高级教师。从教27年，一直致力于语文教学研究，先后多次在全国、市、区级做公开课，或者经验介绍、专题讲座。并且参与了《旭日弘文阅读、习作、口语交际教程》《中华传统文化通识读本》《诵读》等教材的编写。“‘字源识字’教学方法的实践研究”课题负责人，在北京市数字学校名师同步课程中带头进行有关字源识字教学片段的视频录制。多次代表学校在上级教学检查和外省市来访学习中进行相关经验介绍，得到极大的认可和关注。